Tributação do setor de consumo e varejo
Temas atuais

O GEN | Grupo Editorial Nacional – maior plataforma editorial brasileira no segmento científico, técnico e profissional – publica conteúdos nas áreas de ciências sociais aplicadas, exatas, humanas, jurídicas e da saúde, além de prover serviços direcionados à educação continuada e à preparação para concursos.

As editoras que integram o GEN, das mais respeitadas no mercado editorial, construíram catálogos inigualáveis, com obras decisivas para a formação acadêmica e o aperfeiçoamento de várias gerações de profissionais e estudantes, tendo se tornado sinônimo de qualidade e seriedade.

A missão do GEN e dos núcleos de conteúdo que o compõem é prover a melhor informação científica e distribuí-la de maneira flexível e conveniente, a preços justos, gerando benefícios e servindo a autores, docentes, livreiros, funcionários, colaboradores e acionistas.

Nosso comportamento ético incondicional e nossa responsabilidade social e ambiental são reforçados pela natureza educacional de nossa atividade e dão sustentabilidade ao crescimento contínuo e à rentabilidade do grupo.

Giancarlo Chiapinotto
Jamil Absy Jr.
(Coordenadores)

Tributação do setor de consumo e varejo
Temas atuais

COLABORADORES

Alvaro Pereira
Ana Bela A. Gomes
André de Souza Pacheco
Carla Hamada
Carlos Mário Lopes Coutinho
Clarissa Cunha
Daniella Bedotti Gomide
Dante Stopiglia
Débora Didoné
Dirceu Ferreira
Eduardo Domingos Liroa Junior
Eliana Faro
Estela Maria Fassina
Filipe Apolinario de Oliveira
Flávia Paes Mendonça
Giancarlo Chiapinotto
Gustavo Luiz Bizinelli
Hadler Favarin Martines
José Aparecido dos Santos
Julissa Savitci de Almeida Bergqvist
Jurema Aline Rios Coutinho da Silva

Kleber Choba Romano
Laura Malmegrin
Layla Mcclaskey
Leila Fernandes
Lucas Souza de Oliveira
Mariana Carneiro
Marília Lessi Atulim
Mauricio Mattos Guimarães
Moyses Won Mo An
Orlando Frutuoso Dalcin
Pâmela Mendes Quadros
Paula Virgínia Romano
Paulo Lima
Raíssa Sanavio Comisso
Romero J. S. Tavares
Silvia Godoy
Suzylaine Andrade Soares
Thiago Figo
Vanessa Fernanda Soares Carneiro
Vinicius Bacelar Campelo
Vivian de Freitas e Rodrigues

- Os organizadores deste livro e a editora empenharam seus melhores esforços para assegurar que as informações e os procedimentos apresentados no texto estejam em acordo com os padrões aceitos à época da publicação, *e todos os dados foram atualizados pelos organizadores até a data da entrega dos originais à editora.* Entretanto, tendo em conta a evolução das ciências, as atualizações legislativas, as mudanças regulamentares governamentais e o constante fluxo de novas informações sobre os temas que constam do livro, recomendamos enfaticamente que os leitores consultem sempre outras fontes fidedignas, de modo a se certificarem de que as informações contidas no texto estão corretas e de que não houve alterações nas recomendações ou na legislação regulamentadora.
- Data do fechamento do livro: 05/01/2023
- Os organizadores e a editora se empenharam para citar adequadamente e dar o devido crédito a todos os detentores de direitos autorais de qualquer material utilizado neste livro, dispondo-se a possíveis acertos posteriores caso, inadvertida e involuntariamente, a identificação de algum deles tenha sido omitida.
- **Atendimento ao cliente: (11) 5080-0751 | faleconosco@grupogen.com.br**
- Direitos exclusivos para a língua portuguesa
  Copyright © 2023 *by*
  Editora Atlas Ltda.
  Uma editora integrante do GEN | Grupo Editorial Nacional
  Travessa do Ouvidor, 11
  Rio de Janeiro – RJ – 20040-040
  www.grupogen.com.br
- Reservados todos os direitos. É proibida a duplicação ou reprodução deste volume, no todo ou em parte, em quaisquer formas ou por quaisquer meios (eletrônico, mecânico, gravação, fotocópia, distribuição pela Internet ou outros), sem permissão, por escrito, da Editora Atlas Ltda.
- Capa: Equipe de Criação e Design da PwC Brasil
- Adaptação de capa: Daniel Kanai
- Editoração eletrônica: Know-how
- Ficha catalográfica

CIP-BRASIL. CATALOGAÇÃO NA PUBLICAÇÃO
SINDICATO NACIONAL DOS EDITORES DE LIVROS, RJ

P952t

Pricewaterhousecoopers
    Tributação do setor de consumo e varejo : temas atuais / coordenação Giancarlo Chiapinotto, Jamil Absy Jr ; colaboração Alvaro Pereira ...[et al.]. - 1. ed. - Barueri [SP] : Atlas, 2023.

Inclui bibliografia
ISBN 978-65-5977-472-2

    1. Direito tributário - Brasil. 2. Imposto sobre o valor agregado - Brasil. 3. Imposto sobre circulação de mercadorias e serviços. 4. Comércio varejista. I. Chiapinotto, Giancarlo. II. Absy Junior, Jamil. III. Pereira, Alvaro. IV. Título.

23-82166

    CDU: 34:351.713(81)

Gabriela Faray Ferreira Lopes - Bibliotecária - CRB-7/6643

SOBRE OS AUTORES

Alvaro Pereira

Contador, bacharel em Ciências Contábeis e pós-graduado em Auditoria pela Fundação Visconde de Cairu. Sócio da PwC.

Ana Bela A. Gomes

Bacharel em Administração de Empresas pela Faculdade Campos Salles. Contadora, bacharel pela Universidade Paulista (UNIP). Atuou como palestrante em diversas entidades. Executiva tributária, com mais de 20 anos de experiência.

André de Souza Pacheco

Mestre em Direito pela Unisinos. Especialista em Direito Tributário pelo Instituto Brasileiro de Estudos Tributários (IBET). Advogado, bacharel em Direito pela Pontifícia Universidade Católica do Rio Grande do Sul (PUCRS). Administrador de empresas. Executivo tributário, com mais de 18 anos de experiência.

Carla Hamada

Graduada em Direito pela Universidade Bandeirante de São Paulo. MBA em Controladoria, Auditoria e Finanças pela Fundação Getulio Vargas (FGV) e Extensão em Contabilidade Aplicada ao Direito pela FGV. Executiva com mais de 28 anos de experiência na área tributária.

Carlos Mário Lopes Coutinho

Economista, contador e MBA Executivo Internacional pela Fundação Instituto de Administração da Universidade de São Paulo (FIA/USP). Cursou Extensão de Economia Internacional pela School of Professional Studies, na New York University (EUA), além de diversos cursos de educação executiva na London Business School (Reino Unido), na Vanderbilt University (EUA) e na INSEAD (EUA). Foi *Brazilian Business Network Leader*, PwC US NY no período de 2016-2018. Atualmente, é *Chief Operating Officer Tax Brasil* na PwC Brasil.

Clarissa Cunha

LLM em Direito Tributário Internacional pela University Leiden (Países Baixos). Advogada, graduada em Direito pela Pontifícia Universidade Católica de Campinas (PUC-Campinas). Especialização em Direito Tributário pela Fundação Getulio Vargas (FGV). Executiva tributária, com mais de 20 anos de experiência.

Daniella Bedotti Gomide

Graduada em Direito e pós-graduada em Direito Tributário pela Universidade Presbiteriana Mackenzie. MBA Executivo no Insper de São Paulo e *Executive Education* na Universidade da Virgínia – Darden School of Business (EUA). Experiência de 25 anos na área tributária. Diretora executiva de planejamento tributário em multinacional.

Dante Stopiglia

Pós-graduado em Direito Tributário e Societário pela Fundação Getulio Vargas (FGV) e em Direito Empresarial pela Universidade Presbiteriana Mackenzie. Advogado, bacharel em Direito pela Universidade Presbiteriana Mackenzie. Membro do Núcleo Paulista de Estudos Tributários (NUPET) e do Instituto Brasileiro de Executivos de Finanças (IBEF-SP). Sócio--Líder da Consultoria Tributária em Tributos Indiretos da PwC no Brasil.

Débora Didoné

Bacharel em Direito pela Universidade Estadual Paulista "Júlio de Mesquita Filho" (Unesp). Pós-graduanda em Direito Tributário pela Faculdade de Direito de Ribeirão Preto da Universidade de São Paulo (FDRP-USP). Diretora da área de Consultoria Tributária com especialidade em Tributos Indiretos da PwC.

Dirceu Ferreira

Bacharel em Economia pela Universidade Federal de Minas Gerais (UFMG). Advogado, bacharel em Direito pela Faculdade de Direito Milton Campos. Contador, bacharel em Ciências Contábeis pela Pontifícia Universidade Católica de São Paulo (PUC-SP). Possui especialização em Direito Tributário pela Coordenadoria Geral de Especialização (Cogeae) da PUC-SP. Frequentou vários programas executivos internacionais, como INSEAD e London Business School, e é membro do Instituto Brasileiro de Direito Tributário (IBDT). Sócio da PwC.

Eduardo Domingos Liroa Junior

Advogado, bacharel em Direito pela Universidade São Judas Tadeu (USJT). Pós-graduado em *Data Intelligence and Analytics* pela Faculdade de Informática e Administração Paulista (FIAP). Consultor tributário para Indústria de Bens de Consumo na PwC. Gerente Sênior da PwC.

Eliana Faro

Advogada, bacharel em Direito pela Universidade Candido Mendes. Estudante de Contabilidade, Finanças e Análise de Dados na Fundação Getulio Vargas (FGV). Gerente Sênior da PwC.

Estela Maria Fassina

Advogada, bacharel em Direito pela Universidade Paulista (Unip). Contadora, bacharel em Ciências Contábeis pela Universidade Candido Mendes. Executiva tributária, com mais de 25 anos de experiência.

Filipe Apolinario de Oliveira

Contador, graduado pela Universidade Federal do Paraná (UFPR). Pós-graduando em Direito Tributário pelo Instituto Brasileiro de Estudos Tributários (IBET). Pós-graduado em *Data Intelligence and Analytics* pela FIAP. Gerente Sênior da PwC.

Flávia Paes Mendonça

Advogada, bacharel em Direito pela Universidade Salvador (UNIFACS). Pós-graduanda em Direito Tributário pela Universidade Federal da Bahia (UFBA). Consultora tributária para Indústria de Varejo na PwC. Gerente Sênior da PwC.

Giancarlo Chiapinotto (coordenador)

Advogado, bacharel em Ciências Jurídicas pela Pontifícia Universidade Católica do Rio Grande do Sul (PUCRS). Bacharel em Administração de Empresas e em Contabilidade pela Universidade Federal do Rio Grande do Sul (UFRGS). Pós-graduado em Direito Tributário pela Fundação Getulio Vargas (FGV). Presidente do Instituto Brasileiro de Executivos de Finanças (IBEF-RS). Sócio-Líder da Consultoria Tributária no setor de Consumo e Varejo da PwC no Brasil.

Gustavo Luiz Bizinelli

PMD pela Universidade de Navarra/IESE (Barcelona, Espanha). Pós-graduado em Direito Aplicado pela Escola da Magistratura do Paraná (EMAP). Graduado em Direito pela Universidade Tuiuti do Paraná (UTP). Graduado em Administração de Empresas pela Universidade Federal do Paraná (UFPR). Executivo tributário, com mais de 19 anos de experiência.

Hadler Favarin Martines

Advogado, bacharel em Direito pela Universidade Federal do Paraná (UFPR). Bacharel em Ciências Contábeis pela Universidade do Sul de Santa Catarina (Unisul). Pós-graduado em Direito Tributário pelo Instituto Brasileiro de Estudos Tributários (Ibet) e em Direito do Trabalho pela Academia Brasileira de Direito Constitucional (ABDCONST). Mestre em Administração de Empresas pela University of Manchester (Manchester, Inglaterra). Diretor do Comitê de Legislação Tributária e Empresarial do Instituto Brasileiro de Executivos de Finanças (IBEF-PR). Sócio da PwC.

Jamil Nassif Absy Junior (coordenador)

Contador, bacharel em Ciências Contábeis pela Universidade Federal de Santa Catarina (UFSC). Graduando em Direito pela Faculdade Cesusc. Pós-graduado em *Data Intelligence and Analytics* pela FIAP. Gerente Sênior da PwC.

José Aparecido dos Santos

Mestre em Direito pela Universidade Estadual Paulista "Júlio de Mesquita Filho" (Unesp). Pós-graduado em Fusões e Aquisições pela Fundação Getulio Vargas (FGV). Pós-graduado em Direito Tributário pela Universidade para o Desenvolvimento do Estado e da Região do Pantanal (Uniderp). Bacharel em Direito pela Unesp. Executivo tributário, com mais de 14 anos de experiência.

Julissa Savitci de Almeida Bergqvist

Advogada, graduada em Direito pela Pontifícia Universidade Católica de Campinas (PUC-Campinas). Economista, graduada em Ciências Econômicas pela Universidade Estadual de Campinas (Unicamp). Executiva com mais de 18 anos de atuação na área tributária.

Jurema Aline Rios Coutinho da Silva

Contadora, bacharel em Ciências Contábeis pelas Faculdades Metropolitanas Unidas. Gerente Sênior da PwC.

Kleber Choba Romano

Contador, bacharel em Ciências Contábeis pela Faculdade Metropolitana de Campinas (Metrocamp). Bacharel em Direito pela Universidade Presbiteriana Mackenzie. Pós-graduado em Direito Tributário e Societário pela Fundação Getulio Vargas (FGV). Diretor da PwC.

Laura Malmegrin

Bacharel em Direito pela Universidade São Judas Tadeu (USJT). Pós-graduanda em Direito Tributário e Societário pela Fundação Getulio Vargas (FGV). Consultora tributária especialista em Tributos Indiretos. Gerente Sênior da PwC.

Layla Mcclaskey

Mestre em Direito da Regulação pela Fundação Getulio Vargas (FGV/Direito Rio). Advogada, Especialista em Direito Fiscal pela Pontifícia Universidade Católica do Rio de Janeiro (PUC-Rio). Pesquisadora e Professora Convidada da Pós-Graduação da FGV/Direito Rio. Integrante permanente do Núcleo de Estudos Avançados de Regulação Tributária (NEART) da FGV/Direito Rio. Certificada em *Business Law* pelo Institute of Commercial Management (ICM – Reino Unido). Gerente da PwC.

Leila Fernandes

Advogada, graduada em Direito e pós-graduada em Direito Tributário pelas Faculdades Metropolitanas Unidas (UniFMU). Sócia da PwC.

Lucas Souza de Oliveira

Advogado, bacharel em Direito pela Faculdade de Direito de Olinda (FDO). Bacharel em Ciências Contábeis pela Universidade Católica de Pernambuco (Unicap). Pós-graduado em Direito Tributário pela Pontifícia Universidade Católica de Minas Gerais (PUC Minas). Sócio da PwC.

Mariana Carneiro

Advogada, graduada em Direito pela Faculdade de Direito da Universidade de São Paulo (USP). Pós-graduada em Direito Tributário e Corporativo pelo Instituto Brasileiro de Estudos Tributários (IBET) e pela Fundação Getulio Vargas (FGV). Graduada em Ciências Contábeis pela Fundação Instituto de Pesquisas Contábeis, Atuariais e Financeiras da USP (FIPECAFI-USP). Sócia da PwC.

Marília Lessi Atulim

Bacharel em Direito pela Faculdade de Direito da Universidade de São Paulo (USP). Pós-graduada em Direito Tributário pelo Instituto Brasileiro de Direito Tributário (IBDT). Bacharelanda em Ciências Contábeis na Escola de Negócios Trevisan. Gerente Sênior especialista em Tributos Indiretos da PwC.

Mauricio Mattos Guimarães

Contador, bacharel em Ciências Contábeis pela Faculdade Porto Alegrense (Fapa). Pós-graduado em Direito Tributário pela Pontifícia Universidade Católica do Rio Grande do Sul (PUCRS). Diretor da PwC.

Moyses Won Mo An

Graduado em Direito pela Faculdade de Direito da Universidade de São Paulo (USP). Especialização em Planejamento Tributário pelo Instituto Brasileiro de Estudos Tributários (IBET). Executivo tributário, com mais de 10 anos de experiência.

Orlando Frutuoso Dalcin

Especialista em Direito Tributário pela Universidade de São Paulo (USP). Advogado, bacharel em Direito pela Universidade Presbiteriana Mackenzie. Professor e consultor tributário. Sócio da PwC.

Pâmela Mendes Quadros

Advogada, bacharel em Direito pela Pontifícia Universidade Católica do Rio Grande do Sul (PUCRS). Pós-graduada em Direito e Processo Tributário pela Fundação Escola Superior do Ministério Público (FMP/RS). Consultora tributária da PwC.

Paula Virgínia Romano

Advogada, graduada em Direito pela Faculdade de Direito da Universidade de São Paulo (USP). Contadora, graduada em Ciências Contábeis pela Pontifícia Universidade Católica de São Paulo (PUC-SP). Sócia da PwC e atuante na área técnica para todo o Brasil.

Paulo Lima

MBA em Normas Internacionais de Contabilidade pela Fundação Instituto de Pesquisas Contábeis, Atuariais e Financeiras (FIPECAFI). Bacharel em Ciências Contábeis pela Pontifícia Universidade Católica (PUC-SP). Executivo tributário, com mais de 17 anos de experiência.

Raíssa Sanavio Comisso

Bacharel em Relações Internacionais e Economia pela Facamp. Gerente de tributos, com mais de 10 anos de experiência.

Romero J. S. Tavares

Ph.D. em Tributação Internacional pela Universidade de Viena (Wirtschaftsuniversität Wien) *summa cum laude* (*sehr gut mit Auszeichnung*). Mestre em Negócios Internacionais pela Universidade de Detroit, com pós-graduação pela Faculdade de Direito de Harvard, dentre outros programas de pós-graduação e extensão (Leiden, INSEAD). Advogado, pesquisador e Professor de Direito Tributário Internacional (Instituto Brasileiro de Direito Tributário – IBDT; Universidade de São Paulo – USP; Insper). Conselheiro do Ministério da Economia do Brasil (Secex/Conex) e consultor da Confederação Nacional da Indústria (CNI) em Política Tributária. Sócio-Líder da Consultoria Tributária Internacional da PwC no Brasil.

Silvia Godoy

LLM em Direito Tributário pelo Insper (São Paulo). *Corporate MBA* pelo Insper (São Paulo). Especialização em Direito Tributário pela Pontifícia Universidade Católica de São Paulo (PUC-SP). Especialização em Contabilidade pela Fundação Getulio Vargas (FGV/SP). Bacharel em Direito pela PUC-SP. Executiva tributária em grandes multinacionais, com mais de 20 de experiência.

Suzylaine Andrade Soares

Contadora, bacharel em Ciências Contábeis pela Universidade Paulista (UNIP), com MBA em Controladoria e pós-graduada em Direito Tributário e Societário pela GVLaw (São Paulo). Gerente Sênior da PwC.

Thiago Figo

Graduado em Direito pela Universidade São Francisco (USF). Graduando em Ciências Contábeis pela Universidade Paulista (UNIP). Especialização em Direito Tributário pelo Instituto Brasileiro de Estudos Tributários (IBET). Executivo tributário, com 22 anos de experiência.

Vanessa Fernanda Soares Carneiro

Mestranda em Direito Constitucional pelo Programa de Pós-Graduação da Universidade de Fortaleza (Unifor). Advogada, bacharel em Direito pela Universidade da Amazônia (UNAMA/PA). Bacharel em Ciências Contábeis pela Fundação Escola de Comércio Álvares Penteado (FECAP). Pós-graduada em Direito Tributário pelo CEU Law School/SP, em Direito Processual Civil pelo CEU/SP e em Direito Internacional Tributário pelo Instituto Brasileiro de Direito Tributário (IBDT/SP). Executiva tributária, com 22 anos de experiência.

Vinicius Bacelar Campelo

Advogado. Bacharel em Direito pelo Centro Universitário AESO – Barros Melo (Uniaeso). Pós-graduado em Direito Tributário pela Pontifícia Universidade Católica de Minas Gerais (PUC Minas). Bacharel em Contabilidade pela Universidade Estácio de Sá. Gerente Sênior da PwC.

Vivian de Freitas e Rodrigues

Advogada, graduada em Direito pela Universidade do Vale do Paraíba. Mestre e Doutora em Direito Tributário pela Pontifícia Universidade Católica de São Paulo (PUC-SP). Estudou Preço de Transferência e Legislação Americana em Harvard, Boston (educação continuada) e Preço de Transferência e Estruturas Corporativas em IBFD, Holanda (educação continuada). Executiva de tributos com larga experiência em gestão de áreas tributárias. Certificação para Conselhos Fiscais de companhias de capital aberto. *Expertise* em Preços de Transferência, área de concentração do doutorado, atualmente apoia a OCDE na discussão para adesão do Brasil ao grupo. Representante das empresas em diversos grupos de indústria, contribuindo para discussões tributárias institucionais junto ao Governo Federal.

PREFÁCIO

Neste livro, cujo título, *Tributação do Setor de Consumo e Varejo*, é de fidelidade cristalina ao seu propósito, você encontrará uma coletânea de artigos que enfrenta, com muito pragmatismo, objetividade e suficiente profundidade jurídica, as questões tributárias mais complexas e atuais envolvendo o relevante setor de consumo e varejo do nosso país.

Esse setor atualmente responde por 23% do PIB brasileiro e emprega cerca de 8,5 milhões de pessoas, segundo dados da Sociedade Brasileira de Varejo e Consumo (SBVC). A evolução dos números mostra que a transformação digital do varejo viabilizou uma rápida retomada das vendas assim que o cenário macroeconômico e sanitário começou a se estabilizar.

Nossa última pesquisa *Global Consumer Insights* demonstrou que estamos em uma era de disrupções, com demandas específicas de *supply*, origem dos produtos e ESG nas práticas do setor. Reforça também aspectos de omnicanalidade e mudanças no comportamento do consumidor que trazem desafios para o ambiente brasileiro.

Além das singularidades estruturais e conjunturais, amplificadas por um mercado emergente como o Brasil, o negócio de consumo e varejo é seguramente o que está sujeito ao maior número de regimes de incidência tributária, o que contribui para a complexidade, regressividade e onerosidade do encargo principal e de obrigações acessórias. O sistema tributário nacional urge de longa data por uma reforma estruturante, que lhe traga, acima de tudo, simplicidade e racionalidade, a favorecer o ambiente de negócios do País.

No contexto de um ambiente tributário economicamente irracional e complexo, o livro é a expressão e a celebração da maturidade e *expertise* profissional diferenciada de dez diretoras tributárias e seis diretores tributários de relevantes empresas do setor de consumo e varejo brasileiro, bem como de um grupo de nossos sócios e profissionais, Solvers da PwC. Em coautoria, esses profissionais lograram o desafio de nos favorecer com contribuições decisivas para melhor compreensão e elucidação jurídica dos principais aspectos que hoje envolvem a tributação dessa área.

Tributação do Setor de Consumo e Varejo é principalmente uma obra de aplicação prática, referência para aqueles que, em seu dia a dia, lidam com os desafios da gestão tributária do setor de consumo e varejo. Explorando a adequada aplicação da norma tributária, analisa também as peculiaridades das suas operações mais complexas e discute ainda a melhor interpretação e aplicação de julgados recentes dos tribunais e suas repercussões sobre a dinâmica do setor. É também uma obra de relevância acadêmica, sobretudo pelo embasamento jurídico que suporta as conclusões de seus coautores.

A variedade e a atualidade dos temas abordados nos quinze artigos do livro favorecem o leitor com uma viagem estimulante pelo que há de mais abrangente em relação às questões envolvendo a tributação do consumo, não apenas no âmbito doméstico, mas também no da tributação internacional.

Para nós, sócios e profissionais da consultoria tributária da PwC, especialistas em consumo e varejo, foi uma honra e motivo de grande satisfação conceber esta obra em coautoria com seletos profissionais, a quem aqui rendemos nossas homenagens. Da mesma forma, nos orgulhamos de poder contribuir com a sociedade em geral por meio da produção de conhecimento. Esperamos trazer luzes sobre o sistema atual de tributação do consumo no País, colaborando para sua racionalidade.

Durval Portela

Mestre em Direito Econômico pela Faculdade de Direito da Universidade Federal da Bahia (UFBA), com especialização em Direito Tributário pela Pontifícia Universidade Católica de São Paulo (PUC-SP). Advogado, bacharel em Direito pela UFBA. Contador, bacharel em Ciências Contábeis pela Universidade do Sul de Santa Catarina (Unisul). Membro do Comitê Executivo e Sócio-Líder da Prática de Consultoria Tributária da PwC no Brasil.

Luciana Medeiros

MBA em Economia do Setor Financeiro pela Fundação Instituto de Pesquisas Econômicas da Universidade de São Paulo (Fipe-USP). MBA em Finanças pela Fundação Instituto de Administração da USP (FIA-USP). Contadora, graduada em Ciências Contábeis pela Universidade Paulista (UNIP). Graduada em Administração de Empresas pela Universidade Presbiteriana Mackenzie. Presidente do Instituto Brasileiro de Executivos de Finanças (IBEF-SP), do IBEF de São Paulo (gestão 2021-2023) e cofundadora do IBEF Mulher. Sócia-Líder do setor de Consumo e Varejo da PwC no Brasil.

SUMÁRIO

1. Os desafios tributários da omnicanalidade no varejo, *1*

Thiago Figo • Dirceu Ferreira • Suzylaine Andrade Soares

1.1 Introdução, 1

1.2 Do ambiente de negócios do setor varejista, 2

1.3 Aspectos gerais do ICMS e a autonomia dos estabelecimentos, 4

1.4 Do reflexo da autonomia dos estabelecimentos no ambiente de negócios do setor varejista, 6

1.5 Considerações finais, 10

Referências, 11

2. Tributação do varejo no metaverso, *13*

Gustavo Luiz Bizinelli • Hadler Favarin Martines • Filipe Apolinario de Oliveira

2.1 Introdução, 13

2.2 Conceitos iniciais: metaverso, *blockchain*, *tokens* digitais, 14

2.3 A tributação e o metaverso: questões práticas, 17

    2.3.1 Hipótese 1: cessão de direito de uso dos bens virtuais, 18

    2.3.2 Hipótese 2: alienação de bens virtuais em loja virtual via NFT/criptos, 19

    2.3.3 Hipótese 3: relações híbridas (compra no Metaverso e "benefício" no mundo real), 21

    2.3.4 Hipótese 4: operações realizadas no mundo virtual (compra no Metaverso e benefício virtual), 23

2.4 Considerações finais, 25

Referências, 26

3. Distorção das margens de valor agregado devido à desconsideração de preços promocionais, *29*

Julissa Savitci de Almeida Bergqvist • Carlos Mário Lopes Coutinho • Eduardo Domingos Liroa Junior

3.1 Introdução, 29

3.2 Considerações iniciais sobre a legislação aplicável à substituição tributária do ICMS e regras e critérios adotados na Pesquisa de Margem de Valor Agregado, 31

3.2.1 Regras estaduais para cálculo da Margem de Valor Agregado, 32

3.2.2 Exemplo numérico – aumento de carga tributária decorrente do critério adotado na Pesquisa de Margem de Valor Agregado, 34

3.2.3 Comunicado SRE n. 8/2022, 35

3.3 Efeitos na dinâmica econômica da indústria de bens de consumo e varejo e em seus consumidores, 36

3.3.1 A importância das promoções na indústria de bens de consumo e varejo e a elasticidade do preço no setor, 36

3.3.2 A Margem de Valor Agregado em cenários de alta sensibilidade de preços, 37

3.4 Considerações finais, 39

Referências, 39

4. Julgamento da Ação Declaratória de Constitucionalidade n. 49: os principais impactos da decisão para o varejo, **41**

André de Souza Pacheco • Giancarlo Chiapinotto • Mauricio Mattos Guimarães • Pâmela Mendes Quadros

4.1 Introdução, 41

4.2 Breve histórico do ICMS e precedentes nos tribunais superiores, 42

4.3 Do julgamento da ADC n. 49, 44

4.4 Dos impactos do julgamento da ADC n. 49 no varejo, 46

4.4.1 Cenário tributário atual, 47

4.4.2 Cenário tributário projetado, 47

4.5 Considerações finais, 50

Referências, 51

5. Aspectos controvertidos da decisão do Supremo Tribunal Federal no RE n. 1.287.019 e na ADI n. 5.469, Tema 1.093: a lacuna na concretização da justiça tributária, **53**

Vanessa Fernanda Soares Carneiro • Lucas Souza de Oliveira • Vinicius Bacelar Campelo

5.1 Introdução, 53

5.2 Do diferencial de alíquotas em operações com não contribuintes, 54

5.3 Do conceito do sobreprincípio da justiça fiscal, 55

5.4 A decisão do Supremo Tribunal Federal na perspectiva do Difal e a lacuna na concretização da justiça tributária, 57

5.5 Considerações finais, 59

Referências, 60

6. Organização para a cooperação e desenvolvimento econômico: perspectivas e oportunidades de mudanças na tributação internacional da renda no Brasil, *63*

Clarissa Cunha • Romero J. S. Tavares • Moyses Won Mo An

6.1   Introdução: convergência tributária como política de Estado, 63

6.2   Preços de transferência *versus* bitributação e relações Brasil-EUA, 66

6.3   Hipóteses de incidência e alíquotas de IRRF levam à bitributação, 68

6.4   Considerações finais, 70

Referências, 71

7. A tributação dos *royalties* em ambiente de reforma tributária no Brasil, *73*

Vivian de Freitas e Rodrigues • Mariana Carneiro • Layla Mcclaskey

7.1   Introdução, 73

7.2   A paradoxal diferença entre o conceito de *royalties* aplicado pela legislação brasileira e pela OCDE, 75

7.3   O teto da dedutibilidade e "a crise da jurisprudência brasileira", 77

7.4   A tributação dos *royalties* sob a ótica de uma reforma tributária, 79

7.5   Considerações finais, 81

Referências, 83

8. Créditos da contribuição ao PIS e da Cofins sobre taxas pagas a administradoras de cartões e a meios de pagamento, *85*

Raíssa Sanavio Comisso • Alvaro Pereira • Marília Lessi Atulim

8.1   Introdução, 85

8.2   Da não cumulatividade do PIS e da Cofins, 86

8.2.1   Do princípio da não cumulatividade do PIS e da Cofins, 87

8.2.2   Do método de apuração do PIS e da Cofins não cumulativos, 88

8.2.3   Do entendimento dado pelo Superior Tribunal de Justiça, 90

8.3   Da relação de essencialidade e relevância das taxas pagas a administradoras de cartões para as receitas das empresas varejistas, 93

8.4   Considerações finais, 97

Referências, 98

9. Análise do tratamento tributário das contribuições ao PIS e à Cofins aplicável às diferentes modalidades de bonificação recebidas pelo setor de varejo, *99*

Silvia Godoy • Dante Stopiglia • Débora Didoné

9.1   Introdução, 99

9.2 Dos elementos que embasam a impossibilidade de enquadramento das bonificações e descontos comerciais no conceito jurídico de receita, 100

9.3 Breves considerações acerca dos contratos de fornecimento de mercadorias – prestações subordinadas ao contrato de compra e venda *versus* prestações autônomas, 103

9.4 Manifestações da Receita Federal do Brasil e jurisprudência correlacionada, 105

9.5 Análise quanto à condicionalidade das bonificações e dos descontos comerciais concedidos no bojo dos contratos de fornecimento de mercadorias, 108

9.6 Considerações finais, 110

Referências, 111

10. Reflexões sobre a substituição tributária do ICMS no setor de bens de consumo e varejo, ***113***

Carla Hamada • Giancarlo Chiapinotto • Orlando Frutuoso Dalcin

10.1 Introdução, 113

10.2 Contexto da substituição tributária do ICMS , 114

10.3 O ICMS-ST nas relações comerciais e as discussões atuais, 117

10.3.1 Definitividade do recolhimento de ICMS-ST – discussões sobre a restituição e o complemento desse tributo, 118

10.3.2 ICMS-ST na prática: sorvetes e gelados comestíveis, 121

10.3.3 ICMS-ST na prática: carnes, 121

10.3.4 ICMS-ST na prática: chocolates, 122

10.4 Considerações finais, 122

Referências, 123

11. Lei do Bem: (não) incidência do PIS/Cofins e a segurança jurídica, ***125***

José Aparecido dos Santos • Leila Fernandes • Orlando Frutuoso Dalcin

11.1 Contexto legislativo e problemática do tema, 125

11.2 Revogação antecipada do benefício, 128

11.3 Segurança jurídica e proteção à confiança, 130

11.4 Posição jurisprudencial, 131

11.5 Considerações finais, 134

Referências, 135

12. Desafios para a otimização dos créditos de ICMS, **137**

Ana Bela A. Gomes • *Carlos Mário Lopes Coutinho* • *Laura Malmegrin*

12.1 Introdução, 137

12.2 Das principais causas de acúmulo do saldo credor e suas implicações, 138

12.3 Dos instrumentos de recuperação e monetização de saldos credores — aspectos práticos, 140

    12.3.1 Sistema Eletrônico de Gerenciamento do Crédito Acumulado, 140

    12.3.2 Dos procedimentos para redução das hipóteses de geração do saldo credor, 144

12.4 Considerações finais, 147

Referências, 147

13. Estorno de créditos de ICMS decorrentes de benefícios classificados como subvenção para investimento – indedutibilidade para fins de IRPJ e CSLL, **149**

Paulo Lima • *Paula Virgínia Romano* • *Flávia Paes Mendonça*

13.1 Introdução, 149

13.2 Subvenções para investimento nas bases de IRPJ e CSLL, pós-Lei Complementar n. 160/2017 - sistemática, 149

13.3 Das soluções de consulta da Receita Federal do Brasil, 151

13.4 Discussões acerca da indedutibilidade de custos para IRPJ/CSLL na jurisprudência e na Receita Federal do Brasil, 154

13.5 Visão jurídica *versus* visão econômica do tema, 156

    13.5.1 Do princípio da legalidade e da exclusão da hipótese de incidência, 156

    13.5.2 Da visão "econômica" da Receita Federal do Brasil, 157

13.6 Considerações finais, 158

Referências, 158

14. O Imposto sobre Produtos Industrializados e o conceito de praça, **161**

Daniella Bedotti Gomide • *Alvaro Pereira* • *Eliana Faro*
• *Jurema Aline Rios Coutinho da Silva*

14.1 Introdução, 161

14.2 Valor tributável mínimo do IPI em operações entre empresas do mesmo grupo econômico no segmento de bens de consumo, 161

14.3 O Imposto sobre Produtos Industrializados e o conceito de praça, 163

14.4 Planejamento tributário — cenário macroeconômico, 166

    14.4.1 Planejamento tributário — segregação de atividades e o propósito negocial, 166

14.5 Do posicionamento do conselho administrativo de recursos fiscais , 169

    14.5.1 Argumentos favoráveis à segregação das atividades, 169

    14.5.2 Argumentos desfavoráveis ao contribuinte, 170

14.6 Do posicionamento da Receita Federal do Brasil e da Procuradoria-Geral da República, 170

14.7 Considerações finais, 172

    Referência, 172

15. Da tributação do Imposto sobre Produtos Industrializados na revenda de produtos importados, **173**

Estela Maria Fassina • *Dante Stopiglia* • *Kleber Choba Romano*

15.1 Introdução, 173

15.2 Das considerações gerais sobre o IPI e da regra matriz de incidência do imposto, 174

15.3 Tributação do IPI sobre os produtos advindos do exterior, quando da revenda no mercado nacional, 175

    15.3.1 Revenda de produtos sem processo de industrialização, 177

    15.3.2 Princípio da isonomia e/ou igualdade — produto nacional × produto importado, 177

    15.3.3 Capacidade contributiva e equidade concorrencial, 177

    15.3.4 Princípio do não confisco nas relações comerciais, 178

    15.3.5 Bitributação na revenda de produtos importados, 178

15.4 Das decisões acerca da tributação do IPI na revenda de importados, 179

    15.4.1 Posicionamento do STJ — principais decisões, 179

    15.4.2 Posicionamento do STF (Tema 906) e decisões do TRF das 1ª, 3ª e 4ª Regiões, 180

15.5 Dos reflexos da decisão do STJ e do STF sobre a tributação na revenda de importados, 182

15.6 Considerações finais, 184

    Referências, 186

1

OS DESAFIOS TRIBUTÁRIOS DA OMNICANALIDADE NO VAREJO

Thiago Figo
Dirceu Ferreira
Suzylaine Andrade Soares

1.1 INTRODUÇÃO

Na última década temos observado um expressivo aumento do mercado digital, assim como uma relevante mudança no comportamento dos consumidores, que torna a dinâmica da relação de consumo bastante distinta. Uma pesquisa global realizada pela PwC (2015) sobre o comportamento do consumidor em 2015 já apontava para os desafios do varejo e sua necessidade de transformação diante do aumento do comércio eletrônico e do surgimento de novos hábitos de consumo. Essas mudanças vêm sendo potencializadas pelo uso dos dispositivos móveis e por uma geração de consumidores cada vez mais conectados em tempo integral, criando tendências e necessidades a serem atendidas de modo cada vez mais célere.

É fato que, no ano de 2020, a pandemia de Covid-19 exponencializou a transformação digital em decorrência dos *lockdowns*, acelerando ainda mais as mudanças nos hábitos e formas de consumo e trazendo ainda mais urgência a esse mercado. Nesse cenário, o volume de vendas no ambiente *on-line* aumentou.

No entanto, é importante ressaltar que a jornada da transformação digital não se limita necessariamente às vendas *on-line*, que apenas reforçaram ou facilitaram as mudanças de hábito e de consumo. Diferentemente da percepção inicial, o mercado digital não extinguiu as lojas físicas; pelo contrário, o digital passou a ser uma extensão do físico e vice-versa. Os *players* que conseguem ter uma boa sinergia e integração entre os canais digital (*on*) e físico (*off*) certamente detêm uma vantagem competitiva pelo fato de oferecer mais possibilidades de conexão com os clientes.

Conforme dados da pesquisa *Global Consumer Insights Pulse Survey* da PwC (2021), os desafios do varejo vão além da criação de um ambiente de negócios financeiramente atrativo, seguro e ágil via *e-commerce*, estendendo-se também às lojas físicas. O acesso a um volume massivo de informações e ofertas no ambiente digital tornou os compradores mais objetivos e as compras, em consequência, menos impulsivas. A pesquisa aponta ainda que, no Brasil, o celular já é o canal preferido dos consumidores para realizar compras diárias ou semanais. No cenário mundial, porém, apesar do impacto da pandemia de Covid-19, o canal preferido continua sendo a loja física.

Nesse cenário, o desafio para os varejistas consiste tanto em atender aos anseios e necessidades dos consumidores do ambiente digital como em estabelecer uma experiência positiva para o consumidor que mantém a preferência pela compra na loja física.

Considerando os desafios já propostos pelo mercado consumidor, que requer a omnicanalidade do setor varejista, este artigo aborda os reflexos e particularidades do ambiente tributário brasileiro, que por vezes contribui para o aumento das dificuldades na execução de atividades operacionais básicas para o atendimento do consumidor no ambiente multicanal.

1.2 DO AMBIENTE DE NEGÓCIOS DO SETOR VAREJISTA

Na indústria do consumo, o consumidor sempre foi e sempre será o ator principal, devendo os fabricantes e varejistas se manter atentos a esse personagem. Em um passado não muito distante, a indústria criava as tendências e o marketing se encarregava da comunicação para que o consumidor tivesse certeza da necessidade daquele produto. Isso continua válido, embora, em tais condições, o consumidor esteja no centro das ações, mas não no comando da relação.

O que temos visto com maior frequência é o consumidor direcionando a indústria e o varejo para seus desejos. Nesse contexto, o produto por si só já não é suficiente para ganhar a preferência do consumidor, sendo a experiência bastante relevante na decisão de compra. Com isso, o varejo deixa de ser apenas um ponto de compra para se tornar um ponto de contato, no qual produto e experiência, em conjunto, são os grandes fatores a nortear as decisões de compra e as preferências do consumidor.

Além da experiência de compra e do produto em si, em função dos novos hábitos, o consumidor, ciente de sua posição nessa dinâmica, ou seja, tendo consciência de seu poder, busca conveniência e facilidade, representadas por inúmeras opções para que ele se relacione com o varejo, seja em pontos de contato digitais (aplicativos, *sites*, WhatsApp) ou pelo meio físico, por intermédio de lojas. Em suma, o consumidor quer exercer seu poder de decisão quanto a onde comprar, quando realizar a compra e onde retirar e devolver o produto.

Desse modo, é latente que a omnicanalidade veio a reboque da transformação digital, decorrente de mudança cultural (e escancarada pela pandemia), por isso colocar o cliente no centro das decisões já não é uma opção. O consumidor já não faz distinção entre canais *on* e *off*, entendendo que todos os canais são pontos de contato com o varejista, vale-se daquele que lhe é mais conveniente em cada momento de sua jornada. Tendo isso em mente, e considerando que a experiência nos contatos do cliente é fator crucial para a qualidade da relação com esse novo consumidor, é imprescindível que nessa jornada os momentos de interação, ocorram sem qualquer atrito. Alguns dos pontos mais críticos da referida jornada são os momentos de venda, troca e devolução.

Nesses momentos é que os desafios tributários entram em cena. O consumidor atual quer rapidez, é impaciente, conectado e não gosta de atrito, mas aqui temos um ponto de atenção: nosso Código Tributário Nacional (CTN) é de 1965, e, apesar de algumas alterações, podemos dizer que ainda está na era analógica, não tendo sido convertido para o digital.

Com isso, temos uma incompatibilidade que gera atritos na experiência de compra: uma série de burocracias ainda é requerida para endereçar as exigências tributárias, a fim de que o lojista esteja conforme aos requisitos formais. Um pequeno exemplo: o Imposto Sobre Operações Relativas à Circulação de Mercadorias e Sobre Prestações de Serviços de Transporte Interestadual e Intermunicipal e de Comunicação (ICMS) pressupõe a autonomia dos estabelecimentos, portanto comprar em uma loja e trocar em outro, a princípio, não é permitido. Para que isso seja possível, é necessário um pedido de regime especial, mas não temos essa flexibilidade quando pensamos em estabelecimentos em unidades distintas da Federação.

Desse modo, para vencer a burocracia sem descumprir as formalidades requeridas, o lojista se vê às voltas com situações que causam atritos com o consumidor, gerando uma experiência ruim. Os atritos variam de estado para estado, por isso é urgente a necessidade de nossa legislação se adaptar às novas formas de consumo e sua atual dinâmica, buscando uma uniformidade de procedimentos. Afinal, se a cada localidade o varejista se valer de um procedimento específico, a experiência, aos olhos do consumidor, além de ruim, será confusa e sem padrão. É preciso convergir nossa legislação para o digital.

Para finalizar a visão da atual dinâmica do varejo, e tendo em vista que uma palavra de ordem no mundo digital é "colaboração", temos observado muitas empresas se associarem de maneira colaborativa para que haja um usufruto mútuo das potencialidades de cada companhia, e no varejo isso não é diferente. Temos, por exemplo, uma empresa que atua como ponto de entrega e coleta de outra, sem ter qualquer correlação com a operação de venda mas podendo armazenar mercadorias de terceiros por um período, sem que tenha como objeto social o serviço de armazenagem e tampouco emitindo documentos fiscais para formalizar o "estoque de terceiros" que fica sob sua custódia por um breve período.

Nos termos da legislação vigente no Brasil, essa operação de cooperação não é permitida, exceto se for observada a necessidade de emissão de documentos fiscais entre empresas (além da necessidade de haver um CNAE – Classificação Nacional de Atividades Econômicas – de armazenagem), o que gera demora na jornada do cliente e custos adicionais para as companhias envolvidas. Isso porque, para estar em *compliance* com a legislação atual, a empresa que opera apenas como ponto de apoio na entrega/coleta da relação entre vendedor e comprador é obrigada a se inserir na relação, devendo emitir notas fiscais, o que gera custos e burocracia. Ou seja, a empresa A vende para o consumidor Especial para que este retire a mercadoria na empresa B. A empresa B, por sua vez, armazena a mercadoria por alguns dias em seu estabelecimento até que o consumidor Especial faça a retirada. Ainda nessa linha, eventualmente essa associação colaborativa pode implicar a devolução da compra pelo cliente Especial na unidade da empresa C. Note que, na situação mencionada, a venda ocorreu pela empresa A ao consumidor Especial, mas envolveu duas outras empresas que, pelas regras do ICMS atualmente vigente, não poderiam ter essa mercadoria em seus estabelecimentos sem que houvesse a formalização; havendo essa formalização, elas ainda teriam de incluir operações de compra e venda e remessa para armazenagem ou até mesmo abrir filiais da empresa A nos endereços das empresas B e C, a demandar a transferência de mercadorias. Enfim, sem entrar em detalhes de operações específicas, essas associações, para estar em *compliance* com a legislação tributária vigente, geram excesso de burocracia e prejudicam em demasia a experiência do cliente.

Enfim, o varejo sempre foi dinâmico e hoje se move a uma velocidade ainda mais frenética, com necessidade de mudanças e adaptações constantes. Nesse contexto, se dependermos de as autoridades competentes emitirem normas adequadas às condições de negócios, certamente a legislação sempre estará defasada, e cumpri-la não eliminará por completo os pontos de atrito com o cliente. Assim, é imperativa a existência de uma legislação que traga flexibilidade às condições de negócio e que permita a introdução de novos canais de venda, e de novas dinâmicas na forma de consumir, sem que a legislação tributária seja um entrave à evolução do varejo e da omnicanalidade.

1.3 ASPECTOS GERAIS DO ICMS E A AUTONOMIA DOS ESTABELECIMENTOS

A Constituição Federal de 1988, em seu art. 155, II, atribuiu a competência tributária aos estados e ao Distrito Federal para a instituição do ICMS, concretizada na edição da Lei Complementar n. 87/1996, também conhecida por Lei Kandir.

A Lei Kandir regulamentou, então, a aplicação do ICMS, enquanto os estados e o Distrito Federal editaram leis estaduais próprias, normativos internos e decretos para instituir e regulamentar esse imposto.

Nos termos previstos na referida lei:

> Art. 2º O imposto incide sobre:
>
> I – operações relativas à circulação de mercadorias, inclusive o fornecimento de alimentação e bebidas em bares, restaurantes e estabelecimentos similares;
>
> II – prestações de serviços de transporte interestadual e intermunicipal, por qualquer via, de pessoas, bens, mercadorias ou valores;
>
> III – prestações onerosas de serviços de comunicação, por qualquer meio, inclusive a geração, a emissão, a recepção, a transmissão, a retransmissão, a repetição e a ampliação de comunicação de qualquer natureza;
>
> IV – fornecimento de mercadorias com prestação de serviços não compreendidos na competência tributária dos Municípios;
>
> V – fornecimento de mercadorias com prestação de serviços sujeitos ao imposto sobre serviços, de competência dos Municípios, quando a lei complementar aplicável expressamente o sujeitar à incidência do imposto estadual.

De acordo com o art. 121, I, do CTN, contribuinte é aquele que tem relação pessoal e direta com a situação que constitui o fato gerador. Por definição, a lei complementar dispõe que contribuinte é qualquer pessoa, seja física ou jurídica, que, por habitualidade ou volume que caracterize intuito comercial, realize operações de circulação de mercadorias ou prestação de serviços de transporte interestadual ou intermunicipal ou de comunicação.

O art. 1.142 do Código Civil, por sua vez, conceitua estabelecimento como "todo complexo de bens organizado, para exercício da empresa, por empresário, ou por sociedade empresária". Já o § 3º do art. 11 da Lei Complementar n. 87/1996 conceitua estabelecimento como o local, privado ou público, edificado ou não, próprio ou de terceiros, onde pessoas físicas ou jurídicas exerçam suas atividades em caráter temporário ou permanente, bem como onde se encontrem armazenadas mercadorias. O inciso II desse mesmo parágrafo dispõe que é autônomo cada estabelecimento do mesmo titular.

Em que pese a autonomia dos estabelecimentos se restrinja a centros de apuração do imposto devido ou para fins de cumprimento de obrigações acessórias do contribuinte, esse fato não constitui justificativa para que o estabelecimento receba o *status* de contribuinte autônomo.

José Souto Maior Borges (1971) esclarece que

> O conceito de estabelecimento foi inicialmente elaborado pela doutrina do direito privado e posteriormente incorporado ao direito tributário. A tributação dos estabelecimentos autônomos de um só contribuinte constitui aspecto particular do problema tormentoso, no âmbito doutrinário, da capacidade tributária dos entes desprovidos de personalidade jurídica. São os estabelecimentos autônomos de uma empresa organismos a que a lei tributária confere o caráter de sujeitos passivos, sem que tenham personalidade jurídica de direito privado, já que pessoa jurídica é a empresa, considerada como unidade econômica. Não são os estabelecimentos autônomos pessoas jurídicas. Todavia, a lei lhes confere aptidão para ser sujeitos passivos do imposto, o que importa em lhes reconhecer uma certa capacidade jurídica de direito tributário. Por isso, só a figura da ficção de direito tributário explica a equiparação, pela lei ordinária do Estado-membro, desses organismos, a contribuintes do ICM.

Partindo desse cenário, no qual os contribuintes com mais de um estabelecimento realizam apurações autônomas de ICMS, inclusive quanto às determinações acerca das entregas de obrigações acessórias, surge um ponto adicional para trazer mais complexidade ao tema. Embora, nos termos da Lei Kandir, cada estabelecimento da empresa constitua uma unidade funcional autônoma, o Superior Tribunal de Justiça (STJ) editou a Súmula 166, dispondo que: "Não constitui fato gerador do ICMS o simples deslocamento de mercadoria de um para outro estabelecimento do mesmo contribuinte". Assim, apesar de as mercadorias circularem entre os estabelecimentos do mesmo contribuinte – leia-se dois sujeitos tributários distintos –, isso não constitui circulação de mercadoria para fins de fato gerador do ICMS, trazendo à tona mais uma questão para o comerciante multicanal: ele precisa muitas vezes vender por um estabelecimento e realizar trocas ou devoluções por outro. Com esse entendimento manifestado pelo STJ, fica ainda mais difícil para o comerciante neutralizar o imposto incidente em uma venda que foi posteriormente devolvida, e lhe cabe ainda o papel de encontrar meios lícitos para que isso seja executado respeitando as normas do ICMS.

1.4 DO REFLEXO DA AUTONOMIA DOS ESTABELECIMENTOS NO AMBIENTE DE NEGÓCIOS DO SETOR VAREJISTA

Conforme se depreende das considerações expostas, é fato que a legislação tributária brasileira não se atualizou na mesma velocidade do setor varejista. As mudanças no comportamento do mercado consumidor impuseram, de forma rápida e direta, a necessidade de atualização do setor não apenas para acompanhar tendências e novas tecnologias mas principalmente porque, na maioria das vezes, o não acompanhamento dessas tendências poderá ser o definidor da continuidade ou não do seu negócio.

A transformação digital trouxe a necessidade de dispor das mais variadas opções entre as tendências impostas pelo consumidor, principalmente a facilidade para buscar, experimentar, comprar, receber e devolver as mercadorias.

Como consumidores que acompanham esse movimento da transformação digital, sabemos que dispor de facilidades que vão ao encontro das diversas necessidades individuais é um definidor da manutenção do varejo no mercado.

No entanto, no anseio de atender às novas demandas criadas pela transformação digital, o mercado varejista se deparou com outro desafio: o de atender à diversificação das operações sem a atualização da legislação tributária.

A autonomia dos estabelecimentos quanto à tributação do ICMS traz algumas dificuldades, principalmente quando se trata da realização de operações com a utilização de mais de um estabelecimento ou empresa, como na mencionada associação para pontos de entrega/coleta. Os conflitos de competência que decorrem das divergências de intepretação das regras do ICMS impõem obstáculos para a realização de vendas utilizando mais de um estabelecimento, quiçá estabelecimentos de uma companhia que não está na relação de compra e venda, representando um entrave para o desenvolvimento da omnicanalidade no varejo.

Em regra, podemos destacar duas operações simples realizadas no ambiente da omnicanalidade:

i) Operações de retirada de mercadoria em loja (a aquisição é realizada no ambiente *on-line* ou em loja física diversa).

ii) Devolução em loja (a aquisição é realizada no ambiente *on-line* ou em loja física diversa).

Essas operações, quando analisadas na perspectiva prática da legislação do ICMS, impõem alguns obstáculos para sua implementação integral.

Nas hipóteses de operações de venda física envolvendo mais de um estabelecimento, o STJ mantém majoritariamente o entendimento de que o ICMS é devido no local da ocorrência da saída física da mercadoria, haja vista que nesse momento deverá ser emitido o documento fiscal necessário ao trânsito da mercadoria, preponderando então a circulação física desta sobre a operação mercantil. Diante desse entendimento, nas hipóteses de realização de uma venda no estado de Minas Gerais em que a mercadoria será enviada de outro estabelecimento, localizado no estado de São Paulo, o tributo seria devido quando da emissão do documento fiscal para trânsito da mercadoria a partir de São Paulo. Embora seja essa a posição mantida pelo STJ, é comum encontrar contribuintes que, por questões práticas, acabam optando por proceder à tributação de referidas operações pelo ICMS mesmo contrariamente ao entendimento do STJ.

A expansão do comércio *on-line* criou uma dinâmica de desigualdade entre a arrecadação do ICMS nos estados: o imposto era devido no estado de origem da mercadoria, que por vezes ficava na região Sul ou Sudeste, seja pela facilidade logística, pela proximidade dos portos ou até mesmo pela existência de benefícios fiscais. Esse movimento foi o responsável pela materialização da Emenda Constitucional (EC) n. 87,[1] de 2015, que alterou a redação dos incisos VII e VIII do § 2º do art. 155 da Constituição Federal de 1988 para regulamentar a partilha do ICMS decorrente das operações interestaduais entre estado de destino e estado de origem.

Em que pese a EC n. 87/2015 seja um instrumento para repartição da receita do ICMS entre os estados, trouxe também um ônus de *compliance* para as empresas que operam no *e-commerce*, pois estas passaram a ser obrigadas a recolher o diferencial de alíquotas em todos os estados onde sejam efetuadas operações com consumidores finais, sendo por vezes necessária a abertura de uma inscrição estadual no estado de destino da mercadoria, assim como a manutenção da apuração do ICMS em cada uma dessas unidades federativas.

Outro aspecto que merece destaque refere-se ao acúmulo de créditos do ICMS recolhido antecipadamente nas operações em que resta prevista a sistemática da substituição tributária (ST). Sob a ótica da EC n. 87/2015, há necessidade de recolhimento de parte do imposto à unidade federativa de destino. Logo, nas hipóteses das operações de venda de mercadorias que já foram sujeitas ao recolhimento no estado de origem do ICMS-ST referente às operações subsequentes, houve um novo recolhimento de ICMS ao estado de destino, que acarretará o pedido de ressarcimento do ICMS-ST retido anteriormente na unidade federativa de origem. Em que pese, do ponto de vista lógico, não se verifique uma bitributação, em face da possibilidade do pedido de ressarcimento, fato é que a efetiva restituição não ocorre na velocidade esperada pelos contribuintes, impactando diretamente em

---

1   Emenda Constitucional n. 87/2015: "Art. 1º Os incisos VII e VIII do § 2º do art. 155 da Constituição Federal passam a vigorar com as seguintes alterações:
'Art. 155. [...]
§ 2º [...]
VII – nas operações e prestações que destinem bens e serviços a consumidor final, contribuinte ou não do imposto, localizado em outro Estado, adotar-se-á a alíquota interestadual e caberá ao Estado de localização do destinatário o imposto correspondente à diferença entre a alíquota interna do Estado destinatário e a alíquota interestadual:
a) (revogada);
b) (revogada);
VIII – a responsabilidade pelo recolhimento do imposto correspondente à diferença entre a alíquota interna e a interestadual de que trata o inciso VII será atribuída:
a) ao destinatário, quando este for contribuinte do imposto; b) ao remetente, quando o destinatário não for contribuinte do imposto'" (BRASIL, 2015).

seu fluxo de caixa. Além desse impacto, é preciso considerar também os custos na geração de obrigações acessórias e demonstrativos para os pleitos de ressarcimento.

Diante desses aspectos, ao avaliarmos a estrutura da operação, anteriormente mencionada, de retirada de produto em loja divergente daquela em que foi adquirido, essa operação envolverá dois estabelecimentos distintos, quais sejam: o estabelecimento *e-commerce*, responsável pela venda ao consumidor final, e a loja física, onde será efetuada sua retirada. Nesse aspecto, considerando a autonomia dos estabelecimentos prevista pela Lei Kandir, a operação se realizaria por meio da transferência das mercadorias vendidas pelo *e-commerce* para a loja física, sendo esta a efetiva vendedora do produto.

Logo, nas operações interestaduais, em que o centro de distribuição está localizado em estado distinto da loja física, a operação é inviabilizada em face da autonomia para fiscalizar e arrecadar dos estados.

Em 2014, o Conselho Nacional de Política Fazendária (Confaz) publicou o Ajuste Sinief (Sistema Nacional de Informações Econômicas Fiscais) n. 1/2014, que altera o Convênio Sinief Sem Número/70, permitido a retirada em loja em operações interestaduais quando a entrega for realizada por estabelecimento não contribuinte do ICMS. Já nas hipóteses de entrega em estabelecimento contribuinte do ICMS, a operação não apresenta outras possibilidades, podendo apenas se concretizar por meio da transferência das mercadorias vendidas pelo *e-commerce* para a loja física onde ocorrerá a retirada (e a venda).

Ao avaliarmos a logística reversa relacionada à devolução dos produtos adquiridos *on-line*, deparamos também com alguns entraves. Ao contrário da venda física, na qual cabe ao consumidor promover a entrega da mercadoria devolvida, nas vendas *on-line* o vendedor é responsável por disponibilizar o formato logístico para que o produto seja devolvido. Uma alternativa vantajosa é que as mercadorias sejam entregues pelos consumidores em lojas físicas do mesmo varejista do *e-commerce*, reduzindo o custo logístico da disponibilização de um formato logístico e aumentando a possibilidade da conversão da devolução em troca.

Em que pese tratar-se de uma operação simples, as devoluções em loja também esbarram em obstáculos criados pela legislação estadual. Em uma manifestação, a Consultoria Tributária do Estado de São Paulo[2] dispôs acerca da impossibilidade de manutenção do crédito sobre a operação de devolução e/ou troca quando esta for realizada em estabelecimento

---

2 "ICMS – Obrigações acessórias – Troca ou devolução em garantia de mercadoria por pessoa física (consumidor final) – Estabelecimento diverso daquele que efetuou a venda – Vedação ao crédito – Nota Fiscal. Não há impedimento para que o consumidor final, pessoa física (não contribuinte), efetue a devolução ou troca de mercadoria em outro estabelecimento, do mesmo titular, diverso daquele onde ocorreu a venda. II. A devolução ou troca de mercadoria adquirida por consumidor final, não contribuinte do ICMS, em estabelecimento diverso daquele que efetuou a venda, não enseja direito a crédito referente ao imposto debitado sobre a operação de saída original, promovida pelo estabelecimento vendedor. III. O contribuinte que receber em devolução mercadoria adquirida por não contribuinte em estabelecimento diverso deverá emitir Nota Fiscal relativa à entrada, conforme o artigo 136, I, 'a', do RICMS/2000, sem direito a crédito do imposto. IV. A saída da nova mercadoria estará sujeita as regras normais de incidência do ICMS prevista para a operação com o produto envolvido, conforme o regime de apuração adotado pelo contribuinte" (SÃO PAULO, 2017).

diverso daquele em que foi efetuada. Esse entendimento, adotado pelo estado de São Paulo, era acompanhado pela maioria dos demais estados. No entanto, a partir da alteração realizada pelo estado de Minas Gerais com a publicação do Decreto n. 47.854/2020, que permite a devolução ou troca de mercadoria, sem prejuízo do crédito referente à entrada, em qualquer estabelecimento do mesmo contribuinte remetente também situado nesse estado, o estado de São Paulo editou o Decreto n. 64.772/2020, dispondo que o estabelecimento que receber mercadoria de não contribuinte poderá creditar-se do valor do imposto debitado por ocasião da saída da mercadoria.

A Consultoria Tributária do Estado de São Paulo[3] confirmou esse entendimento ao declarar que, a partir da vigência do § 16 do art. 61 do Regulamento do ICMS (RICMS/SP), a legislação do estado permite o crédito referente à operação de devolução em estabelecimento diverso do vendedor, desde que do mesmo titular.

Diante desses fatos, é necessário ressaltar que a alteração legislativa realizada pelos estados de Minas Gerais e São Paulo é de extrema importância para o desenvolvimento da omnicanalidade no varejo.

Para os demais estados, a fim de que a operação seja colocada em prática, é necessária a obtenção de regime especial que autorize o procedimento. Ainda, no caso de os estabelecimentos envolvidos na operação estarem localizados em diferentes estados, deve-se obter a autorização das duas administrações fazendárias envolvidas na operação.

Diante de todo o contexto dos entraves tributários à expansão da omnicanalidade do setor varejista, em 2019 foi proposto o Projeto de Lei Complementar (PLP) n. 148, de 2019, que, em linhas gerais, visa alterar a Lei Complementar n. 87/1996 e definir (i) o conceito de operação multicanal; (ii) em quais situações esse modelo se aplicará; e (iii) a não incidência do ICMS nas remessas aos estabelecimentos credenciados que proporcionam a retirada da compra pelo fornecedor, entre outras. O PLP ainda não teve grande evolução na Câmara dos Deputados, no entanto o Confaz publicou, no dia 6 de julho de 2022, o Ajuste Sinief n. 14/2022, produzindo efeitos em setembro de 2022.

O ajuste prevê que, na hipótese de venda a consumidor final não contribuinte do ICMS realizada por meio não presencial, a retirada e a devolução de mercadorias pelos adquirentes podem ser efetuadas em pontos de retirada de qualquer estabelecimento do mesmo grupo econômico ou de terceiros, contribuintes ou não do ICMS. Para efetuar essas operações, os estabelecimentos varejistas deverão atender algumas obrigações, tais como:

---

3   "ICMS – Mercadoria vendida a consumidor final não contribuinte – Devolução efetuada em estabelecimento de mesma titularidade, embora diverso daquele que efetuou a venda – Estabelecimentos paulistas – Crédito – Emissão de Nota Fiscal. [...]
IV. Após a introdução do artigo § 16 ao artigo 61 do RICMS/2000, em analogia aos procedimentos de devolução por contribuinte a outro estabelecimento do mesmo titular (artigo 454-A do RICMS/2000), **passou a também ser permitida a devolução por não contribuinte ou não obrigado à emissão de documento fiscal em estabelecimento diverso daquele que efetuou operação original, desde que ambos pertençam ao mesmo titular e estejam localizados em território paulista**. Deve-se adotar os procedimentos do artigo 454-A, combinado com o artigo 452, todos do RICMS/2000, com as devidas adaptações" (SÃO PAULO, 2020) (grifos nossos).

i) Informar às autoridades fiscais a relação dos locais que servirão para retirada e devolução da mercadoria.

ii) Firmar contrato que preveja a utilização do espaço físico do ponto de retirada.

iii) O local de retirada deve dispor de espaço físico separado para o armazenamento das mercadorias de terceiros.

iv) Realizar inscrição estadual no estado de destino (a critério do estado).

O ajuste ainda determina que o ponto de retirada esteja situado no mesmo estado do consumidor final, o que pode limitar, em alguma medida, o seu alcance.

1.5 CONSIDERAÇÕES FINAIS

Diante dos aspectos expostos, vemos que são inúmeras as dificuldades enfrentadas pelo varejista na realização de suas atividades rotineiras, entre elas a venda e a devolução, na manutenção das obrigações tributárias. Embora seja importante a evolução do PLP n. 148/2019 para garantir maior segurança à operação multicanal, podemos concluir que o referido ajuste Sinief representa um grande avanço para o desenvolvimento do setor varejista em face dos novos modos de interação com o consumidor final. Mesmo com esse avanço, porém, considerando a complexidade imposta pela tributação do ICMS quando do reconhecimento da autonomia dos estabelecimentos e dos estados, é urgente que iniciativas como essa sejam aprovadas para viabilizar a crescente evolução dos modelos de negócios a partir da digitalização do mercado sem que haja aumento das atividades de *compliance* tributário mediante a instituição de novas obrigações acessórias.

Não menos importante, a evolução do ambiente tributário para simplificação das operações poderá contribuir para a criação de um espaço menos litigioso entre os contribuintes e as autoridades fiscais, de modo a reduzir o contencioso tributário das empresas, com reflexo positivo em termos de aumento de arrecadação em face do maior *compliance* do setor. Esse é um cenário favorável tanto para o contribuinte, que passa a atuar com maior segurança jurídica e naturalidade, como para os estados, que tendem a aumentar a arrecadação diante do impulso do comércio no multicanal.

Espera-se que este capítulo colabore para a compreensão do crescimento exponencial da omnicanalidade do varejo em face da evolução da própria sociedade – cada vez mais digital e exigente – e também demonstrar que, mesmo com as tentativas por parte dos estados de solucionar os problemas, ainda há grande espaço para melhoria do sistema de tributação, principalmente do ICMS, em relação às interações cada vez mais dinâmicas entre varejistas e comerciantes. Tais movimentos tornam-se cada dia mais necessários para permitir o crescimento esperado desse setor, que tanto teve de se adaptar às mudanças de consumo criadas a partir da pandemia.

REFERÊNCIAS

BORGES, José Souto Maior. O fato gerador do ICM e os estabelecimentos autônomos. *Revista de Direito Administrativo*, Rio de Janeiro, n. 103, p. 33-48, jan./mar. 1971. Disponível em: https://bibliotecadigital.fgv.br/ojs/index.php/rda/article/view/35281/34071. Acesso em: 29 ago. 2022.

BRASIL. *Emenda Constitucional n. 87, de 16 de abril de 2015*. Altera o § 2º do art. 155 da Constituição Federal e inclui o art. 99 no Ato das Disposições Constitucionais Transitórias, para tratar da sistemática de cobrança do imposto sobre operações relativas à circulação de mercadorias [...]. Disponível em: http://www.planalto.gov.br/ccivil_03/constituicao/emendas/emc/emc87.htm. Acesso em: 7 ago. 2022.

PwC. *Global Consumer Insights Pulse Survey 2021*: resultados do Brasil. O consumidor pós-pandemia. Maio de 2021. Disponível em: https://www.pwc.com.br/pt/estudos/setores-atividades/varejo/2021/CGIS_21_VF_pulse2.pdf. Acesso em: 7 ago. 2022.

PwC. *Total Retail 2015*: o varejo e a era da disrupção. Março de 2015. Disponível em: https://www.pwc.com.br/pt/publicacoes/setores-atividade/assets/produtos-consumo-varejo/retail-15-brasil.pdf. Acesso em: 11 ago. 2022.

SÃO PAULO. Secretaria da Fazenda e Planejamento. *Regulamento do ICMS*. Artigo 61. Disponível em: https://legislacao.fazenda.sp.gov.br/Paginas/art061.aspx. Acesso em: 7 ago. 2022.

SÃO PAULO. Secretaria da Fazenda e Planejamento. *Resposta à Consulta Tributária n. 16.087/2017, de 01 de setembro de 2017*. Disponivel em: https://legislacao.fazenda.sp.gov.br/Paginas/RC16087_2017.aspx. Acesso em: 30 out. 2022.

SÃO PAULO. Secretaria da Fazenda e do Planejamento. *Resposta à Consulta Tributária n. 21.192, de 18 de junho de 2020*. Disponível em: https://legislacao.fazenda.sp.gov.br/Paginas/RC21336_2020.aspx. Acesso em: 30 out. 2022.

2

TRIBUTAÇÃO DO VAREJO NO METAVERSO

Gustavo Luiz Bizinelli
Hadler Favarin Martines
Filipe Apolinario de Oliveira

2.1 INTRODUÇÃO

As mudanças nas relações de consumo estão ocorrendo de forma exponencial. As novas tecnologias permeiam e se entrelaçam com a produção de bens, a prestação de serviços e a própria experiência do consumidor.

Inevitavelmente, essas mudanças impactam e compõem parte da "jornada de compra" dos consumidores inseridos no setor do varejo.

Nesse diapasão, a ascensão do Metaverso como modo não só de interação social, mas de comercialização de bens e serviços, tem ganhado relevância e interesse. Essa nova forma de consumir e se relacionar tem desencadeado inúmeras problemáticas sociais, econômicas e tributárias e criou hipóteses de interações que ainda não contam com qualquer proteção ou regulação legislativa.

Algumas dessas hipóteses estão voltadas ao direito tributário, tanto nacional como internacional. Isso porque as novas tecnologias também criaram novos problemas a serem solucionados. Passou-se a discutir, por exemplo, qual seria o local de residência dos contribuintes que permanecem no "universo" digital; a aplicabilidade ou não da legislação vigente às novas hipóteses de transações realizadas em meio virtual; a definição de "localidade" das operações; e o reconhecimento do efetivo beneficiário pelo consumo de produtos e serviços digitais.

Nesse bojo, é nítido que existem mais questionamentos do que certezas, e não é pretensão deste capítulo esgotar os temas que perpassam as operações realizadas em ambiente digital, especialmente o "Metaverso" e sua conexão com o mundo tributário, que por si só já apresenta suas complexidades, especialmente no Brasil.

Cabe a nós, neste capítulo, analisar alguns dos impactos relacionados à tributação envolvendo as relações negociais no Metaverso e trazer à baila as concepções e pontos de vista necessários ao correto entendimento e aplicação de normativas nacionais e até mesmo internacionais sobre o assunto, fomentando discussões que, para esse contexto, são mais do que necessárias.

2.2 CONCEITOS INICIAIS: METAVERSO, *BLOCKCHAIN*, *TOKENS* DIGITAIS

Apesar da recente popularização do Metaverso, o termo original foi utilizado pela primeira vez na obra de ficção científica *Snow Crash,* de Neal Stephenson, em 1992 (PÁDUA, 2022, p. 2), na qual os personagens se utilizavam de avatares digitais como forma de escapar da "realidade", por meio de óculos e fones. O **conceito** desde então foi largamente utilizado, tanto dentro da cinematografia como em nosso cotidiano.

A recente popularização do termo, bem como o aumento do interesse das empresas e governos em relação a ele, deriva em grande parte das novas tecnologias disponíveis na atualidade, que permitiram um crescimento rápido e estruturado do que já se entendia por Metaverso (GABRIEL, 2022, p. 122), assim como da constante alteração nas formas de relação no trabalho e também sociais, com a utilização de tecnologias que permitem e aceleram seu uso (uso enquanto termo e das tecnologias conceituadas como "Metaverso").

Do ponto de vista prático, o conceito de Metaverso deriva da soma de diversas tecnologias que, em conjunto, proporcionam experiências que simulam as interações da vida real. Em essência, não há como prever com exatidão o modo como será experimentado em sua totalidade, tampouco seus exatos reflexos, especialmente os tributários. Isso porque inúmeras tecnologias nem sequer foram desenvolvidas completamente, podendo divergir inclusive daquilo que aqui apresentamos.

Ademais, o Metaverso pode ser construído de maneira descentralizada, nesse caso podendo ser denominado "Metaverso universal" ou, ainda, "Metaverso unificado", no sentido de que não há "um dono" da plataforma, nem, portanto, qualquer intermediação. Essa ideia se aproxima do conceito da "internet" propriamente dita, que é a interconexão de servidores e computadores por diversos meios (satélites, cabo, rádio etc.); ou, ainda, os "Metaversos" de "circuito fechado" ou "Metaverso ilha", se assim pudermos cunhar tais termos, cujo acesso é controlado por uma plataforma, não sendo, consequentemente, interligado a outras plataformas ("Metaverso universal").

Ainda assim, é possível extrair que essas interações deságuam em uma soma de elementos que compõem um mundo coletivo imersivo e multidimensional (COLLOSA, 2022), formado por representações gráficas (GOMES; ARAÚJO, 2012) capazes de simular ambientes que já existem – por exemplo, criando uma cópia virtual de um estabelecimento comercial – ou de criar outros que nem sequer seriam viáveis no mundo real, tais como um provador de roupas interativo em realidade aumentada ou um universo com regras diferentes das do "mundo real" (GOMES; ARAÚJO, 2012, p. 877).

Justamente por esse agregado de tecnologias, é necessário compreender antecipadamente os conceitos de (i) realidade virtual, (ii) realidade aumentada e (iii) realidade estendida.

A primeira, a realidade virtual, pode ser interpretada como "uma experiência imersiva que reproduz mundos reais ou imaginários em terceira dimensão em ambientes computacionais" (TIETZMAN, 2020, p. 16). Como conceito, é muito mais antiga do que o próprio "Metaverso", remontando ao século XIX, época na qual já se utilizavam óculos capazes de alterar a visualização do mundo real, tais como os chamados "caleidoscópios" (SILVA, 2022).

Contudo, a "realidade virtual" enfrenta limitações de experiência. Apesar de proporcionar interações em ambientes tridimensionais, usualmente a posse dos ativos fica com **a marca que detém a tecnologia** e todo o sistema da realidade virtual em si. Ademais, há uma limitação na criação de universos virtuais (simulação da "realidade") (SILVA, 2022).

O segundo conceito, "realidade aumentada", é uma tecnologia que "permite a sobreposição de um objeto no ambiente real", usualmente a partir do uso de um dispositivo auxiliar, como um celular ou um *tablet* (TIETZMAN, 2020, p. 16). Essa tecnologia é frequentemente utilizada em *e-commerces* para, por exemplo, simular, em proporções reais, como determinado objeto poderia ser utilizado em um ambiente real, por exemplo, roupas, móveis e outras "tecnologias vestíveis" (*wearables*), assim como em redes sociais[1] e em diversos jogos eletrônicos.

Por fim, a "realidade estendida" nada mais é que a combinação das realidades virtual e aumentada. Sua característica é justamente a produção de outros tipos de interação para além da visão, audição ou tato. É dela que se aproxima o conceito de Metaverso.

Nesse sentido, conforme mencionado anteriormente, o Metaverso se propõe a criar relações e experiências únicas, e essa unicidade também se estende a seus elementos. Assim, tal como o mundo real, os itens do Metaverso são **únicos**, registrados em *blockchain* por meio de NFT (*non-fungible tokens/tokens* não fungíveis), que como conceito se equiparam à forma como os criptoativos funcionam.

Cada um dos itens apresenta um certificado de propriedade que não pode ser copiado. Ou seja, o NFT se caracteriza como um código que garante a unicidade e a exclusividade de propriedade em qualquer item no mundo digital. A despeito disso, não há garantia de que não serão lançadas réplicas idênticas a esse item.

Das informações vistas, fica claro que não é possível compreender plenamente o que é e como funciona o Metaverso sem a prévia análise de outros conceitos relacionados ao mundo digital, como *blockchain*, criptoativos e NFT. Passaremos, então, brevemente à conceituação desses elementos, a fim de que seja possível uma melhor compreensão das relações existentes dentro do Metaverso.

A tecnologia *blockchain* funciona como uma espécie de livro de registro digital compartilhado por todos os nódulos (usuários) de uma rede *peer to peer*. Em outras palavras, o

---

1   Por meio, por exemplo, de filtros de imagem e acessórios.

blockchain é uma estrutura que guarda informações sobre todas as transações já realizadas no mercado de determinada moeda virtual; todos os participantes da rede possuem uma cópia idêntica desse registro (FORMIGONI *et al.*, 2022).

Conforme esclarece Guilherme Follador (2018, p. 84), as criptomoedas opõem-se aos bancos e demais intermediários de transações financeiras por utilizar a tecnologia *blockchain*. Essa tecnologia é conhecida por seu caráter seguro e transparente, que transmite maior confiabilidade por meio de transações descentralizadas – diferentemente dos bancos atuais, que impõem extrema centralização e controle sobre as transações efetuadas. Os registros são verificados ponto a ponto (P2P, *peer to peer*), ou seja, não existe a necessidade de um terceiro mediador (*middleman*), uma vez que é realizado o compartilhamento da transação entre todos os "nós" da rede, tornando público o registro de tais operações.

Em decorrência, verifica-se que o sistema *blockchain* é considerado mais transparente que as intermediadoras financeiras atuais, sendo possível "verificar" as transações que ocorrem em tempo real em redes de contabilidade distribuídas e de maneira criptografada.

A respeito dos criptoativos, podemos nos valer do "conceito" apresentado pelas autoridades fiscais brasileiras na Instrução Normativa (IN) n. 1.888, de 2019, da Receita Federal do Brasil (RFB), que em seu art. 5º, I, estabelece que criptoativo é:

> [...] a representação digital de valor denominada em sua própria unidade de conta, cujo preço pode ser expresso em moeda soberana local ou estrangeira, transacionado eletronicamente com a utilização de criptografia e de tecnologias de registros distribuídos, que pode ser utilizado como forma de investimento, instrumento de transferência de valores ou acesso a serviços, e que não constitui moeda de curso legal.

Vale dizer, as criptomoedas são uma subclassificação das moedas virtuais, que por sua vez são, ao lado do "dinheiro eletrônico", uma espécie do gênero moedas digitais (FOLLADOR, 2018, p. 83). São denominadas criptomoedas por reunirem um conjunto de características, quais sejam, serem conversíveis, descentralizadas e protegidas por criptografia (FONSECA, 2018, p. 6).

Já os NFT são os *non fungible tokens*, ou *tokens* não fungíveis. A ideia de não fungibilidade implica a impossibilidade de substituição, ou seja, a unicidade de cada um dos elementos.

No Brasil há dificuldade para alinhar as competências outorgadas pela Constituição Federal (CF/88) às operações envolvendo criptomoedas, uma vez que a Carta Magna não dispõe expressamente acerca do tema. Ainda, as criptomoedas não são completamente recepcionadas pela doutrina ou pelos órgãos regulatórios, já que não são emitidas pelo Banco Central nem reguladas pela União, sendo desprovidas de equivalência monetária, ao contrário da moeda soberana local (real brasileiro), nos termos dos arts. 21, VII, 48, XIV, e 164 da CF/88 e do art. 6º da Lei n. 12.865/2013.

Apesar disso, o Poder Legislativo brasileiro já tomou alguma iniciativa acerca do tema, tanto que há Projeto de Lei (PL) em tramitação para fins de regulamentação de criptomoedas, o PL n. 4.401/2021, de iniciativa da Câmara dos Deputados, aprovado em abril de 2022 pelo Senado Federal e que segue em tramitação até o momento.[2]

Assim, é notório que diversos conceitos estabelecidos pelo ordenamento jurídico pátrio não são diretamente compatíveis com as novas tecnologias, de modo que a estrutura jurídica atual ainda não recepcionou tal inovação.[3] Essa limitação também se aplica ao ramo do direito tributário, que muito ainda deve evoluir para abarcar todos os tipos de situações que advêm dessa nova realidade que denominamos Metaverso.

A exemplo disso, no âmbito internacional, a Organização para a Cooperação e Desenvolvimento Econômico (OCDE) trabalha em consultas aos países membros sobre as maneiras de divulgação e tratativa das transações criptos, quase indissociáveis das transações (mas não exclusivas) do Metaverso. A OCDE também disponibilizou um *framework* com orientações e alternativas para as divulgações dessas transações em um documento denominado *Crypto-asset reporting framework* – CARF – (OECD, 2022) e suas emendas, que atualmente (2022) estão sujeitas a consulta pública e abertas para sugestões.

2.3 A TRIBUTAÇÃO E O METAVERSO: QUESTÕES PRÁTICAS

Os mundos virtuais estão aumentando em importância comercial. Por isso, à medida que o valor econômico dos espaços gerados por computador cresce (derivado do interesse dos consumidores e do acesso contínuo à rede do Metaverso), inevitavelmente surgem questões de aplicações da lei tributária às transações realizadas dentro deles.

Fato é que há uma complexidade na aplicação das legislações e entendimentos atuais à realidade virtual e à realidade aumentada, até porque no mundo virtual não há "paredes ou portas físicas", de modo que a população global está "realizando atos, celebrando negócios, transmitindo e recebendo informações de todo o mundo e, muitas vezes, sua conduta acaba escapando do ordenamento jurídico positivo" (GRECO, 2000).

Ora, o conceito de Metaverso propõe justamente a existência de um ambiente no qual as interações se iniciam de modo virtual, podendo delas derivar interações reais, como a comercialização de bens e serviços, tanto no "plano" do Metaverso quanto no "mundo real".

Nesse contexto, as possibilidades de novas transações dentro desse universo virtual são ilimitadas. Veja-se, por exemplo, a hipótese de utilização dos mencionados NFT como meio de troca ou compra de produtos e serviços no Metaverso, ou, ainda, a possível negociação no Metaverso com a concretização da operação no plano fático.

Vale destacar que essa prática já está presente nos jogos virtuais, situação em que qualquer item, *skin* (vestimentas para os personagens), música, arte ou som, ou seja, todo

---

2   Vale destacar que o tema não encontra consenso na doutrina atual, tanto que o projeto já sofreu diversas alterações desde sua proposição (tanto na Câmara dos Deputados quanto no Senado).

3   Destaca-se, novamente, o PL n. 4.401/2021, que pretende ser o marco regulatório para os criptoativos no Brasil (BRASIL, 2022).

conteúdo comercializado *in-game* (aqui entendido como "Metaverso") e que altere ou incremente a experiência do usuário, é utilizado para fins comerciais.

Entretanto, a nova realidade é atraente para os mais diversos segmentos, como empresas varejistas, que poderão incluir seus produtos para venda no Metaverso tanto para consumo pelo avatar lá inserido como até mesmo para ser consumido no "mundo real". Mas não é só: artistas poderão realizar *shows* virtuais exclusivos com pagamento via criptomoedas/NFT, empresas poderão prestar serviços no Metaverso, incluindo as de consultoria, financeiras e outros profissionais e organizações de jogos e entretenimento.[4]

Não obstante, a legislação brasileira, por exemplo, não define tão claramente o que seriam esses "bens virtuais", pois não se enquadram idealmente em quase nenhuma hipótese legalmente prevista, com exceção dos casos de cessão do direito de uso de propriedade intelectual. De todo modo, os "bens/serviços virtuais" podem trazer consequências para o mundo real, especialmente no que diz respeito a seus fins econômicos.

Em decorrência, podemos estabelecer alguns possíveis impactos tributários para fins da tributação direta de imposto sobre a renda (Imposto de Renda e Contribuição Social sobre o Lucro Líquido – IRPJ/CSLL), ou ainda para tributos sobre valor agregado, qual seja, na visão brasileira, o Imposto sobre Serviços de qualquer natureza (ISSQN) e o Imposto sobre Circulação de Mercadorias e Serviços (ICMS), ou, ainda, em uma visão global, o VAT (*Value Added Tax*) ou o GST (*Goods and Services Taxes*), além do possível tratamento jurídico que será atribuído às operações realizadas no Metaverso nas relações entre os usuários, se compra e venda, permuta e outros.

Para isso, será necessário permear alguns exemplos e questionamentos que podem se originar envolvendo operações econômicas no Metaverso, sem, no entanto, exaurir as possibilidades existentes, já que pode haver relações comerciais ainda impossíveis de serem projetadas, devido à limitação tecnológica atualmente existente.

2.3.1 Hipótese 1: cessão de direito de uso dos bens virtuais

Há ainda uma grande incerteza a respeito da natureza das transações de bens virtuais. Isso porque é possível partir da ideia de que os itens adquiridos não passarão de obras digitais, sendo as relações comerciais regidas pelas leis e tratados de direitos autorais. No Brasil, a operação se assemelharia à cessão de direitos de uso de propriedade intelectual.

O questionamento que surge nesse caso é se os itens adquiridos farão ou não parte daquela obra digital e se o conteúdo ali inserido será protegido por leis e tratados de direitos autorais (cessão dos direitos de uso de propriedade intelectual).

Veja-se que, nessa hipótese, os usuários não detêm nem a posse nem a propriedade do bem. Trata-se de simples direito de uso de propriedade intelectual, que não se confunde com as hipóteses anteriores. Na prática, portanto, os detentores de todos os bens virtuais seriam os responsáveis por cada uma das plataformas, ou pelos bens nelas comercializados.

---

4   Por exemplo, o banco J. P. Morgan (BIRCH, 2022).

Essa situação é semelhante à dos itens vendidos/disponibilizados nos jogos eletrônicos, na qual há a disponibilização temporária e limitada de determinado jogo e suas características aos usuários. Isso, na maioria das vezes, encontra-se expressamente disposto nos "termos de uso" de qualquer jogo eletrônico.[5]

Vale dizer que, nesses casos, a propriedade dos "bens virtuais" é "exclusiva" da desenvolvedora, que disponibiliza, por tempo indeterminado, o direito de utilização desses bens dentro de seu próprio jogo, sem cunho comercial externo.[6]

Todavia, essa análise parte do pressuposto de que o "Metaverso" utilizado sofrerá algum tipo de intermediação, tal como existe na atualidade com empresas como a Meta. Contudo, há uma forte tendência a sua descentralização, de modo que em breve não haverá uma única centralizadora da propriedade desses itens virtuais, tornando obsoleta a possibilidade de aplicabilidade da legislação de direito de uso de imagem.

Ou, ao invés da centralização em uma única figura detentora de todos os itens disponíveis, haverá uma ramificação dessas relações, permitindo diversas cessões de direito de uso de imagem entre variadas figuras (pessoas físicas, jurídicas, entidades, dentre outros).

Portanto, para a análise da legislação aplicável será necessário verificar, de plano, de "qual Metaverso" se estará diante, para que, em seguida, seja possível compreender como regular a operação em discussão.

2.3.2 Hipótese 2: alienação de bens virtuais em loja virtual via NFT/criptos

Outro ponto de vista permite a compreensão de que as transações virtuais se equipariam a uma alienação de bens virtuais por meio de uma loja virtual. Haveria um efetivo comércio de itens em uma realidade virtual, e os adquirentes seriam, nesse caso, efetivos detentores do bem adquirido.

Nessa hipótese, especificamente em relação ao **Imposto de Renda**, destaca-se que a permuta e a compra/venda de criptomoedas já são realizadas no "mundo real", mediante a equiparação das moedas a ativos financeiros (conforme propõe a RFB por meio da já mencionada IN n. 1.888/2019).

Assim, o Metaverso poderia ser apenas um intermediador da operação de compra/venda ou permuta entre o varejista e o consumidor final, com toda a operação acontecendo via *blockchain*, seja com criptomoedas, NFT ou moeda. Destaca-se que, atualmente, alguns espaços no Metaverso já estão efetuando operações nesse sentido, e grandes empresas já entraram nesse mercado, a exemplo de empresas do varejo.

---

5   A título exemplificativo, a cláusula 4.3 do jogo League of Legends (RIOT Games) determina que "você não possui nenhuma propriedade ou direito sobre qualquer conteúdo virtual que desbloqueia, independentemente de como adquiriu acesso a ele. O Conteúdo Virtual não tem valor monetário. Você não pode transferir (a menos que permitamos isso na funcionalidade dos Serviços da Riot) nem resgatar Conteúdo Virtual por qualquer tipo de dinheiro do 'mundo real'" (TERMOS DE SERVIÇO DA RIOT GAMES, 2021).

6   Não obstante, outras atividades podem estar relacionadas durante essa disponibilização, por exemplo, a venda segregada de itens / customização do jogo por parte de terceiros autorizados ou não autorizados.

Diante da ausência de regulamentação acerca do conceito de criptomoedas e NFT pela legislação brasileira, por exemplo, resta difícil caracterizar a natureza jurídica dessas operações mencionadas (por exemplo, permutas, doações ou compra e venda). Isso implica consequências distintas para fins de Imposto de Renda. Explica-se.

Imagine-se a seguinte situação: um usuário A adquire, pelo Metaverso, um eletrodoméstico NFT mediante o oferecimento de criptomoedas (500 *bitcoins*), sendo o eletrodoméstico disponibilizado por outro usuário do Metaverso, B – no exemplo, uma empresa varejista.

No caso, é possível considerar que a operação é uma permuta entre os *bitcoins* de A e o eletrodoméstico (NFT) pelo usuário B, situação em que há um ganho de capital por parte de ambos os usuários, A e B – mediante o aumento de ativos financeiros que possuem. Ou seja, considerando o aspecto atual das criptomoedas e NFT, bem como seu grau de liquidez contábil em relação ao dinheiro em si, verifica-se que tais "bens" digitais poderiam ser considerados ativos financeiros dos usuários, e não uma moeda por si só.

Considerando que o ganho de capital é a diferença positiva entre o valor de alienação de bens ou direitos e o respectivo custo de aquisição, conforme dispõe a IN RFB n. 84/2001, a apuração de ganho de capital poderia ser realizada em qualquer alienação de criptomoedas ou NFT.

Contudo, caso as autoridades tributárias considerassem os ativos financeiros apenas por seu aspecto monetário para fins de IRPJ e da CSLL (à semelhança de uma compra e venda de ativos), a tributação do IRPJ e da CSLL ocorreria pelo exato valor monetário desses ativos no momento da alienação de acordo com seu valor na *blockchain* ("transação").

Para fins comparativos, veja-se que, nos casos de bens e direitos adquiridos e de aplicações financeiras em moeda estrangeira com rendimentos auferidos originariamente em reais, o ganho de capital corresponderá à diferença positiva, em reais, entre o valor da alienação e o custo de aquisição, conforme dispõe a IN n. 118/2000 da Secretaria da Receita Federal (SRF)

Entretanto, essa diferença será calculada por uma cotação oficial, que, no caso das criptomoedas, ainda não existe, haja vista a sistemática *peer to peer* da *blockchain*. Assim, em tese, não seria possível estabelecer o real valor das operações, diferentemente dos casos de alienação de bens e direitos adquiridos no exterior, em que há uma cotação oficial já preestabelecida.

Por fim, vale mencionar a dificuldade em fiscalizar e identificar o local de realização da renda no Metaverso, pois ainda é nebuloso qual critério de localização deve ser utilizado em um ambiente virtual para esse fim, especialmente considerando a integração global entre os usuários conectados.

Por outra via, ainda em relação à **hipótese 2**, no que diz respeito à eventual tributação sobre **serviços**, alguns problemas práticos também se mostram evidentes, tais como a dificuldade em estabelecer o local exato da prestação de serviços no Metaverso, bem como em identificar o intermediador dos serviços prestados, já que, em situações de descentralização, ficaria "virtualmente impossível" qualificar ou enquadrar uma pessoa ou empresa responsável pela intermediação, o que seria equivalente a tentar tributar determinada pessoa pela utilização da internet por si só (claramente inviável).

Sobre tal aspecto, podemos relembrar que a própria OCDE, por meio da ação 1 do Primeiro Pilar (*Pillar One*), denominada *Tax challenges arising from digitalisation* (OECD, 2015, itens 4.1. e 4.2), vem discutindo nos últimos anos as possíveis alternativas de uniformização, definição e melhores práticas globais quanto à tributação direta e indireta concernentes aos conceitos de localidade e percepção de valor pelo consumo e aquisição de bens e serviços. A organização também já debate a aplicação dos tratados internacionais para fins de definição sobre qual jurisdição teria o "poder de tributar" determinada transação e o próprio conceito de "estabelecimento permanente", no que diz respeito à localização de eventuais servidores e serviços ou acessos entregues de forma digital.

Tal problemática pode ser representada por um caso da tributação sobre operações de uma empresa de *streaming* na Itália, abrangendo o conceito de estabelecimento permanente a partir da localização dos servidores digitais da companhia.

2.3.3 Hipótese 3: relações híbridas (compra no Metaverso e "benefício" no mundo real)

Algumas empresas já identificaram o potencial do uso do Metaverso como experiência imersiva para a venda de produtos no mundo real. Isso porque os *e-commerces*, apesar da facilidade de acesso e da capilaridade, apresentam maior limitação quanto a proporcionar sensações aos consumidores – estas podem ser entregues com o uso do Metaverso.

Dito isso, a hipótese em análise é relevante essencialmente para os casos de alienação de itens e bens (NFT ou não), com conversão em propriedade real aos usuários da plataforma no mundo fáctico, as denominadas "operações híbridas". Ou seja, no caso de alienação de itens e bens (NFT ou não), com conversão em propriedade real aos usuários da plataforma no mundo fático, quais os possíveis impactos dessas operações?

De fato, essa hibridicidade é uma realidade. A autora Martha Gabriel afirma que:

> Por sua natureza fluida e integrada, o Metaverso permite, de forma orgânica, os fluxos das experiências entre o *ON* e o *OFF* – em outras palavras, transações híbridas –, tornando-se, assim, o ambiente propício para o colapso das fronteiras entre físico e digital. Desse modo, o Metaverso se configura, cada vez mais, em um universo de realidades mistas, permitindo extrair o máximo potencial que a noosfera (cada vez maior e mais densa) e o cibridismo (cada vez mais profundo) podem oferecer, complementando e expandindo as dimensões físico-materiais tangíveis da vida (GABRIEL, 2022, p. 124).

Apesar de parecer distante, essa relação entre o digital e o real já está acontecendo. Uma grande varejista de roupas, por exemplo, loja de departamentos mundial, já criou seu "próprio Metaverso" (não descentralizado), e lançou um conjunto exclusivo de roupas virtuais. Diversas marcas de grife já mostram iniciativas no mundo virtual, lançando coleções de roupas tanto em jogos como no Metaverso (METAVERSO NO VAREJO, 2022).

Com todo esse panorama, é possível citar alguns possíveis exemplos de serviços que poderiam ser prestados junto ao Metaverso, tais como (i) a construção/elaboração de *layouts* e *designs* personalizados/específicos em espaços virtuais (arquitetura virtual ou mesmo *design* de roupas virtuais); (ii) a prestação de serviços de consultoria ou assessoria de qualquer natureza; ou (iii) as já mencionadas operações de intermediação na compra e venda de bens ou serviços.

Nos casos de prestações de serviços de elaboração/construção de *layouts* ou consultoria, qual critério deveria ser utilizado para fins de cobrança do imposto municipal: o endereço IP do usuário conectado ao Metaverso ou a própria localização geográfica do usuário? Como definir um local de prestação de serviços ou domicílio do prestador/tomador?

Além disso, o aspecto virtual alteraria de alguma maneira o atual conceito de serviços, que, para fins de ISS, está entrelaçado a uma necessária obrigação de fazer humana?

Os exemplos mencionados também geram dúvidas acerca de como os itens digitais seriam passíveis de conversão em itens reais fora do Metaverso (o que será mais bem abordado no próximo tópico).

Quem seria o intermediador no caso de compra e venda de bens entre os usuários A e B no exemplo anteriormente mencionado: o próprio servidor do Metaverso ou o usuário que está oferecendo seu bem/produto no ambiente virtual?

Ademais, seria possível entender pela não incidência do ICMS ou do VAT nesses casos, haja vista que, conforme mencionado, tais operações não envolvem uma efetiva circulação de mercadorias, mas sim uma possível operação com ativos financeiros (transações financeiras)?

Para além disso, já se discute a possibilidade de compra de produtos virtualmente com seu recebimento físico, incorrendo em verdadeira relação híbrida. O Metaverso seria, nesse caso, tão somente uma nova forma de entrar em contato com o produto que se pretende adquirir.

Essa estratégia já está sendo pensada por grandes varejistas, que pretendem realizar vendas pelo Metaverso com a entrega dos itens na casa do consumidor.

Todavia, caso essas iniciativas híbridas realmente tomem forma, como se dará a tributação das mercadorias? A compra será realizada por meio de criptoativos ou o pagamento poderá se dar em moeda local? Será necessária a criação de novos tributos para abranger as relações dentro do Metaverso?

Por ora, acreditamos que as respostas ainda podem se encontrar em nossa legislação pátria.

Analisando a primeira situação, caso a compra seja realizada em moeda corrente, com o posterior envio da mercadoria para o endereço indicado pelo consumidor, o Metaverso terá servido, em verdade, como um *e-commerce*, uma simples plataforma de intermediação de venda. Consequentemente, toda a tributação da operação permaneceria sem modificações, principalmente em relação ao ICMS/VAT. Afinal, com a saída real da mercadoria do estabelecimento do vendedor, não haveria qualquer empecilho para sua incidência.

A diferença, todavia, estaria nas despesas ou custos em que o cliente incorreria no uso da própria plataforma ou no pagamento de eventuais comissões cobradas dentro do Metaverso utilizado, o que, entretanto, não afetaria a tributação da operação para o consumidor.

No entanto, caso consideremos que a mercadoria será paga por meio de criptomoedas, caberá então à sociedade realizar a conversão desses montantes para a moeda corrente, emitindo, como usualmente, a nota fiscal correspondente e, em seguida, tributando normalmente a operação.

Além das situações narradas, vale a pena mencionar também que dentro do varejo se encontram as prestações de serviços, motivo pelo qual não poderíamos deixar de abordar algumas eventuais consequências da prestação de serviço no Metaverso.

Sobre esse ponto, ao contrário da venda de mercadorias, talvez não exista uma resposta definitiva em nossa legislação. Isso porque no exemplo de prestação de serviços dentro do Metaverso não há "local" onde tenha sido realizada a prestação, consoante preveem usualmente as leis municipais.[7] Nesse caso é inevitável a necessidade de uma nova lei indicando quais as hipóteses de incidência do ISSQN, podendo-se ainda, para fins análogos, usar o princípio da territorialidade e o conceito de "território" (PENA, 2017), normalmente discutido no âmbito do direito penal.

E é por isso que a tributação no Metaverso está longe de ser algo previsível, não apenas pela lacuna legislativa, mas pela própria ausência de conhecimento a respeito de todas as possibilidades negociais que envolvem esse novo **conceito**. Ainda nem sequer sabemos quais serão todas as formas de comercialização de mercadorias, ou se efetivamente será possível prestar serviços unicamente no Metaverso.

A temática tributária certamente gerará grandes discussões, tanto no âmbito doméstico de cada país como no âmbito internacional, considerando as transações transfronteiriças, mas, por enquanto, certamente caberá às cortes de cada país se utilizar das normas já existentes para tentar definir a incidência ou não de determinados tributos sobre operações que ainda nem sequer se moldaram completamente.

Constata-se, assim, a importância do enfrentamento desse assunto por parte dos legisladores e das autoridades tributárias em nível global, que enfrentam o grande desafio de concretizar algum tipo de regulamentação acerca do tema.

2.3.4 Hipótese 4: operações realizadas no mundo virtual (compra no Metaverso e benefício virtual)

No que tange à **hipótese 4**, referente a transações dentro do próprio "Metaverso", sem a concretização de alguma posse de bens no mundo exterior, pode-se entender que essas

---

7   A respeito do tema, vale notar que a discussão sobre o critério espacial do ISSQN é de longa data. Isso considerando que o art. 12 do Decreto-lei n. 406/1968 previa que se deveria considerar como local da prestação do serviço o estabelecimento do prestador ou, em sua falta, seu domicílio. Eram excetuados apenas os casos de construção civil, eis que era no local da obra que se perpetuava o critério espacial. Assim, em razão das intensas discussões na doutrina e na jurisprudência, o Superior Tribunal de Justiça (STJ) passou a considerar que a exceção seria a regra e fixou entendimento no sentido de que o local da prestação de serviço seria o critério espacial da incidência do ISS. Contudo, esse posicionamento jurisprudencial abriu margem para a discricionariedade dos municípios, tornando possível inclusive a bitributação (ANDRADE; HELUY, 2020, p. 170). Após grande debate, houve alteração do entendimento jurisprudencial, e o STJ compreende, atualmente, que o critério espacial do ISSQN corresponde ao local do estabelecimento do prestador como regra geral (BRASIL, 2012).

operações, *a priori*, não exercerão impacto econômico-financeiro no "mundo real", uma vez que não atrairão a incidência de qualquer fato jurídico tributável.

Entretanto, a partir do momento em que tais operações se revelarem no "mundo real", passarão a ensejar eventuais impactos tributários.

Não obstante, no caso de compra de bens e serviços virtuais sem "efeitos" práticos no "mundo real", quais os possíveis impactos dessa operação?

Um exemplo recente acerca dessa problemática pode ser visualizado na decisão do Tribunal Federal de Impostos da Alemanha (German Federal Tax Court), que anulou uma decisão proferida pelo Tribunal Fiscal de Colônia (Cologne Court) envolvendo a tributação de aluguéis sobre propriedades virtuais no "Metaverso" (TAHO, 2022) e entendeu pela não incidência do VAT. A discussão surgiu porque os usuários estavam alugando seus terrenos virtuais em troca de uma moeda virtual, a qual, posteriormente, seria trocada por dólares reais (USD).

A autoridade fiscal alemã argumentou que os "arrendamentos" de terrenos virtuais estavam sujeitos ao VAT, pois tal operação seria um "serviço digital" prestado a um cliente na Alemanha (TAHO, 2022).

A decisão final foi no sentido de que o valor dos ativos nesse Metaverso estaria estritamente dependente da existência do espaço virtual disponibilizado pela empresa proprietária do servidor *on-line*, de modo que as transações feitas durante o jogo não estariam sujeitas ao VAT.

Nesse cenário, é possível interpretar que as operações efetuadas dentro do Metaverso não são, a princípio, passíveis de tributação, mas, à medida que se realizam com consequências econômicas no mundo exterior, poderão ser alvo de questionamento pelas autoridades fiscais competentes.

Outra operação que já está acontecendo no Metaverso é a negociação de terrenos. Em 23 de novembro de 2021, um **terreno** no Metaverso foi vendido por mais de 2,4 milhões de dólares, em um universo chamado "Decentraland", com o propósito de usar o local para realizar desfiles de moda e a venda de roupas virtuais para avatares, por meio de parcerias com marcas do mundo real (ALVES, 2021).

Já em 2022, um artista indiano foi o primeiro a adquirir uma propriedade no Metaverso, **local** no qual irá gravar filmes, sediar *shows* e implementar sua loja, que venderá **itens** relacionados a sua marca na forma de NFT (WADHWA, 2022).

Ademais, aquele que adquire um espaço no Metaverso pode lucrar com *leasing*, publicidade, locação ou até mesmo com a venda da experiência imersiva do mundo criado.

Importa notar que, assim como no mundo real, o Metaverso terá recursos escassos, ou seja, uma quantidade limitada de "terras". E, em termos econômicos, a escassez de recursos implica aumento de valor agregado. Essa é uma ideia que se repete com as *bitcoins,* que em breve terminarão de ser mineradas, com os NFT, que possuem caráter de exclusividade, e com outros elementos desse mundo virtual.

Especificamente em relação às propriedades no Metaverso, são medidas em *tiles*, as menores unidades de medida, e não podem ser **quebradas**. Cada unidade tem uma *identity* (ID) e uma geolocalização em latitude e longitude, assim como no mundo real. Isso torna cada uma das propriedades não fungível e única.

A respeito de sua tributação, já existem alguns debates internacionais. Na Índia, por exemplo, afirma-se que não é possível a cobrança de tributo sobre a propriedade em si, mas sobre direitos virtuais (*Virtual Digital Assets* – VDA). Caso assim não seja, haverá tributação como se houvesse uma transferência normal de capital.

2.4 CONSIDERAÇÕES FINAIS

Ante todo o exposto, restam nítidos os desafios tributários que o Metaverso está apto a propor em face do exponencial avanço tecnológico, especialmente em relação à imersão e conexão em nível global decorrente desse universo virtual.

Neste capítulo apresentamos algumas possíveis soluções aos cenários que até o momento podemos imaginar, mas não há dúvidas de que ainda existem muito mais dúvidas do que respostas a respeito do Metaverso e de todo o seu possível impacto.

De fato, o Metaverso proporciona inúmeras relações simultâneas, que envolvem uma gama de novas tecnologias, tais como: *blockchain*, NFT, realidade virtual, internet das coisas (IOT), inteligência artificial (AI) e assim por diante. Na verdade, tais tecnologias são novas para todas as áreas, especialmente para o direito tributário, que geralmente caminha a passos lentos no que tange à regulamentação de novas tecnologias e suas aplicações nos ordenamentos jurídicos em todo o mundo. Tanto é assim que até o presente momento não há uma definição legal, em especial no Brasil, acerca dos temas abordados no presente capítulo.

Ademais, o próprio conceito de Metaverso ainda está sendo desenvolvido à medida que novas tecnologias surgem, considerando que há um conjunto de empresas criando seus "próprios Metaversos", afastando-se do que seria o conceito "universal", interconectado, perene e descentralizado, como o arquétipo ideal.

Contudo, em uma análise aprofundada, constata-se que as relações existentes no Metaverso já acarretam eventuais consequências no mundo tributário, exclusivamente a partir das possíveis compras, vendas, permutas, doações, prestações de serviços, cessões de direito de uso etc., que poderão desencadear novos fatos geradores para fins tributários.

Desse modo, é inegável que o comércio varejista será um dos setores mais afetados pelas novas relações decorrentes do Metaverso, uma vez que os *players* do mercado provavelmente irão aderir à nova realidade: um novo tipo de "ponte virtual", para alcançar novos consumidores de produtos e serviços para além das já existentes.

Portanto, os gestores da área tributária deverão ter um profundo conhecimento do Metaverso e de suas tecnologias relacionadas, trabalhando de mãos dadas com o setor público e privado, a fim de analisar a questão tributária envolvendo essa nova realidade como mais um aspecto dentro de todas as regulamentações a serem desenvolvidas em âmbito global (COLLOSA, 2022).

REFERÊNCIAS

ALVES, Paulo. Terreno em metaverso é vendido por 2,4 milhões e cripto salta. *Infomoney,* 24 nov. 2021. Disponível em: https://www.infomoney.com.br/mercados/terreno-em-metaverso-e-vendido-por-us-24-milhoes-e-cripto-salta-30/. Acesso em: 4 jul. 2022.

ANDRADE, Cynthia Esteves de; HELUY, Mariana Costa. O critério espacial da regra matriz do ISSQN: uma análise da incidência tributária à luz da doutrina do construtivismo lógico-semântico de Paulo de Barros Carvalho. *Revista Direito Tributário Atual*, São Paulo: IBDT, n. 44, p. 161-175, 1. sem. 2020.

BIRCH, Kate. JP Morgan is first leading bank to launch in the metaverse. *Fintech Magazine*, 17 fev. 2022. Disponível em: https://fintechmagazine.com/banking/jp-morgan-becomes-the-first-bank-to-launch-in-the-metaverse. Acesso em: 7 jul. 2022.

BRASIL. Senado Federal. Senado aprova mercado de criptomoedas com incentivo para energia renovável. *Senado Notícias*, 26 abr. 2022. Disponível em: https://www12.senado.leg.br/noticias/materias/2022/04/26/senado-aprova-mercado-de-criptomoedas-com-incentivo-paraenergia-renovavel. Acesso em: 8 jul. 2022.

BRASIL. Superior Tribunal de Justiça. *Recurso Especial n. 1060210/SC*. Relator: Min. Napoleão Nunes Maia Filho, Primeira Seção, *DJ*, 28 nov. 2012. *DJe*, 5 mar. 2013.

COLLOSA, Alfredo. Taxation in the metaverse: some preliminary considerations. *CIAT – Inter-American Center of Tax Administrations*, 9 mar. 2022. Disponível em: https://www.ciat.org/ciatblog-tributacion-en-el-metaverso-algunas-consideraciones-preliminares/?lang=en. Acesso em: 4 jul. 2022.

FOLLADOR, Guilherme Broto. Criptomoedas e competência tributária. *Revista Brasileira de Políticas Públicas*, Brasília: Centro de Ensino Unificado de Brasília, v. 7, n. 3, p. 80-104, 6 fev. 2018.

FONSECA, Guilherme Gatto. Controvérsias tributárias nas operações em moedas virtuais no Brasil e no mundo. Monografia – Faculdade de Direito, Universidade de Brasília, Brasília, 2018.

FORMIGONI, José Reynaldo; BRAGA, Alexandre Mello; LEAL, Rodrigo Lima Verde. *Tecnologia Blockchain*: uma visão geral. Disponível em: https://www.cpqd.com.br/wp-content/uploads/2017/03/cpqd-whitepaper-blockchain-impresso.pdf. Acesso em: 3 jul. 2022.

GABRIEL, Martha. *Inteligência artificial*: do zero ao metaverso. São Paulo: Atlas, 2022.

GOMES, Danielle Arruda; ARAÚJO, Marília Castelo Branco. Oferta turística virtual: un estudio de metaverso. *Estudios y Perspectivas en Turismo*, Buenos Aires, v. 21, n. 4, 2012.

GRECO, Marco Aurélio. *Internet e direito*. São Paulo: Dialética, 2000.

MARR, Bernard. The metaverse and digital transformation at McDonald's. *Forbes*, 22 jun. 2022. Disponível em: https://www.forbes.com/sites/bernardmarr/2022/06/22/the-metaverse-and-digital-transformation-at-mcdonalds/?sh=35f884213967. Acesso em: 19. jul. 2022.

METAVERSO no varejo: confira o que é tendência e o que já está em funcionamento. *NL*, 2022. Disponível em: https://www.nl.com.br/blog/varejo/metaverso-no-varejo-confira-o-que-e-tendencia-e-o-que-ja-esta-em-funcionamento/. Acesso em: 4 jul. 2022.

OECD. *Adressing the tax challenges of the digital economy*: Action 1 – 2015 Final Report. OECD Paris, OECD Publishing, 2015. Disponível em: https://read.oecd-ilibrary.org/taxation/addressing-the-tax-challenges-of-the-digital-economy-action-1-2015-final-report_9789264241046-en#page56. Acesso em: 20 jul. 2022.

OECD. *Crypto-asset reporting framework and amendments to the common reporting standard.* Março-abril de 2022. Disponível em: https://www.oecd.org/tax/exchange-of-tax-information/public-consultation-document-crypto-asset-reporting-framework-and-amendments-to-the-common-reporting-standard.pdf. Acesso em: 18 jul. 2022.

PÁDUA, Felipe Bizinoto Soares de. Metaverso e alguns problemas para o direito. *Revista de Direito e as Novas Tecnologias,* São Paulo: RT, ano 5, v. 15, abr.-jun. 2022.

PENA, Rodolfo. Conceito de território. *Mundo Educação*, 2017. Disponível em: https://mundoeducacao.uol.com.br/geografia/conceito-territorio.htm. Acesso em: 29 jul. 2022.

RIOT GAMES. Termos de serviço da Riot Games. *Riot Games*, abr. 2021. Disponível em: riotgames.com/pr-br/terms-of-service-BR. Acesso em: 21 jul. 2022.

SILVA, Mariana Maria. Existe diferença entre metaverso e realidade virtual? *Exame*, 2 abr. 2022. Disponível em: https://exame.com/future-of-money/existe-diferenca-entremetaverso-e-realidade-virtual/. Acesso em: 7 jul. 2022.

TAHO, Siqalane. German metaverse VAT exemption lacks clarity, say tax experts. *International Tax Review*, 15 jun. 2022. Disponível em: https://www.internationaltaxreview.com/article/2a8e2e-z11j0h0ywxymfwh/german-metaverse-vat-exemption-lacks-clarity-say-tax-experts. Acesso em: 18 jul. 2022.

TIETZMAN, Roberto *et al*. (org.). *Realidade virtual e comunicação*: fronteiras do jornalismo, da publicidade e do entretenimento. Porto Alegre: EdiPUCRS, 2020.

WADHWA, Naven. How will income from land in Metaverse be taxed? *Economic Times India*, 5 maio 2022. Disponível em: https://economictimes.indiatimes.com/wealth/tax/how-will-income-from-land-in-metaverse-be-taxed/articleshow/91332851.cms. Acesso em: 4 jul. 2022.

3

DISTORÇÃO DAS MARGENS DE VALOR AGREGADO DEVIDO À DESCONSIDERAÇÃO DE PREÇOS PROMOCIONAIS

Julissa Savitci de Almeida Bergqvist
Carlos Mário Lopes Coutinho
Eduardo Domingos Liroa Junior

3.1 INTRODUÇÃO

O Imposto sobre Operações Relativas à Circulação de Mercadorias e sobre Prestação de Serviços de Transporte Interestadual e Intermunicipal e de Comunicação (ICMS) é considerado um dos tributos mais complexos do sistema tributário brasileiro e representa um significativo instrumento de arrecadação e de política fiscal dos governos estaduais.

A fim de mitigar seu impacto financeiro, o legislador constitucional atribuiu ao ICMS a sistemática da não cumulatividade, por meio da qual o imposto cobrado na operação anterior pode ser compensado com o valor devido em cada operação tributável realizada pelo contribuinte referente à circulação de mercadorias ou prestação de serviços, o que permite a neutralização da carga econômica da operação anterior, possibilitando ao contribuinte compensar o valor do imposto pago anteriormente, observados os critérios estabelecidos na legislação de regência.

Nesse contexto, o mecanismo da substituição tributária (ICMS-ST – substituição) – que imputa a um dos contribuintes da cadeia econômica a responsabilidade pelo recolhimento do ICMS devido por toda a cadeia, considerando uma base de cálculo presumida pela legislação – surgiu como um facilitador das atividades de fiscalização da administração tributária, tanto para a validação dos lançamentos quanto para a cobrança do tributo, sem afastar a não cumulatividade do imposto estadual como um de seus atributos principais.

Justamente por levar à simplificação de uma cadeia econômica complexa, composta por diversas operações que atraem a incidência do ICMS, os critérios da substituição tributária devem ser traçados sem perder de vista o atributo principal do imposto: a neutralidade econômica. Significa dizer que a base de cálculo da substituição tributária necessita ser coerente com os preços praticados no mercado e, mais que isso, pautar-se em metodologia de cálculo que permita que os montantes recolhidos via ICMS-ST não se afastem do que seria a realidade fática da operação caso tal sistemática de substituição não fosse aplicada.

Em que pese a relevância desse aspecto, a maneira como os estados, entidades competentes para a instituição do imposto, internalizam as regras de exigência do ICMS-ST conflita com a natureza jurídica e econômica do tributo, especialmente quando são fixados os parâmetros relativos ao cálculo da substituição tributária por meio dos percentuais de Margem de Valor Agregado (MVA). A determinação dos parâmetros para o cálculo da substituição tributária é uma das temáticas mais espinhosas, especialmente quando falamos das operações em que o imposto é exigido antecipadamente (substituição tributária "para a frente"), situações em que a lei exige seu cálculo sobre uma base presumida.

Em linhas muito gerais, já que a mecânica será abordada em mais detalhes no decorrer deste capítulo, a MVA a ser adotada pelos contribuintes como fator de cálculo do ICMS-ST é determinada pelos estados, mediante pesquisas de mercado e coleta de informações das indústrias, comparando-se o preço praticado no varejo a consumidores finais com o preço praticado pelo industrial do respectivo produto. Com isso, chega-se a uma MVA presumida para toda a cadeia, a qual, aplicada ao preço do industrial, formará a base de cálculo do ICMS-ST.

Chamaremos de "Pesquisa de MVA" esse processo de comparação, conduzido pelos estados, entre preço de varejo e preço do industrial para determinação da MVA aplicável pelos estados. De forma resumida e visual, o processo para a captação dos valores ocorre como ilustrado na Figura 3.1.

Figura 3.1 Ilustração da determinação da Margem de Valor Agregado por meio das pesquisas.

Fonte: elaborada pelos autores.

Ocorre que, segundo disposição normativa presente em diversos estados relativa às regras e metodologias da Pesquisa de MVA, na captura dos preços praticados no varejo a consumidor final **não devem ser considerados os preços de promoção ou aqueles submetidos a qualquer tipo de comercialização privilegiada**. Como será abordado em mais detalhes ao longo deste capítulo, isso ocasiona importante distorção no resultado das Pesquisas de MVA que leva ao aumento indevido da carga tributária.

Para muitos setores da indústria de bens de consumo e para os varejos que comercializam esses produtos, especialmente bens de consumo não duráveis, a utilização de estratégias de preços de promoção faz parte do modelo de negócio dessas empresas. Tal estratégia tem ainda maior relevância em cenários macroeconômicos como o que estamos vivenciando atualmente, com forte pressão inflacionária de insumos e consequente necessidade de aumento de preços de ponta.

Isso significa que um "preço de promoção" (que inclui também promoções do tipo "pague dois, leve três") não é situação excepcional. Os descontos concedidos no âmbito dessas estratégias fazem parte da **precificação** dos produtos e, dessa forma, precisam ser considerados quando o objetivo é entender qual é o preço que o varejo pratica com os consumidores finais.

Como se pode observar, isso não acontece nas Pesquisas de MVA. Pelas regras em vigor em diversos estados, quando a Pesquisa de MVA se depara com preços de promoção, estes são desconsiderados da amostra e, portanto, o resultado final é um preço de varejo a consumidor final utilizado na formação de MVA que acaba sendo superior ao preço real. Um preço maior ao consumidor final capturado na Pesquisa de MVA significa, matematicamente, que a MVA atribuída ao produto será mais alta e que, portanto, haverá majoração indevida da carga tributária de ICMS via aumento de ICMS-ST.

Um aumento de carga tributária no setor de consumo, via de regra, mais cedo ou mais tarde será repassado ao consumidor final, por meio do aumento de preços. Sob a perspectiva da indústria e do varejo, aumentos de preço em muitas ocasiões podem significar queda de volume, especialmente para produtos com alta relação entre elasticidade e preço da demanda e alto coeficiente de substituição.

Este capítulo não propõe uma solução para o problema, mas tem o objetivo de trazer o tema para a reflexão e debate, já que muitas vezes o efeito aqui abordado, de aumento de carga tributária, acaba passando despercebido por executivos da área tributária que não estão diretamente envolvidos com o processo de Pesquisa de MVA junto às Secretarias de Fazenda. Como exercício para reflexão, dividimos o capítulo em duas partes específicas que buscam abordar sumariamente tanto o viés econômico e concorrencial da indústria de consumo e varejo como os aspectos jurídico-tributários associados ao mecanismo da substituição tributária.

3.2 CONSIDERAÇÕES INICIAIS SOBRE A LEGISLAÇÃO APLICÁVEL À SUBSTITUIÇÃO TRIBUTÁRIA DO ICMS E REGRAS E CRITÉRIOS ADOTADOS NA PESQUISA DE MARGEM DE VALOR AGREGADO

A substituição tributária do ICMS tem por finalidade a simplificação da cadeia de arrecadação do tributo. Instituída pela Constituição Federal, tem suas disposições gerais reservadas à disciplina por lei complementar, cabendo ainda às legislações estaduais regulamentarem detalhadamente suas características.[1]

Em linhas gerais, pode-se dizer que a substituição tributária consiste na concentração da incidência do imposto em determinado elo da cadeia econômica, em substituição ao momento do fato gerador original. Nesse sentido, existem três espécies de substituição tributária, classificadas em relação às prestações **anteriores** (para trás), **concomitantes** ou **subsequentes** (para a frente).

No tocante à substituição tributária em relação às operações ou prestações subsequentes, surge a necessidade de estabelecer um método para determinar a base de cálculo do imposto, de maneira que os montantes não se afastem do que seria a realidade fática da operação. Isso acontece porque, como o nome sugere, a modalidade de tributação consiste na substituição do contribuinte responsável pelo recolhimento do imposto sem que isso altere, contudo, o valor recolhido ao final da cadeia comercial. A sistemática tem a característica principal da neutralidade econômica.

Dessa forma, a legislação instituiu três maneiras de obter a base de cálculo da substituição tributária, conforme descrito a seguir:

i) O preço final ao consumidor, único ou máximo, fixado por órgão público competente.[2]

ii) O preço final ao consumidor sugerido pelo fabricante ou importador.[3]

iii) O somatório das parcelas relativas ao valor da operação praticada pelo substituto tributário, somado aos valores de seguro, de frete e de outros encargos cobrados ou transferíveis aos adquirentes ou tomadores de serviço e adicionado da **Margem de Valor Agregado**.[4]

Para uma parte relevante da indústria de bens de consumo, a base de cálculo da substituição tributária do ICMS é calculada conforme o item "iii", ou seja, por meio da utilização da MVA.

3.2.1 Regras estaduais para cálculo da Margem de Valor Agregado

A MVA corresponde ao quociente obtido da divisão do valor médio dos preços ao consumidor pelo valor médio das saídas realizadas pelo estabelecimento industrial, importador ou atacadista.[5] Vejamos como a legislação federal e a estadual (de alguns estados mencionados) disciplinam a forma de apuração dos valores que compõem o cálculo da MVA.

---

1   Previsão na alínea "b" do inciso XII do § 2º do art. 155 da Constituição Federal, c/c art. 7º e ss. da Lei Kandir (LC n. 87/1996).

2   § 2º do art. 8º da Lei Kandir.

3   § 3º do art. 8º da Lei Kandir.

4   Inciso I do art. 8º da Lei Kandir.

5   § 1º do art. 44 do Decreto n. 45.490/2000 do estado de São Paulo (RICMS/SP).

A Lei Complementar (LC) n. 87/1996 (Lei Kandir) aduz que a MVA será estabelecida com base em preços usualmente praticados no mercado considerado, obtidos por levantamento, ainda que por amostragem ou com base em informações e outros elementos fornecidos por entidades representativas dos respectivos setores, adotando-se a média ponderada dos preços coletados e devendo os critérios para sua fixação ser previstos em lei[6] – Pesquisa de MVA.

A partir disso, cada estado da Federação instituiu em sua legislação ditames específicos a serem seguidos pelos órgãos competentes no momento da realização de tal pesquisa.

O estado de São Paulo disciplinou, no art. 43 de seu Regulamento de ICMS (RICMS/SP), que o levantamento de preços que servirá de base para o cálculo da MVA, dentre outros critérios, deverá apurar o preço de venda à vista no varejo e **não deverá considerar os preços de promoção, bem como aqueles submetidos a qualquer tipo de comercialização privilegiada**.[7] Isso importa dizer que eventuais reduções de preço, tais quais os descontos, bonificações ou outras espécies de promoção, não são consideradas para fins de apuração do preço de determinado item ao consumidor.

O mesmo ocorre em diversos outros estados, como Rio de Janeiro e Minas Gerais, por exemplo, que, respectivamente, dispõem em sua legislação:

i) Rio de Janeiro: "Não serão considerados os preços de promoção, bem como aqueles submetidos a qualquer tipo de comercialização privilegiada".[8]

ii) Minas Gerais: "... os preços de promoção, bem como aqueles submetidos a qualquer tipo de comercialização privilegiada não serão considerados"[9] [no levantamento da média ponderada dos preços ao consumidor].

Tal fato gera discrepância entre o que seria a média efetiva dos preços ao consumidor e a média apurada segundo os ditames da legislação. Isso ocorre porque, conforme visto anteriormente, as promoções, em todas as suas espécies, constituem elemento de suma importância no mercado de varejo, e desconsiderá-las importa em distorção da realidade de consumo do Brasil, uma vez que significa afirmar que o consumidor paga, em média, mais do que o valor de fato pelo qual os produtos são usualmente adquiridos.

Por outro lado, diferentemente do que se viu, o texto legal não faz qualquer menção à desconsideração das promoções quando o levantamento de preços apura o outro extremo da cadeia comercial – a saída do estabelecimento industrial.

Como exemplo, a legislação paulista estabelece que o valor a ser levantado na saída do estabelecimento industrial, importador ou atacadista é o preço de venda à vista, incluindo o ICMS da operação própria, Imposto Sobre Produtos Industrializados (IPI), frete, seguro e

---

6 § 4º do art. 8º da Lei Kandir.

7 Itens 1 e 2 do § 1º do art. 43 do Decreto n. 45.490/2000 do estado de São Paulo (RICMS/SP).

8 § 1º do art. 10 do Decreto n. 27.427/2000 do estado do Rio de Janeiro (RICMS/RJ).

9 Alínea "c" do inciso I do § 4º do art. 19 do Decreto n. 43.080/2002 (RICMS/MG).

demais despesas cobradas do destinatário, excluído o valor do ICMS relativo à substituição tributária.[10] Ou seja, caso sejam aplicados descontos, bonificações ou outras espécies de promoção nas saídas efetuadas pelo substituto tributário, não existe previsão legal expressa para que sejam desconsiderados da pesquisa, ao contrário do que é determinado no levantamento de preços ao consumidor detalhado anteriormente.

3.2.2 Exemplo numérico – aumento de carga tributária decorrente do critério adotado na Pesquisa de Margem de Valor Agregado

Nesta seção apresentaremos um exemplo numérico sobre o aumento que a não consideração dos descontos na Pesquisa de MVA pode gerar. Os valores apresentados no Quadro 3.1 são ilustrativos, porém com percentuais de *markup* e de descontos reais praticados pelo varejo em determinado bem de consumo não durável.

Quadro 3.1 Comparação dos efeitos de diferentes tratamentos dos descontos nas Pesquisas de MVA

A) Situação atual: descontos desconsiderados no varejo, mas considerados na indústria/atacado		B) Situação exemplificativa: descontos considerados no varejo e na indústria/atacado	
A.1) Venda do industrial/atacadista		**B.1) Venda do industrial/atacadista**	
Preço unitário sem descontos	R$ 100,00	Preço unitário sem descontos	R$ 100,00
Descontos	R$ 10,00	Descontos	R$ 10,00
Preço unitário com descontos	R$ 90,00	Preço unitário com descontos	R$ 90,00
Preço considerado na pesquisa	R$ 90,00	Preço considerado na pesquisa	R$ 90,00
A.2) Venda do varejista		**B.2) Venda do varejista**	
Preço unitário sem descontos	R$ 140,00	Preço unitário sem descontos	R$ 140,00
Descontos (15%)	R$ 21,00	Descontos (15%)	R$ 21,00
Preço unitário com descontos	R$ 119,00	Preço unitário com descontos	R$ 119,00
Preço considerado na pesquisa	R$ 140,00	Preço considerado na pesquisa	R$ 119,00
A.3) Margem de Valor Agregado		**B.3) Margem de Valor Agregado**	
Preço considerado do varejista	R$ 140,00	Preço considerado do varejista	R$ 119,00
Preço considerado do industrial/atacadista	R$ 90,00	Preço considerado do industrial/atacadista	R$ 90,00
Margem de Valor Agregado	55,56%	Margem de Valor Agregado	32,22%
Carga total de ICMS*	R$ 25,20	Carga total de ICMS*	R$ 21,42

* A carga total de ICMS foi calculada conforme definição do estado de São Paulo.

Fonte: elaborado pelos autores.

---

10   Incisos I e II do art. 44 do Decreto n. 45.490/2000 do estado de São Paulo (RICMS/SP).

A) Situação atual: por esta metodologia, cria-se uma distorção do valor agregado na cadeia comercial resultante de um preço original deflacionado pelas promoções, enquanto sua oposição é inversa, ou seja, o preço final ao consumidor final está inflacionado pela desconsideração das promoções. Legendando o exemplo trazido, essa situação aumenta o intervalo entre o preço praticado pela indústria e o preço praticado ao consumidor final, aumentando a MVA calculada e acarretando o alargamento da base de cálculo, o que ocasiona maior tributação. Essa tributação é repassada aos consumidores, que encontram preços inflados pela retenção do ICMS.

B) Hipótese com promoções: esta situação hipotética, na qual as pesquisas considerariam os preços reais nos dois extremos da cadeia comercial – com a influência das promoções –, seria a que melhor refletiria a realidade fática das operações, resultando não em margem menor de valor agregado, mas sim em margem real.

Por fim, pode-se verificar, no Quadro 3.1, que a carga tributária decorrente da metodologia atual prevista na legislação para a determinação da MVA é 18% maior (R$ 2,52 *vs.* R$ 2,14) que a carga tributária que seria apurada caso a MVA fosse calculada considerando os descontos praticados ao consumidor final.

3.2.3 Comunicado SRE n. 8/2022

Em agosto de 2022, o Comunicado n. 8/2022 da Secretaria da Receita Estadual (SRE) foi publicado no *Diário Oficial do Estado de São Paulo*. Entre outras disposições, esse comunicado faculta à Secretaria da Fazenda a realização dos levantamentos de preço para fins de determinação da base de cálculo da substituição tributária do ICMS, por meio das bases de dados formadas pelos documentos fiscais emitidos pelos contribuintes, independentemente de pesquisas encomendadas para o setor.

Essa faculdade não resulta, necessariamente, em alteração nos efeitos ocasionados pela redação da legislação. Isso porque a real alteração na percepção dos preços dependerá da forma como as promoções refletem nos documentos fiscais, se por descontos propriamente ditos ou por simples alteração dos valores. No primeiro caso, não há mudança na sistemática de captura dos preços, uma vez que o campo próprio em que os descontos seriam informados nos documentos fiscais pode ainda ser desconsiderado no momento dos levantamentos realizados. Por outro lado, nos casos em que as promoções resultam em alteração de preço sem que haja necessariamente a aplicação de descontos, pode haver divergências nos critérios utilizados pela Secretaria da Fazenda na captura desses valores.

De todo modo, é cedo ainda para que se possa afirmar, concretamente, as possíveis nuances que surgem da publicação desse novo dispositivo, assim como a frequência com que essa alternativa será ou não explorada pela Secretaria da Fazenda para fins de determinação das bases de cálculo da substituição tributária.

3.3 EFEITOS NA DINÂMICA ECONÔMICA DA INDÚSTRIA DE BENS DE CONSUMO E VAREJO E EM SEUS CONSUMIDORES

3.3.1 A importância das promoções na indústria de bens de consumo e varejo e a elasticidade do preço no setor

Conforme mencionado anteriormente, a utilização de preços promocionais no segmento de bens de consumo, principalmente não duráveis, é uma prática comum no mercado. Esse componente é fundamental em qualquer tipo de metodologia de precificação e não pode ser tratado, em nenhuma hipótese, como uma excepcionalidade durante o processo de formação de preços.

De fato, de acordo com a publicação da Nielsen Consumer LLC, 35% do volume vendido no Brasil sofre efeitos dos preços promocionais e dos descontos. No México esse percentual é de 33%, e na América Latina em geral esse efeito é de 25%. O efeito do estímulo de preço – promoção ou desconto – tende a ser ainda maior em períodos de crise, pois as crises econômicas mudam as curvas de demanda, afetadas que são pelas ações de concorrentes que copiam essas reduções de preços e pela mudança da curva de restrição orçamentária do consumidor, dada não só sua redução de renda real no presente como também as incertezas de manutenção dessa renda no futuro.

Ainda segundo a pesquisa da Nielsen, quatro em cada dez categorias pesquisadas perdem vendas quando seus preços aumentam, e o Brasil é o país da América Latina onde se apresenta a maior sensibilidade às variações de preços: para cada aumento marginal de 1% nos preços, ocorre uma perda de volume de vendas equivalente a 2,4%. Isso não é novo; já em 2020, a revista *Mercado & Consumo* publicou os resultados da pesquisa da Nielsen em 2020, nos quais fica evidenciado que, no que diz respeito, aos itens vendidos (produtos),

> O Brasil é o país mais vulnerável a alterações de preços na América Latina, segundo dados da Nielsen. De acordo com o levantamento da empresa, referência global em mensuração e análise de dados, os itens de alta elasticidade de valor de venda representam 62% do total de itens. Mas, se antes da pandemia da Covid-19 o preço já era determinante para o consumidor do país, essa tendência deve se intensificar com a redução do poder de compra da população no pós-pandemia.

Se por um lado, em determinados casos, os aumentos de preços podem reduzir mais que proporcionalmente o volume vendido, por sua vez, reduções de preços podem também afetar positivamente – e as vezes mais que proporcionalmente – o volume de vendas. A esse fenômeno que se verifica quando alterações de preços provocam alterações na quantidade demandada a ciência econômica dá o nome de "elasticidade" (KRUGMAN; WELLS, 2012), que desempenha papel fundamental nessa análise.

Somam-se a esse cenário de alta elasticidade da demanda, conforme visto anteriormente, dois outros temas: inflação e juros, que, combinados, reforçam a importância da política de redução de preços, descontos e outros subsídios como forma de sustentar ou aumentar a demanda.

i) Inflação: cenários inflacionários tendem a distorcer a percepção do consumidor sobre os preços relativos da economia. Referida distorção, afetada pelos seguidos aumentos de preço e pelas incertezas sobre a renda presente real – cuja visão sobre o poder de compra é turva – e sobre a expectativa de renda futura, leva o consumidor a ficar ainda mais atento à política de preços promocionais.

ii) Juros: é notório que a inflação corrói o poder de compra do consumidor, aumenta o nível de incerteza sobre o valor real de sua renda presente e sobre sua expectativa de renda futura, enquanto o aumento da taxa de juros ataca em outra frente, encarecendo o crédito e empobrecendo o futuro. Com crédito caro (lembrando que quem solicita crédito escolhe a opção de comprar agora em detrimento do consumo futuro), aumenta o nível de incerteza nas decisões de investimento e de compra no presente, o que causa retração na demanda agregada e, consequentemente, na renda em outro momento, pelos mecanismos normais de transmissão da economia. Quando adicionamos a inflação e altas taxas de juros a esse conjunto de elementos e incertezas, temos um cenário propício para a disseminação de fenômenos constantes de alta elasticidade de preço da demanda, presente na indústria de bens de consumo e no varejo brasileiro.

Recapitulando, um ambiente de alta elasticidade de preço significa alta sensibilidade das quantidades vendidas em resposta às variações no preço, mesmo que proporcionalmente menores. Somado a isso, ambientes inflacionários e com juros altos aumentam o nível de incerteza do consumidor e reduzem sua propensão marginal a consumir. Nesse ambiente, a temática das promoções e descontos e de seus efeitos no cálculo da MVA se consolida e ganha contornos relevantes na escolha do consumidor.

3.3.2 A Margem de Valor Agregado em cenários de alta sensibilidade de preços

Dando um passo atrás no que já foi tratado neste capítulo e antes de adentrar a questão da tributação *per se*, tem-se que o caso concreto, conforme afirmado, consiste na definição de uma MVA, que é a presunção de margem de lucro atribuída a um produto; o valor percentual da "margem" se apura com base em pesquisas de mercado específicas. Em nosso entendimento, ao desconsiderar descontos e promoções na definição da metodologia, não é possível capturar adequadamente os efeitos econômicos da definição metodológica da margem de lucro.

De fato, conforme podemos entender da metodologia, a Pesquisa de MVA desconsidera os preços promocionais e os descontos, fazendo com que o preço final utilizado na formação de MVA seja superior ao preço real final, praticado pelo varejista, que, em diversos casos, é significativamente afetado por promoções e descontos, conforme já vimos.

Sabemos que o custo é um dado concreto, obtido com base nas próprias informações do contribuinte, disponibilizadas em uma infinidade de obrigações acessórias. Assim, um maior preço presumivelmente cobrado do consumidor final significa que a margem de lucro (aqui denominada MVA) atribuída ao produto será mais alta e que, portanto, haverá majoração relevante da carga tributária de ICMS via aumento de ICMS-ST. Quando há índices de MVA maiores que as margens efetivamente praticadas, gera-se a tributação de lucro inexistente, por meio da apuração de base de cálculo incorreta, uma vez que esse preço nunca existiu no mundo real.

Uma vez não incluídas essas variáveis e considerando que no Brasil, na indústria de consumo e varejo, 35% das operações ocorrem com algum tipo de desconto ou promoção – em seus mais diversos formatos –, é justo entender que parcela relevante das transações utilizadas como base para a definição da MVA não reflete adequadamente os preços finais praticados. Na prática, os preços finais são menores, e, assim, as margens presumidas baseadas nos preços "cheios" estão superavaliadas. Margens superavaliadas implicam a incidência de ICMS-ST em bases de cálculo desproporcionais àquelas efetivamente realizadas no mundo real.

Como conclusão, a tributação do ICMS-ST que transcende o valor justo que deveria ser cobrado do contribuinte e impacta indevidamente nos preços das mercadorias importa diretamente em transferência de riqueza econômica das pessoas e empresas para o Estado.

Do ponto de vista econômico, é possível ainda identificar outros efeitos, como o encarecimento de um produto que pode ser substituído por outro similar ou de outra categoria, beneficiando empresas e setores de forma artificial.

Outro fenômeno pode decorrer da distorção do real quando se olha do ponto de vista do preço, fenômeno que a ciência econômica denomina "elasticidade cruzada da demanda". Essa situação ocorre quando uma mudança no preço de um bem pode deslocar a quantidade demandada de outro bem. Ora, **se os bens são complementares** – pão e manteiga, combustível e meio de locomoção, cerveja e salgados, entre outros –, uma queda no preço de um bem levará, consequentemente, ao aumento da quantidade demandada de outro bem. No entanto, **se ambos são substituíveis**, como manteiga e margarina (exemplo típico das aulas de economia), ou as passagens de ônibus e de trens, então a queda no preço de um bem poderá fazer com que as pessoas simplesmente o substituam, reduzindo seu consumo. Como exemplo, passagens de avião mais baratas podem causar diminuição na aquisição de bilhetes de ônibus e vice-versa. Ou seja, oscilações no preço de um bem não afetam somente sua demanda, mas também a procura por outros bens, sejam estes substitutos ou complementares.

Diante disso, parece restar claro que essas distorções, decorrentes da presunção de margens de lucro inexistentes, trazem impactos diretos tanto à dimensão do funcionamento dos mercados, beneficiando alguns segmentos em detrimento de outros, quanto à tributação de margens inexistentes de produtos sujeitos ao regime de substituição tributária.

3.4 CONSIDERAÇÕES FINAIS

Como visto, a utilização da metodologia atual distorce os preços praticados na cadeia de valor dos produtos sujeitos à sistemática da substituição tributária do ICMS, tanto na dimensão econômica como na tributária.

Na dimensão tributária, especificamente, referida distorção impacta na formação de preço ao consumidor final, por meio de um tributo calculado sobre uma margem que não pode ser evidenciada em parte significativa dos casos, tendo em vista que não captura o efeito das promoções e descontos na composição de preço ao consumidor.

Espera-se que este capítulo tenha trazido os elementos necessários para que o assunto em questão seja levado ao conhecimento de mais pessoas que são impactadas pelo efeito dos critérios deficientes utilizados na Pesquisa de MVA sem saber suas causas. O objetivo é possibilitar o debate da questão a fim de criar possíveis soluções na busca por um ambiente econômico-tributário mais equilibrado e que não comporte distorções na experiência de consumo oferecida ao grande público.

REFERÊNCIAS

MERCADO & CONSUMO. 62% dos itens do varejo brasileiros são mais vulneráveis a alterações de preço. *Mercado & Consumo*, 21 jul. 2020. Disponível em: https://mercadoeconsumo.com.br/21/07/2020/noticias-varejo/62-dos-itens-do-varejo-brasileiros-sao-mais-vulneraveis-a-alteracoes-de-preco/. Acesso em: 18 nov. 2022.

KRUGMAN, Paul; WELLS, Robin. *Macroeconomics*. 3. ed. Duffield: Worth Publishers, 2012.

NIELSEN Book 2021: como dar um passo à frente da mudança? [*S. l.*]: Nielsen Consumer LLC, 2021. Disponível em: https://www.abevd.org.br/wp-content/uploads/2021/05/Nielsen-Book-2021-Portugues-210310-205350.pdf. Acesso em: 18 nov. 2022.

4

JULGAMENTO DA AÇÃO DECLARATÓRIA DE CONSTITUCIONALIDADE N. 49: OS PRINCIPAIS IMPACTOS DA DECISÃO PARA O VAREJO

André de Souza Pacheco
Giancarlo Chiapinotto
Mauricio Mattos Guimarães
Pâmela Mendes Quadros

4.1 INTRODUÇÃO

Em tramitação perante o Supremo Tribunal Federal (STF), a Ação Declaratória de Constitucionalidade (ADC) n. 49, ajuizada em 2017 pelo estado do Rio Grande do Norte, tem por objeto a declaração de constitucionalidade dos arts. 11, § 3º, II, 12, I, no trecho "ainda que para outro estabelecimento do mesmo titular", e 13, § 4º, da Lei Complementar (LC) n. 87, de 13 de setembro de 1996, responsáveis pela determinação de incidência do ICMS nas operações de transferência de mercadorias entre estabelecimentos do mesmo titular.

O pedido formulado na ADC n. 49, por unanimidade, foi julgado improcedente em 19 de abril de 2021 para declarar a inconstitucionalidade dos arts. 11, § 3º, II, 12, I, no trecho "ainda que para outro estabelecimento do mesmo titular", e 13, § 4º, da LC n. 87/1996.

Atualmente o processo se encontra aguardando julgamento de embargos de declaração opostos pelo próprio autor da ação, com pedido de modulação de efeitos prospectivos, bem como para esclarecimentos no que tange à amplitude da decisão quanto à autonomia dos estabelecimentos, constante do art. 11, § 3º, II, da LC n. 87/1996.

Os impactos do julgamento da ADC n. 49 são relevantes para todos os contribuintes, podendo ser favoráveis ou desfavoráveis a depender da operação. Destacando os varejistas atuantes em escala nacional, os reflexos ocorrem diretamente na apuração do Imposto sobre Operações relativas à Circulação de Mercadorias e sobre Prestações de Serviços de Transporte Interestadual e Intermunicipal e de Comunicação (ICMS) decorrente da operação principal do ramo, onerando ainda mais o contribuinte e o consumidor final e colocando em discussão princípios tributários indispensáveis, como a não cumulatividade.

Sem pretensão de esgotar o tema, o objetivo é a análise do breve histórico do ICMS, bem como de precedentes jurisprudenciais sobre a temática da tributação da transferência

4.2 BREVE HISTÓRICO DO ICMS E PRECEDENTES NOS TRIBUNAIS SUPERIORES

O ICMS, tal qual conhecemos nos dias atuais, foi introduzido na Constituição Federal de 1988, em seu art. 155, II, por meio da Emenda Constitucional n. 3/1993.

Conforme determinado na Constituição, o ICMS será um imposto não cumulativo, sendo possível a compensação dos débitos gerados nas saídas com os créditos na entrada das mercadorias. Hugo de Brito Machado (2004, p. 124) descreve o conceito da não cumulatividade por meio de seus dois principais aspectos:

> A não cumulatividade pode ser vista como princípio e também como técnica. É um princípio quando enunciada de forma genérica, como está na Constituição, em dispositivo a dizer que o imposto "será não cumulativo, compensando-se o que for devido em cada operação relativa à circulação de mercadorias ou prestação de serviços com o montante cobrado nas anteriores pelo mesmo ou outro Estado ou pelo Distrito Federal". Em tal enunciado não se estabelece exaustivamente o modo pelo qual será efetivada a não cumulatividade. Não se estabelece a técnica. Tem-se simplesmente o princípio.
>
> A técnica da não cumulatividade, a seu turno, é o modo pelo qual se realiza o princípio. Técnica é "maneira ou habilidade especial de executar algo". Assim, a técnica da não cumulatividade é o modo pelo qual se executa, ou se efetiva, o princípio.

No âmbito infraconstitucional, o ICMS foi regulamentado pela LC n. 87/1996, conhecida popularmente como Lei Kandir, estabelecendo como regra geral que o imposto incide sobre a circulação das mercadorias, com exceção das condições previstas no art. 3º da referida legislação. Destaca-se inicialmente o texto contido no art. 2º:

> Art. 2º O imposto incide sobre:
>
> I – **operações relativas à circulação de mercadorias**, inclusive o fornecimento de alimentação e bebidas em bares, restaurantes e estabelecimentos similares; (grifos nossos).

Do extenso rol interpretativo para a expressão "circulação de mercadorias" para fins de incidência do ICMS, pode-se elencar diversas operações, dentre elas as transferências efetuadas entre os estabelecimentos de mesma titularidade. Tal operação gera, desde a década de 1990, amplas discussões no Judiciário brasileiro a respeito da incidência ou não de ICMS, inclusive no Superior Tribunal de Justiça (STJ).

Nos casos analisados pelo STJ nesse lapso temporal, os contribuintes saíram vitoriosos,[1] uma vez que tiveram reconhecida a tese de que o simples deslocamento da mercadoria entre os estabelecimentos do mesmo titular não caracteriza a circulação econômica ou jurídica, portanto não haveria a incidência do ICMS.

---

1   REsp 9.933/SP (2ª T., 07.10.1992 – *DJ* 26.10.1992), REsp 32.203/RJ (1ª T., 06.03.1995 – *DJ* 27.03.1995), REsp 36.060/MS (1ª T., 10.08.1994 – *DJ* 05.09.1994), REsp 37.842/SP (2ª T., 24.11.1993 – *DJ* 13.12.1993).

No ano de 1996, o STJ publicou a Súmula 166, pacificando o entendimento das Turmas do Tribunal no sentido de que "não constitui fato gerador do ICMS o simples deslocamento de mercadoria de um para outro estabelecimento do mesmo contribuinte".

Em 2010, no rito dos recursos repetitivos – Recurso Especial (REsp) n. 1.125.133 (Tema 259) –, o STJ complementou o entendimento previamente exarado, considerando que a Súmula 166, proferida em 1996, ainda seria aplicável em operações de transferência de mercadorias e ativos entre os estados, não acarretando a incidência de ICMS.

Somente em 2020 o STF, via Plenário Virtual, em julgamento do Agravo em Recurso Extraordinário n. 1.244.885 (Tema 1.099), de relatoria do Ministro Dias Toffoli, fixou a tese da não incidência do ICMS nas transferências "sobre o deslocamento de mercadorias de um estabelecimento para outro do mesmo contribuinte localizados em estados distintos", seguindo no mesmo sentido do STJ. Cabe destacar que não houve modulação de efeitos em relação ao tema julgado pelo STF. A tese fixada pelo Tema 1.099 foi: "Não incide ICMS no deslocamento de bens de um estabelecimento para outro do mesmo contribuinte localizados em estados distintos, visto não haver a transferência da titularidade ou a realização de ato de mercancia".

O ponto central da questão refere-se ao fato de a transferência de mercadorias entre estabelecimentos de mesmo proprietário caracterizar-se ou não como relação mercantil, uma vez que os precedentes mencionados entenderam pela não incidência do ICMS nas transferências de mercadorias por falta da ocorrência da transferência do elemento risco de um contribuinte para outro.

Segundo Odmir Fernandes (2017, p. 259-260),

> Entre outras interpretações possíveis, o termo "operação" é entendido como um ato mercantil de comercializar mercadorias, as quais, por sua vez, são bens e objetos destinados à comercialização. "Circulação", conceito sobre o qual recaem as maiores divergências, deve ser interpretado como um negócio jurídico em que há mudança da titularidade da mercadoria.

Também é relevante o conceito de estabelecimento para a correta interpretação da questão tributária apresentada:

> Os conceitos de empresa e estabelecimento são absolutamente inconfundíveis. De outro lado, pelo fato de que a personalidade jurídica (embora haja vasta discussão doutrinária nesse aspecto) pode ser considerada como uma concessão legal, não constando no art. 44 do Código Civil (ou do art. 16 do Código Civil de 1916) o estabelecimento como ente dotado de personalidade jurídica. Assim, no âmbito do direito brasileiro o estabelecimento não se enquadra na categoria de sujeito, mas sim na de objeto de direito (ASCARELLI *apud* TOKARS, 2006, p. 20-21).

O ponto interpretativo encontra-se nos arts. 11, § 3º, II, e 12, I, da LC n. 87/1996:

> Art. 11. O local da operação ou da prestação, para os efeitos da cobrança do imposto e definição do estabelecimento responsável, é:
>
> [...]

> § 3º Para efeito desta Lei Complementar, estabelecimento é o local, privado ou público, edificado ou não, próprio ou de terceiro, onde pessoas físicas ou jurídicas exerçam suas atividades em caráter temporário ou permanente, bem como onde se encontrem armazenadas mercadorias, observado, ainda, o seguinte:
>
> [...]
>
> II – é autônomo cada estabelecimento do mesmo titular;
>
> [...]
>
> Art. 12. Considera-se ocorrido o fato gerador do imposto no momento:
>
> I – da saída de mercadoria de estabelecimento de contribuinte, ainda que para outro estabelecimento do mesmo titular.
>
> [...]

Contudo, apesar das decisões dos Tribunais Superiores, manteve-se vigente a disposição da LC n. 87/1996 que, de forma sintética, exige o ICMS em operações dessa natureza (art. 12, I).

Os estados, por sua vez, continuam a se valer das disposições previstas na Lei Kandir para suportar a exigência da incidência de ICMS nas operações entre estabelecimentos do mesmo titular em seus respectivos regulamentos.

4.3 DO JULGAMENTO DA ADC N. 49

Em 2017, foi ajuizada a ADC n. 49, pelo estado do Rio Grande do Norte, tendo por objeto a declaração de constitucionalidade dos arts. 11, § 3º, II, 12, I, no trecho "ainda que para outro estabelecimento do mesmo titular", e 13, § 4º, da LC n. 87/1996.

O ponto principal da controvérsia diz respeito à constitucionalidade dos dispositivos da Lei Kandir que preveem a ocorrência de fato gerador de ICMS na transferência de mercadorias de um mesmo contribuinte.

Os autores da ação alegam que os dispositivos (arts. 11, § 3º, II, 12, I, no trecho "ainda que para outro estabelecimento do mesmo titular", e 13, § 4º, da LC n. 87/1996) seriam constitucionais, pois ainda não havia posicionamento definitivo diverso do STF – apenas em 2020 o tema foi julgado por esse Tribunal. Assim, até o momento, os dispositivos da LC n. 87/1996 vinculavam os agentes públicos fazendários estaduais, que exigiam dos contribuintes a observância da regra de incidência de ICMS nas transferências de mercadorias entre estabelecimentos da mesma pessoa jurídica.

Em abril de 2022, o STF julgou improcedente a ADC n. 49, acarretando a declaração de inconstitucionalidade do art. 11, § 3º, II (que estabelece a autonomia dos estabelecimentos), do art. 12, I, no trecho "ainda que para outro estabelecimento do mesmo titular", e do art. 13, § 4º (que trata da base de cálculo do ICMS nas transferências entre estabelecimentos do mesmo titular), da Lei Kandir.

Os embargos de declaração opostos pelo estado do Rio Grande do Norte, para modulação dos efeitos da decisão, ainda estão pendentes de julgamento, que conta, até o momento, com maioria de votos para estabelecer efeitos prospectivos, a partir de 2023. Em seus votos, alguns ministros têm pontuado que, caso os estados não disciplinem a transferência de créditos entre os estabelecimentos, fica reconhecida tal possibilidade.

Com a decisão do Tema 1.099 pelo STF e a declarada inconstitucionalidade por meio da ADC n. 49, os Tribunais de Justiça passaram a proferir decisões em favor dos contribuintes, no sentido da não incidência de ICMS nas operações de transferência entre estabelecimentos de mesma titularidade, por exemplo, no caso da Apelação Cível n. 5031214-27.2021.8.21.0001/RS, julgada em 14 de abril de 2022.

Na referida decisão, ficou clara a não incidência do ICMS nas operações de transferências interestaduais, porém tal premissa torna necessário o estorno de créditos proporcionais às saídas não tributadas, conforme previsto no art. 155, § 2º, II, "b", da Constituição Federal de 1988.

> Na mesma linha, em decorrência da não incidência do ICMS, deve ser feito o estorno dos créditos de ICMS tomados pela demandante na proporção das operações de transferência de mercadorias.
>
> Veja-se que o art. 155, § 2º, inc. II, alíneas "a" e "b", da Constituição Federal já define que a isenção ou não incidência não implica crédito para compensação com o montante devido nas operações ou prestações seguintes e acarreta a anulação do crédito relativo às operações anteriores, "*in verbis*": [...]

Paralelamente, está em tramitação no Congresso Nacional o Projeto de Lei Complementar (PLP) n. 148/2021, que visa alterar a LC n. 87/1996 e incluir os seguintes dispositivos:

> Art. 12. [...]
>
> I – da saída de mercadoria de estabelecimento de contribuinte;
>
> [...]
>
> § 4º Não se considera ocorrido o fato gerador do imposto na saída de mercadoria de estabelecimento de contribuinte para outro estabelecimento de mesmo titular, mantendo-se integralmente o crédito tributário em favor do contribuinte que decorre desta operação.
>
> § 5º Alternativamente ao disposto no § 4º deste artigo, fica o contribuinte autorizado a fazer a incidência e o destaque do imposto na saída do seu estabelecimento para outro estabelecimento de mesmo titular, hipótese em que o imposto destacado na saída será considerado crédito tributário pelo estabelecimento destinatário.

O objetivo do projeto de lei é possibilitar ao contribuinte optar pela incidência ou não do ICMS, explicados de forma minuciosa os motivos da proposta pela justificação do projeto, conforme descrito a seguir:

> Poucos são os contribuintes que ajuizaram ação face o Poder Judiciário para obterem provimento jurisdicional que lhes garanta não considerar ocorrido o fato gerador do ICMS na transferência entre seus estabelecimentos de um mesmo contribuinte.
>
> Isso se deve ao fato de que o ICMS é um tributo não cumulativo e que fazer transferências entre estabelecimentos de um mesmo contribuinte (operação que os contribuintes realizam corriqueiramente) sem se considerar ocorrido o fato gerador do imposto acabaria por fazer deste um tributo cumulativo, contrariando a Constituição Federal (art. 155, § 2º, inciso I).
>
> O débito do imposto na saída da mercadoria pelo estabelecimento A torna-se crédito na entrada da mercadoria pelo estabelecimento B, face ao princípio da não cumulatividade.

> Sem a incidência do imposto na referida operação (de simples transferência), deixar-se-á de ter o débito do ICMS na saída da mercadoria pelo estabelecimento A e, em consequência, não se terá o crédito na entrada da mercadoria pelo estabelecimento B e este, ao vender a mercadoria, apurará muito maior valor de imposto, pois não terá o crédito para amortizar o débito (AGUIAR, 2021).

Assim, o projeto de lei traz uma esperança de regulamentação definitiva sobre o tema que há muito se mostra objeto de discussão no Judiciário, gerando incertezas tributárias relevantes nas operações dos contribuintes.

Porém, enquanto ainda não for objeto de regulamentação pelo PLP, como se pode observar em breve análise do histórico de discussões sobre o tema, a declaração de inconstitucionalidade da incidência de ICMS nas operações de transferência acaba por gerar grandes impactos no ambiente tributário, em especial para o ramo varejista, conforme veremos a seguir.

4.4 DOS IMPACTOS DO JULGAMENTO DA ADC N. 49 NO VAREJO

A declaração de inconstitucionalidade dos dispositivos da LC n. 87/1996 sobre a incidência de ICMS na transferência de bens entre estabelecimentos do mesmo contribuinte trouxe à discussão aspectos práticos que, até o momento do julgamento dos embargos de declaração apresentados na ADC n. 49, encontram-se sem definição. São eles: as repercussões na apropriação de créditos de ICMS pelos destinatários das mercadorias, e o destino desses créditos.

As consequências da decisão podem trazer impactos significativos aos princípios da não cumulatividade e do pacto federativo, com aumento dos custos incorridos na cadeia tributária e majoração da carga tributária suportada pelo consumidor final, considerando a aplicação do estorno dos créditos previsto na Constituição ou até mesmo pelo acúmulo de créditos em estados onde a sociedade tenha operações de distribuição para suas lojas.

Em análise comparativa do cenário tributário atual e projetado com os efeitos da ADC n. 49, é importante entendermos as figuras envolvidas na operação varejista. A cadeia de produção do setor é composta, em regra, por fornecedor, centro de distribuição, loja física e consumidor final.

Com pedidos em grandes quantidades feitos aos fornecedores e diminuto espaço nas lojas (geralmente locadas), é necessária a "intermediação" entre as fábricas e as lojas físicas, feita pelos centros de distribuição, localizados em posições estratégicas que viabilizem o recebimento e a distribuição para as lojas, podendo estas estar localizadas em diferentes estados.

Nessa operação, usualmente o centro de distribuição faz a aquisição do produto do fornecedor e sua transferência para as lojas físicas (filiais), dentro e fora do estado, operações que envolvem a tomada de crédito de ICMS na entrada da mercadoria, o destaque do ICMS na operação de transferência, a tomada de crédito de ICMS na operação de recebimento na loja física e, por fim, o recolhimento do ICMS, com o respectivo abatimento do crédito decorrente da entrada da mercadoria na loja física, quando da venda ao consumidor final.

4.4.1 Cenário tributário atual

Até o momento da definitiva regulamentação dos impactos da declaração de inconstitucionalidade dos dispositivos da LC n. 87/1996 objeto da ADC n. 49, os contribuintes, pautados nas normativas estaduais, seguem tributando a operação de transferência de bens entre estabelecimentos de mesma titularidade.

A título exemplificativo, supondo que a operação varejista se dê da seguinte forma: o fornecedor da cadeia (A), localizado no estado de Santa Catarina, vende a mercadoria para um centro de distribuição (B) situado no mesmo estado, com o valor do ICMS destacado e incluído no preço de venda. Por sua vez, ao dar entrada na mercadoria, o centro de distribuição (B) credita o valor do ICMS destacado e realiza a transferência da mercadoria para a loja física (C), de mesma titularidade, localizada no Rio Grande do Sul, efetuando o destaque do valor do ICMS interestadual. Na sequência, a loja física (C) registra a entrada da mercadoria e credita o valor do ICMS destacado na etapa anterior. Por fim, ao efetuar a venda da mercadoria ao consumidor final, emite documento fiscal com o destaque do ICMS, bem como inclui o valor deste no preço final de venda do bem.

Portanto, na operação delineada, há o aproveitamento de créditos de ICMS destacados de acordo com a etapa imediatamente anterior, o que acarreta uma carga tributária menos onerosa ao consumidor final e honra o princípio da não cumulatividade.

O processo, via de regra, distribui entre os estados destinatários em que estão as lojas físicas os créditos incidentes na aquisição das mercadorias pelo varejo.

4.4.2 Cenário tributário projetado

Com o julgamento da ADC n. 49, estabelece-se um novo cenário com mudanças extremamente significativas. Note-se o seguinte exemplo:

Um fornecedor (A), localizado no estado de Santa Catarina, vende a mercadoria para um centro de distribuição (B), situado no mesmo estado, com o valor do ICMS destacado e incluído no preço de venda. Por sua vez, ao dar entrada na mercadoria, o centro de distribuição (B) credita o valor do ICMS destacado e realiza a transferência da mercadoria para a loja física (C), de mesma titularidade, localizada no Rio Grande do Sul, sem a incidência de ICMS (conforme o julgamento da ADC n. 49).

Nesse cenário, não há a apropriação de crédito de ICMS pela loja física (C), uma vez que a etapa imediatamente anterior não sofreu a incidência e o destaque do ICMS. Por sua vez, a loja física (C), ao vender a mercadoria ao consumidor final, apura o valor de ICMS a recolher sem a possibilidade de utilização de créditos do imposto que deixaram de ser apropriados na entrada da mercadoria proveniente do centro de distribuição (B). Assim, a arrecadação no estado do Rio Grande do Sul, onde ocorre o fato gerador do ICMS, acaba por ser majorada, em comparação com o cenário atual. Por consequência, a carga tributária repassada para o contribuinte é significativamente maior que no cenário atual vigente.

Com base nesse cenário exemplificativo, é possível identificar duas possíveis situações tributárias: (1) o centro de distribuição acaba por represar os créditos de ICMS na cadeia, consolidando-se como um estabelecimento credor, ou (2) haveria a necessidade de estorno dos créditos de ICMS, majorando ainda mais o custo da mercadoria.

Seguindo a lógica presente na legislação atual, por não haver hipótese de incidência do ICMS na transferência de mercadorias entre estabelecimentos do mesmo titular, seria possível a aplicação da regra do art. 155, § 2º, II, da Constituição Federal, que determina que a não incidência do ICMS importa em "anulação do crédito relativo às operações anteriores". Note-se:

> Em nosso entendimento, a Lei Complementar é competente, e fundamentada pela CF/88, para definir o fato gerador dos tributos, não havendo razão para buscar definições na doutrina. Principalmente, porque o tributo incide sobre "circulação de mercadorias" e, não mais, somente sobre vendas. Aliás, defendemos que a incidência nas transferências é benéfica ao próprio contribuinte. Eis que, ao se debitar na saída de um estabelecimento e se creditar na entrada da filial destinatária da transferência, haverá a neutralidade econômica, enquanto se considerarmos as transferências como não tributadas, deverá haver o estorno do crédito, conforme exigência da própria CF/88 (art. 155, § 2º, II), o que iria onerar a empresa e ocasionar cumulatividade (ROSA, 2008, p. 31-32).

Ainda que o Ministro Edson Fachin, mencionando o Recurso Extraordinário (RE) n. 1.141.756, julgado em 28 de setembro de 2020, afirme que os créditos serão mantidos antes da operação de remessa interestadual, essa garantia desconfigura a não cumulatividade.

Por mais que se garanta o direito à manutenção dos créditos pelo centro de distribuição, haverá acúmulo do crédito na origem e, no estado de destino, a concentração do tributo sem qualquer crédito, quebrando a dinâmica da não cumulatividade.

Os eventuais créditos acumulados sem correção e sem expectativa de realização consomem capital de giro, tendo em vista que, mesmo possuindo o saldo credor no estado A, as unidades varejistas terão de desembolsar valores para quitar o ICMS no estado B, majorado pela impossibilidade de utilização do crédito da etapa anterior.

No caso em análise, para minimizar as perdas, os varejistas, em privilégio à forma em vez da substância, terão de avaliar alternativas tributárias e societárias, destacando-se a transformação de seus centros de distribuição em uma nova pessoa jurídica, aumentando ainda mais seus custos de controle interno e *compliance*, além de duplicar o já pesado custo de cumprimento das obrigações contábeis e fiscais de nosso país. Além disso, uma nova empresa apenas para quebra do processo poderá incorrer em riscos fiscais, conforme a jurisprudência já se pronunciou inúmeras vezes, ainda que em casos análogos.

Note-se a seguir um julgado do Tribunal de Justiça do Estado do Rio Grande do Sul que versa sobre assunto diverso do objeto da ADC n. 49, mas que determina que a constituição de empresa apenas para fins de ludibriar o fisco e minorar os impactos da tributação de ICMS é inaceitável:

> A prova dos autos aponta, com evidente clareza, a constituição de pseudo empresa, especialmente sua filial no Estado do Rio Grande do Sul, como forma de driblar o recolhimento do

ICMS, substituição tributária, não havendo falar, ainda, em boa-fé da apelante, partícipe direta da simulação engendrada para o inadimplemento tributário, assim como, prejudicada qualquer cogitação em torno de repetição de indébito. APELAÇÃO DESPROVIDA (TJRS, Apelação Cível n. 50446900620198210001, 21ª Câmara Cível, Rel. Armínio José Abreu Lima da Rosa, j. 04.11.2021).

Ainda, o Tribunal Administrativo de Recursos Fiscais do Estado do Rio Grande do Sul (Tarf) em diversas ocasiões também se posicionou no sentido de que a constituição de empresa que transpareça ao fisco ter sido criada com o mero objetivo de se eximir do ônus tributário é incabível. O julgado a seguir, ainda que trate de tema tributário diverso, consolida o entendimento de que a constituição de empresas com tal objetivo pode ser considerada simulação:

> Comprovada a simulação de constituição de empresa, única e exclusivamente, para fracionar o faturamento de outro empreendimento, e assim garantir a permanência indevida da pessoa jurídica no regime tributário simplificado, caracteriza-se a constituição de pessoa jurídica por interposta pessoa, hipótese de exclusão do Simples.

> Na constatação fática da existência de grupo econômico é cabível a verificação do cumprimento das condições de participação no sistema tributário simplificado em relação à totalidade das empresas do grupo, em virtude da solidariedade legal que se estabelece entre elas e é circunstância ensejadora da exclusão ter o limite da receita bruta legalmente delimitado ultrapassado (Tarf, Acórdão n. 577/2020, Recurso n. 762/2019, Processo n. 18/1404-0025469-0).

Com o aumento do custo dos produtos (em decorrência do fato de o ICMS, outrora não cumulativo, transformar-se em imposto cumulativo), será o consumidor final quem pagará a conta, o que virá a completar o já penoso cenário de crise e inflação alta em que ora nos encontramos.

Outro ponto importante a destacar é que o deslocamento integral da tributação para o estado de destino promoverá desigual distribuição da arrecadação, em violação ao pacto federativo, que reconhece a autonomia financeira dos entes federados para instituição e arrecadação dos impostos e garante a partilha dos recursos, com a divisão das receitas para que o ente federado possa cobrir suas despesas.

A decisão proferida pelo STF promove a concentração da tributação no estado de destino. Tal medida, ao final, fará com que os centros de distribuição sejam transferidos para a região Sudeste, onde há mais consumo interno, o que permitirá a utilização do saldo credor, em parte, pela compensação deste com o valor do ICMS a recolher no estado de destino (nos estados em que se permite a centralização da arrecadação entre vários estabelecimentos, por exemplo, São Paulo).

Os estados situados fora do eixo Sudeste alterarão a fonte de sua arrecadação, que passará a se concentrar preponderantemente nos estabelecimentos comerciais de venda a consumidor final, os quais terão seu ICMS a recolher aumentado pela negativa do direito ao crédito das entradas. Trata-se de legítima reforma tributária às avessas, feita pelo Judiciário e sem qualquer medição das consequências.

4.5 CONSIDERAÇÕES FINAIS

Perante todo o exposto e analisado, pode-se concluir que a decisão do STF na resolução de mérito da ADC n. 49, que julgou inconstitucional o trecho "ainda que para outro estabelecimento do mesmo titular" dos arts. 11, § 3º, II, 12, I, e 13, § 4º, da LC n. 87/1996, gera diversas discussões sobre os impactos para os contribuintes.

Conforme visto, ainda que o STJ e o STF já tivessem precedentes sobre o assunto, somente a recente declaração de inconstitucionalidade tem impacto sobre todos os contribuintes. Essa circunstância deu força às discussões sobre as consequências da decisão na operacionalização da não cumulatividade do ICMS.

Em especial, os contribuintes varejistas atuantes em escala nacional passaram a analisar a questão de forma minuciosa, uma vez que serão diretamente afetados. Isso porque, com a ausência de tributação pelo ICMS das transferências entre estabelecimentos do mesmo titular, a loja física localizada no estado de destino corre o risco de não poder creditar-se do ICMS incidente na operação imediatamente anterior.

Por sua vez, caso haja a possibilidade de manutenção dos créditos, o centro de distribuição localizado no estado de origem pode passar a ser um estabelecimento essencialmente credor de ICMS, o que demanda a necessidade de regulamentação das transferências de créditos do imposto entre estabelecimentos do mesmo titular localizados em estados diferentes da Federação.

Ainda, caberia a análise da aplicação da regra do art. 155, § 2º, II, da Constituição Federal, que determina que a não incidência do ICMS importa em "anulação do crédito relativo às operações anteriores".

Entre outros impactos colaterais decorrentes da decisão de inconstitucionalidade da incidência de ICMS nas transferências entre estabelecimentos do mesmo titular está o possível movimento de mudança dos centros de distribuição para o Sudeste do país, ou seja, para os grandes polos de consumo, bem como a provável transformação pelos contribuintes dos centros de distribuição em nova pessoa jurídica, a fim de evitar o acúmulo de crédito de ICMS e de possibilitar o creditamento pela loja física destinatária.

A esperança dos contribuintes é que tais temáticas sejam discutidas e definidas por meio da decisão proveniente dos embargos de declaração opostos na ADC n. 49 pelo estado do Rio Grande do Norte, assim como que a decisão tenha seus efeitos modulados até que seja editada lei complementar para tutelar a transferência dos créditos de ICMS para os estados de destino, a fim de acomodar o novo modelo de tributação, sem violação ao princípio constitucional da não cumulatividade e assegurando-se a manutenção do pacto federativo.

Até o momento, o que se tem é um cenário de grande insegurança jurídica, seja para os contribuintes, seja para os estados, pois o julgamento dos embargos de declaração que versam sobre a modulação dos efeitos da decisão da ADC n. 49 encontra-se suspenso.

O que podemos concluir quanto às principais questões trazidas no capítulo é que, quanto à possibilidade de estorno dos créditos de ICMS, ainda que a Constituição Federal determine tal estorno em operações de isenção e não incidência, a transferência de mercadorias se caracteriza apenas como movimentação física de bens, não sendo uma operação mercantil e, portanto, não ensejando as hipóteses de "isenção" e "não incidência" previstas na legislação.

É sabido que as discussões sobre o tema não são simples. Para que os questionamentos dos contribuintes sejam sanados de maneira satisfatória, deve ser respeitado o princípio da não cumulatividade, inerente ao ICMS, bem como efetivada a coerente modulação de efeitos da decisão, garantindo dessa forma segurança jurídica ao contribuinte.

REFERÊNCIAS

AGUIAR, Bruno Henrique Coutinho de. Os efeitos do julgamento da ADC 49 sobre os créditos da não cumulatividade do ICMS: direito ao crédito ou estorno?. *FGV Direito SP – Law School Legal Studies Research Paper Series*, 29 jun. 2021. Disponível em: https://ssrn.com/abstract=3876647. Acesso em: 18 ago. 2022.

ASCARELLI, Túlio; TOKARS, Fábio. *Estabelecimento empresarial*. São Paulo: LTr, 2006.

BRASIL. Supremo Tribunal Federal. Ação Direta de Constitucionalidade n. 49/RN. Relator: Min. Edson Fachin. *DJE,* n. 84, 4 maio 2021.

BRASIL. *Lei Complementar n. 87, de 13 de setembro de 1996*. Dispõe sobre o imposto dos Estados e do Distrito Federal sobre operações relativas à circulação de mercadorias e sobre prestações de serviços de transporte interestadual e intermunicipal e de comunicação, e dá outras providências (Lei Kandir). Brasília, DF: 1996.

FERNANDES, Odmir. Título III – Impostos. *In*: FREITAS, Vladimir Passos de (coord.). *Código Tributário Nacional comentado*. São Paulo: Revista dos Tribunais, 2017.

MACHADO, Hugo de Brito. *Os princípios jurídicos da tributação na Constituição de 1988*. 5. ed. São Paulo: Dialética, 2004.

ROSA, José Roberto. *Curso de ICMS*: com o Professor José Rosa. Itu: Ottoni, 2008.

5

ASPECTOS CONTROVERTIDOS DA DECISÃO DO SUPREMO TRIBUNAL FEDERAL NO RE N. 1.287.019 E NA ADI N. 5.469, TEMA 1.093: A LACUNA NA CONCRETIZAÇÃO DA JUSTIÇA TRIBUTÁRIA

Vanessa Fernanda Soares Carneiro
Lucas Souza de Oliveira
Vinicius Bacelar Campelo

5.1 INTRODUÇÃO

No decorrer deste capítulo, pretende-se analisar a decisão do Supremo Tribunal Federal (Recurso Extraordinário – RE – n. 1.287.019 e Ação Direta de Inconstitucionalidade – ADI – n. 5.469), proferida em fevereiro de 2021, na perspectiva da justiça tributária, uma vez que referida decisão declarou a inconstitucionalidade da cobrança do diferencial de alíquotas (Difal) do Imposto Sobre Operações Relativas à Circulação de Mercadorias e Sobre Prestações de Serviços de Transporte Interestadual e Intermunicipal e de Comunicação (ICMS) sobre as vendas para consumidores finais não contribuintes do imposto, com aplicação apenas a partir de 2022 (modulação) e enquanto não houvesse lei prevendo tal exigência.

Isso porque a decisão da Suprema Corte declarou a inconstitucionalidade das cláusulas que tratavam do diferencial de alíquota (primeira, segunda, terceira e sexta) do Convênio ICMS n. 93/2015 pela ausência de correlação de seus termos em lei complementar. Em outras palavras, uma vez julgadas inconstitucionais, é como se tais cláusulas nunca tivessem existido no mundo jurídico.

Porém, ao modular os efeitos dessa decisão de modo que sua aplicação seja atribuída apenas ao ano subsequente, como forma de conceder ao Governo Federal (lei complementar) e aos Governos Estaduais (leis ordinárias) a chance de manterem a cobrança, coloca em xeque a realização efetiva da justiça tributária sob a ótica do contribuinte.

Assim, a análise do julgado do Supremo Tribunal Federal (STF) será especificamente focada na ideia de realização da justiça, sobretudo a tributária, tendo em vista direitos e garantias individuais que não podem ser sobrepujados.

São inúmeros os debates jurídicos acerca do tema "justiça", sobretudo no que diz respeito aos valores que efetivamente respaldam sua concretização. As discussões voltam-se inclusive para os princípios morais tidos como diretrizes norteadoras de uma sociedade considerada justa. De modo geral, a equidade tem sido abordada como a virtude que mais se aproxima da ideia de justiça, legitimando institutos e definições que visam a sua realização.

No que tange ao Direito Tributário, por sua vez, a justiça tributária é qualificada como sobreprincípio constitucional que deve subsidiar todo o arcabouço normativo de tributos. A relação tributária, tida por cogente, não tem, por óbvio, relevante aceitação social no Brasil, e sua chancela pela sociedade advém impreterivelmente da certeza de que tais relações observam direitos e garantias fundamentais, sob pena de serem consideradas inconstitucionais.

Nesse contexto, verdadeiras diretrizes constitucionais resguardam direitos individuais que não podem ser relevados, especialmente pelo fato de que o cidadão é forçado a contribuir com um sistema tributário coercitivo, na medida de suas possibilidades objetivas de riqueza.

No intuito de legitimar a norma tributária, por vezes, há necessidade de árduo exercício interpretativo para chancelar constitucionalmente os modelos de tributação que originam a relação Fisco-contribuinte. Nesse cenário, a doutrina defende que a legislação tributária, ao assegurar direitos e garantias fundamentais mediante o atendimento de princípios tributários como o da legalidade e o da capacidade contributiva, realiza o sobreprincípio constitucional da justiça tributária.

5.2 DO DIFERENCIAL DE ALÍQUOTAS EM OPERAÇÕES COM NÃO CONTRIBUINTES

Sendo o ICMS um imposto estadual, é natural que ocorram polêmicas quanto às operações interestaduais – entre contribuintes situados em unidades federativas (UF) diversas – quando se questiona a quem caberia a consequente receita derivada gerada, se às UF produtoras ou àquelas nas quais ocorre o consumo.

Em relação à solução para essa questão controversa, afirma Ricardo Alexandre (2012, p. 585):

> Nas discussões ocorridas na Assembleia Nacional Constituinte, venceram os Estados produtores (mais desenvolvidos), mas em contrapartida foram criadas regras que garantem que nas operações interestaduais realizadas entre contribuintes boa parte da arrecadação da cadeia produtiva ficará com o Estado em que irá ocorrer o consumo.

Nesse sentido, o art. 155, § 2º, VI, da Constituição Federal de 1988 (CF/88) determina que, salvo deliberação em convênio realizado entre os estados e o Distrito Federal, as alíquotas internas, nas operações relativas à circulação de mercadorias e nas prestações de serviços, não poderão ser inferiores às previstas para as operações interestaduais, que são fixadas pelo Senado Federal.

Assim, no tocante ao regramento citado, esclarece Ricardo Alexandre (2012, p. 585):

> A regra possui grande importância prática, pois assegura que o valor pago ao Estado produtor da mercadoria será relativamente baixo quando comparado ao valor a ser recebido pelo Estado em que irá ocorrer o consumo, visto que na primeira operação (interestadual) a alíquota é menor do que na segunda (interna ao Estado consumidor), além de o valor da operação ser normalmente maior na segunda operação, pois o comerciante, visando ao lucro, venderá a mercadoria a um valor maior que o de aquisição.

Nessa linha, vislumbra-se que, regra geral, na hipótese de ser o adquirente contribuinte do ICMS, a questão é resolvida pela simples aplicação do mecanismo de débitos e créditos característico do regime da não cumulatividade, no qual o estado de origem recebe o equivalente à alíquota interestadual e o adquirente tem o direito ao crédito decorrente do valor pago na aquisição, compensando-o em vendas futuras.

Por outro lado, as operações interestaduais que destinam bens e serviços a consumidor final não contribuinte do imposto sempre foram alvo de polêmicas, visto que inicialmente beneficiavam apenas o estado de origem e tão somente com o advento da Emenda Constitucional (EC) n. 87/2015, por meio da respectiva previsão constitucional, passou-se a prever o direcionamento da receita originada da cobrança do diferencial de alíquotas do ICMS nessas operações para os estados de destino.

A partir desse normativo, em linhas gerais, restou consignado que a responsabilidade pelo recolhimento do imposto correspondente à diferença entre a alíquota interna e a interestadual ficaria a cargo do remetente, quando o destinatário não for contribuinte do imposto. Ademais, em que pese a mudança constitucional, alguns pontos controvertidos permaneceram inseridos em embates jurídicos, como foi o caso da reserva de lei complementar para a instituição e cobrança do Difal, objeto de análise por parte do STF ao julgar a ADI n. 5.469 e a Repercussão Geral do Tema 1.093.

5.3 DO CONCEITO DO SOBREPRINCÍPIO DA JUSTIÇA FISCAL

Inicialmente, é necessário abordar com mais detalhe e dedicação o conceito do sobreprincípio da justiça fiscal, ou seja, compreender quais elementos devem ser observados na análise sob essa ótica, bem como os efeitos pretendidos e que se busca assegurar.

Perelman (2005, p. 14), ao tratar da definição de justiça, ensina que

> A ideia de justiça consiste numa certa aplicação da ideia de igualdade. O essencial é definir essa aplicação de tal forma que, mesmo constituindo o elemento comum das diversas concepções de justiça, ela possibilite as suas divergências.

Rawls e Aristóteles compartilham da tese da justiça como a mais relevante virtude social, imprescindível ao desempenho eficiente de uma sociedade que deve pautar-se pela imparcialidade e pelo tratamento desigual dos desiguais (MARTINS FILHO, 2016, p. 241).

Para Carvalho (2009, p. 283), o princípio da justiça é uma diretriz suprema, portanto um sobreprincípio, que "penetra de tal modo as unidades normativas do ordenamento que todos o proclamam, fazendo dele até lugar-comum, que se presta para justificar interesses antagônicos e até desconcertantes".

Rawls (2008, p. 144), por sua vez, aponta a equidade como estrutura e conteúdo da teoria da justiça, enunciando dois princípios, quais sejam:

> (1) Cada pessoa tem um direito igual a um sistema plenamente adequando de liberdades básicas iguais para todos, que seja compatível com um mesmo sistema de liberdades para todos.
>
> (2) As desigualdades sociais e econômicas devem satisfazer a duas condições: (a) elas devem primeiro ser ligadas a funções e a posições abertas a todos, em condições de justa (*fair*) igualdade de oportunidades e (b) devem proporcionar o mais benefício aos membros mais desfavorecidos da sociedade.

Culleton e Frizzo Bragato (2015, p. 45-47) expõem que "a justiça seria o resultado de um acordo obtido sob condições específicas de equidade, reciprocidade, publicidade e imparcialidade".

Já no que tange ao conceito de justiça fiscal, Tipke (1998, p. 70) a define como "valor supremo do Estado de Direito dependente de impostos e, ao mesmo tempo, o valor supremo da comunidade de contribuintes".

Mattos (2005, p. 368-369) discorre acerca de três espécies justiça: fiscal, social e tributária, conceituando-as da seguinte forma:

> A primeira, justiça fiscal, realiza-se com a elaboração dos orçamentos públicos, ao buscar o justo equilíbrio entre receitas e despesas. A segunda, ou seja, a justiça social pode ser enfocada sob duas dimensões: a) inversão de prioridades na política do gasto público; e b) garantia de renda mínima. A justiça social, conforme determina o art. 170 da CF/1988 (LGL\1988\3), encontra justificativa também na intervenção do Estado na economia [...]. A justiça tributária está orientada para a realização de um sistema normativo justo, a partir da hermenêutica jurídica do sistema tributário constitucional, sem desconsiderar seus princípios e suas regras.

Piscitelli (2009, p. 104) conceitua a justiça tributária como a "justa distribuição de ônus tributários".

Silva (2006, p. 220) complementa com o entendimento de que a capacidade contributiva norteia, como critério prevalente, o alcance da igualdade tributária, ou seja, da justiça fiscal.

Para Nogueira (2003, p. 4), ao

> [...] falarmos em Justiça Tributária numa sociedade democrática precisamos notar a presença de pelo menos duas características básicas: I – uma forte regulação na distribuição de bens na estrutura básica da sociedade e, II – cidadãos-contribuintes que em uma democracia constitucional pagam tributos e mantêm um fundo comum público, destinado a garantir a oferta de bens e de serviços impossíveis de serem assegurados com equidade a todos os cidadãos, se entregues ao mercado.

Diante do exposto, Mota (2010, p. 3) infere que

> [...] tanto a expressão justiça tributária, quanto a expressão justiça fiscal, referidas na doutrina nacional, portanto, devem ser entendidas como aquela que conduza à ideia de justiça, compreendida essa justiça em seu conceito mais amplo e moderno possível.

Por outro lado, tal qual aquela anterior questão levantada outrora acerca da necessidade de se adotar a denominação de Direito Tributário e não mais de Direito Fiscal, parece claro que, pelo menos no Brasil, atualmente a utilização da expressão justiça tributária é preferível à expressão justiça fiscal, entendidas ambas, no entanto, como conducentes à ideia de justiça.

Diante das posições doutrinárias trazidas acima e partindo do entendimento do sobreprincípio da justiça tributária como valor supremo da comunidade de contribuintes, que pressupõe a necessidade de garantir o respeito ao princípio da isonomia, ou seja, tratamento igualitário como respaldo primordial para um ato justo, analisa-se a decisão do Supremo em uma perspectiva de que a norma, nesse âmbito, precisa garantir a distribuição adequada da carga tributária, legitimando-a por meio da estrita observância de princípios constitucionais, sobretudo o da legalidade e o da capacidade contributiva.

5.4 A DECISÃO DO SUPREMO TRIBUNAL FEDERAL NA PERSPECTIVA DO DIFAL E A LACUNA NA CONCRETIZAÇÃO DA JUSTIÇA TRIBUTÁRIA

Nesse contexto, em 24 de fevereiro de 2021, o STF, no RE n. 1.287.019 e na ADI n. 5.469, proferiu decisão consubstanciada na seguinte ementa:

> Recurso extraordinário. Repercussão geral. Direito tributário. Emenda Constitucional n. 87/2015. ICMS. Operações e prestações em que haja a destinação de bens e serviços a consumidor final não contribuinte do ICMS localizado em estado distinto daquele do remetente. Inovação constitucional. Matéria reservada a lei complementar (art. 146, I e III, *a* e *b*; e art. 155, § 2º, XII, *a*, *b*, *c*, *d* e *i*, da CF/88). Cláusulas primeira, segunda, terceira e sexta do Convênio ICMS n. 93/15. Inconstitucionalidade. Tratamento tributário diferenciado e favorecido destinado a microempresas e empresas de pequeno porte. Simples Nacional. Matéria reservada a lei complementar (art. 146, III, *d*, e parágrafo único, da CF/88). Cláusula nona do Convênio ICMS n. 93/15. Inconstitucionalidade (BRASIL, 2021, p. 3).

Assim, restou fixada a tese para o Tema 1.093 de que "a cobrança do diferencial de alíquota alusivo ao ICMS, conforme introduzido pela Emenda Constitucional n. 87/2015, pressupõe edição de lei complementar veiculando normas gerais" (BRASIL, 2021, p. 4).

A Suprema Corte declarou, portanto, em repercussão geral, a inconstitucionalidade da cobrança de Difal sobre as vendas para consumidores finais não contribuintes de ICMS por ausência de lei complementar. Entretanto, com a ressalva do aspecto temporal e formal, essa Corte modulou os efeitos da sua decisão definindo a respectiva aplicação a partir de 2022,[1] resguardadas, contudo, as ações já ajuizadas até a data do julgamento.

Adentrando o aspecto formal que subsidiou a decisão do STF, entendeu-se que a ausência de lei complementar que dispusesse sobre todos os parâmetros da obrigação tributária não poderia ser suprida por convênio interestadual.[2]

---

1   "[...] a decisão produzirá efeitos a partir do exercício financeiro seguinte à conclusão deste julgamento."

2   "Convênio interestadual não pode suprir a ausência de lei complementar dispondo sobre obrigação tributária, contribuintes, bases de cálculo/alíquotas e créditos de ICMS nas operações ou prestações interestaduais com consumidor final não contribuinte do imposto, como fizeram as cláusulas primeira, segunda, terceira e sexta do Convênio ICMS n. 93/15" (BRASIL, 2021, p. 3-4).

Relevante, portanto, analisar se essa decisão, ao manter a legitimidade da cobrança em determinado momento, ainda que se valendo da modulação, realizou efetivamente a justiça tributária sob a ótica do contribuinte.

Ressalta-se que não se pretende neste capítulo debater a legitimidade ou não do instituto legal da modulação, tampouco em que circunstâncias ele se tornaria mais coerente com os ditames gerais constitucionais. O que se argumenta na decisão da Suprema Corte é que o contexto modulado visa resguardar a segurança jurídica das relações tributárias sujeitas à legislação questionada.

Note-se que a modulação de efeitos em decorrência do privilégio à situação dos estados não resguarda efetivamente os efeitos dos princípios constitucionais tributários como o da estrita legalidade e o da capacidade contributiva, que ao final visam concretizar a justiça tributária.

Em que pese por vezes seja necessária a aplicação do balanceamento na aplicação e ponderação dos efeitos reflexos dos direitos fundamentais, neste caso tem-se que os contribuintes suportam diretamente efeitos da inobservância do princípio da legalidade.

Nessa linha, a realização da justiça tributária, por sua vez, passa a ser assegurada pela efetivação dos princípios tributários e, por conseguinte, de seus respectivos valores. Para tanto, é imprescindível ao sistema tributário brasileiro observar os cinco princípios ou axiomas tributários básicos trazidos por Adam Smith, sintetizados por Martins Filho (2016, p. 6) da seguinte forma:

> (i) as pessoas devem pagar os tributos na proporção de sua renda e riqueza; (ii) os tributos devem ser certos e não arbitrários; (iii) os tributos devem ser cobrados da forma mais conveniente, prática e simples; (iv) os custos de imposição e arrecadação dos tributos devem ser mínimos; e (v) os tributos devem ser internacionalmente competitivos.

Por "certo e não arbitrários" entende-se a cobrança de tributos com a estrita observância dos ditames da lei. Assim, especialmente no âmbito tributário, o princípio da legalidade exerce papel primordial no que tange à realização da justiça tributária.

Santi (2014, p. 169) explica que

> [...] a legalidade inspira-se na lei, mas se realiza no ato de aplicação do direito. Há necessidade, pois, para apreender a "verdadeira" legalidade, de se identificar a sedimentação dos critérios legais eleitos pelas autoridades competentes, na torrente histórica dos respectivos atos de concreção do direito.

Nesse cenário, sob uma perspectiva individual, ou seja, mais restritiva, os direitos e garantias fundamentais norteiam a ideia de justiça tributária. Os fundamentos das normas jurídicas tributárias, sobretudo, devem garantir o alcance dessa justiça. O intérprete, por sua vez, precisa ter a habilidade de compreender os valores que se encontram consubstanciados nos princípios tributários, reconhecidos como normas jurídicas com forte carga axiológica e que visam não só à preservação da uniformidade do ordenamento jurídico, mas também à efetivação da justiça fiscal.[3]

---

3 Nessa lição, Carvalho (2009, p. 269) elenca como sobreprincípios no sistema jurídico tributário "(i) o da segurança jurídica; (ii) o da certeza do direito; (iii) o da igualdade; (iv) o da liberdade; e (v) o da justiça".

No que tange à atuação e relevância da lei mediante atuação do Poder Legislativo, Perelman (2005, p. 29) destaca que,

> No direito romano, o pretor podia permitir-se usar de ficções para modificar a aplicação das categorias estabelecidas pela lei, mas, atualmente, a determinação dessas categorias compete ao legislador. Este se encarregará de dar força de lei à concepção de justiça dos que detêm o poder no Estado.

Assim, reconhecida a invalidade da cobrança do diferencial de alíquota do ICMS, subsidiada tão somente no Convênio n. 93/2015, das operações interestaduais que remetem mercadorias a consumidor final não contribuinte, a Suprema Corte reconheceu a inconstitucionalidade da norma, ou seja, sua inexistência no mundo jurídico.

Entretanto, ressalvadas as ações judiciais em curso, ao modular os efeitos dessa declaração de inconstitucionalidade, de modo que a decisão viesse a produzir efeitos somente a partir do exercício financeiro seguinte à conclusão do julgamento (2022), permitiu-se que, entre a data do julgamento e o início do ano civil seguinte, o contribuinte permanecesse sob a cobrança de tributo sem respaldo em norma tributária com legitimidade constitucional que garanta sua eficácia.

Nesse contexto, embora não haja norma legal formal e materialmente eficaz para resguardar a cobrança desse Difal, o contribuinte, a despeito de sua posição hipossuficiente diante do poder de atuação do Fisco, vê-se obrigado a permanecer em uma relação obrigacional Fisco-contribuinte com respaldo tão somente na decisão do Supremo, que, de fato, favorece o descuido dos Governos Federal e Estaduais no exercício da imposição tributária.

Nesse aspecto, por óbvio, a necessidade estatal de recursos foi priorizada em detrimento da segurança jurídica do contribuinte de ser cobrado tributariamente apenas quando existir norma legal que atenda a todos os critérios exigidos pela Constituição Federal.

5.5 CONSIDERAÇÕES FINAIS

Sem dúvida, a realização da justiça tributária vincula-se necessariamente à instituição de modelo tributário cuja aplicabilidade e eficácia dependem da harmonização e balanceamento de valores com observância dos princípios constitucionais tributários, mormente o da estrita legalidade, como ponto de partida da instauração da relação jurídica e obrigacional Fisco-contribuinte.

Ademais, torna-se possível compreender que o princípio da segurança jurídica, até por uma questão de justiça tributária, deve ser operacionalizado em favor do contribuinte, o que significa dizer que há necessidade da legalidade, bem como da anterioridade da norma que imporá efeitos tributários que impactarão nas relações Fisco-cidadão. Assim, essa justiça é alcançada tão somente quando há autorização primária de lei formal e materialmente legítima.

Salienta-se que, na hipótese de inobservância do princípio da legalidade para fins de cobrança de tributos, como já sedimentado no entendimento do STF, é necessária a observação do princípio da capacidade contributiva quando do balanceamento inerente à aplicação dos direitos fundamentais e dos efeitos reflexos prejudiciais aos contribuintes.

No cenário analisado, valores constitucionais consagrados como princípios, mormente o da estrita legalidade tributária e o da capacidade contributiva, assumiram posição menos relevante diante das necessidades estatais de manter suas fontes de recurso, na ocasião em que se prioriza a arrecadação do Estado e se mantém uma cobrança que, sob o manto da inconstitucionalidade, fere direitos e garantias individuais.

A justiça social direciona maior distribuição de renda e riqueza, prevalecendo as razões sociais sobre as econômicas no que tange à instituição de determinado tributo. Porém, o STF, ao modular a aplicação da inconstitucionalidade nos moldes abordados no tópico anterior, inverteu a valorização dessas razões, favorecendo o aspecto econômico dos Estados em detrimento do direito do contribuinte.

Desse modo, ao aplicar a modulação e dispor que a inconstitucionalidade da cobrança do Difal só se aplicaria a partir do exercício seguinte, a Suprema Corte comprometeu sobremaneira a realização da justiça fiscal, sujeitando o contribuinte a uma relação obrigacional com o Estado respaldada em norma que, no mínimo, a partir do julgamento realizado, deveria ser realmente tratada como nula ou sem qualquer efeito jurídico.

REFERÊNCIAS

ALEXANDRE, Ricardo. *Direito tributário esquematizado*. 6. ed. São Paulo: Método, 2012.

BRASIL. *Constituição da República Federativa do Brasil de 1988*. Brasília, DF: 1988.

BRASIL. Supremo Tribunal Federal. *Recurso Extraordinário n. 1.287.019*. Rel.: Ministro Marco Aurélio, 24 de fevereiro de 2021. Disponível em: https://portal.stf.jus.br/processos/downloadPeca. asp?id=15346516560&ext=.pdf. Acesso em: 5 jun. 2022.

CALIENDO, Paulo. Da justiça fiscal: conceito e aplicação. *Revista Jurídica Tributária*, Porto Alegre, v. 1, p. 39-40, abr./jun. 2008.

CARVALHO, Paulo de Barros. *Curso de direito tributário*. 21. ed. São Paulo: Saraiva, 2009.

COSTA, Regina Helena. *Praticabilidade e justiça tributária*: exequibilidade de lei tributária e direitos do contribuinte. São Paulo: Malheiros, 2007.

CULLETON, Alfredo; BRAGATO, Fernanda Frizzo. *A justiça e o direito*. São Paulo: WMF Martins Fontes, 2015.

DERZI, Misabel Abreu Machado. Notas. *In*: BALEEIRO, Aliomar. *Limitações constitucionais ao poder de tributar*. 7. ed. rev. Atualização Misabel Abreu Machado Derzi. Rio de Janeiro: Forense, 2001.

FALSITTA, Gaspare. Perfis da tutela constitucional da justiça tributária. Tradução Andrei Pitten Velloso. *RTRIB,* São Paulo, v. 72, jan./fev. 2007.

FERRAZ JR., Tércio Sampaio. *Introdução ao estudo do direito*: técnica, decisão, dominação. São Paulo: Atlas, 2012.

GIOTTI, Daniel. Solidariedade, moralidade e eficiência como critérios de justiça tributária. *In*: FUX, Luiz; QUEIROZ, Luís Cesar Souza de; ABRAHAM, Marcus. *Tributação e justiça fiscal*. Rio de Janeiro: LMJ Mundo Jurídico, 2014.

GODOI, Marciano Seabra de. *Justiça, igualdade e direito tributário*. São Paulo: Dialética, 1999.

MARINS, James. *Justiça tributária e processo tributário*: ensaios. Curitiba: Champagnat, 1998.

MARTINS FILHO, Luiz Dias. *A realização da justiça fiscal por meio da efetivação de princípios tributários*. 2016. 285 f. Tese (Doutorado em Direito) – Programa de Estudos Pós-Graduados em Direito, Pontifícia Universidade Católica de São Paulo, São Paulo, 2016. Disponível em: https://tede2.pucsp.br/handle/handle/18866. Acesso em: 8 jun. 2022.

MATTOS, Samuel da Silva. *Princípio da progressividade tributária como pressuposto para realização da justiça social*. Tese (Doutorado) – Centro de Ciências Jurídicas, Programa de Pós-Graduação em Direito, Universidade Federal de Santa Catarina, Florianópolis, 2005. Trabalho não publicado.

MELO, Vinícius Holanda; PEREIRA JÚNIOR, Antonio Jorge. Os limites da inteligência artificial no exercício da prudência: as atividades jurídicas correm risco?. *RT*, v. 1015, p. 107-127, 2020.

MOTA, Sérgio Ricardo Ferreira. Justiça social, tributária e fiscal no Brasil: uma busca imposta pela Constituição. *Revista Tributária e de Finanças Públicas*, ano 18, v. 93, p. 199-217, jul./ago. 2010.

NOGUEIRA, Roberto Wagner Lima. Valores jurídico-tributários implícitos na linguagem do Texto Constitucional. *Fiscosoft*, 2003/0547. Disponível em: http://www.fiscosoft.com.br/a/2fie/valores-juridico-tributarios-implicitos-na-linguagem-do-texto-constitucional-roberto-wagner-lima-nogueira. Acesso em: 7 out. 2022.

PERELMAN, Chaïm. *Ética e direito*. Tradução Maria Ermantina de Almeida Prado Galvão. Revisão da tradução Eduardo Brandão. 2. ed. São Paulo: Martins Fontes, 2005.

PISCITELLI, Tathiane dos Santos. O imposto sobre grandes fortunas à luz da justiça distributiva. *Revista de Direito Tributário,* São Paulo, v. 104, abr./jun. 2009.

RAWLS, John. *Uma teoria da justiça*. Tradução Jussara Simões. Revisão Álvaro de Vita. 3. ed. São Paulo: Martins Fontes, 2008 (Col. Justiça e Direito).

SANTI, Eurico Marcos Diniz de. *Kafka*: alienação e deformidades da legalidade. Exercício do controle social rumo à cidadania fiscal. São Paulo: RT; Fiscosoft, 2014.

SIQUEIRA, Natércia Sampaio; SILVA, Ivson Coêlho. Justiça fiscal, federação e interpretação: ICMS sobre frete em produtos destinados à Zona Franca de Manaus. *Revista Meritum*, v. 16, n. 1, p. 174-191, jan./abr. 2021.

SILVA, José Afonso da. *Comentário contextual à Constituição*. 5. ed. São Paulo: Malheiros, 2008.

SILVA, Mauro. Os limites para a capacidade contributiva – mínimo existencial e confisco – como elementos de tensão entre justiça fiscal e segurança jurídica. *Revista Direito Tributário Atual*, São Paulo, v. 20, p. 220-234, 2006.

TIPKE, Klaus. Sobre a unidade da ordem jurídica tributária. Tradução Luís Eduardo Schoueri. *In*: SCHOUERI, Luís Eduardo; ZILVETI, Fernando Aurélio (coord.). *Direito tributário*: estudos em homenagem a Brandão Machado. São Paulo: Dialética, 1998.

TORRES, Ricardo Lobo. Justiça distributiva: social, política e fiscal. *Revista de Direito Tributário*, São Paulo, v. 70, 1998.

6

ORGANIZAÇÃO PARA A COOPERAÇÃO E DESENVOLVIMENTO ECONÔMICO: PERSPECTIVAS E OPORTUNIDADES DE MUDANÇAS NA TRIBUTAÇÃO INTERNACIONAL DA RENDA NO BRASIL

Clarissa Cunha
Romero J. S. Tavares
Moyses Won Mo An

A convergência brasileira aos padrões normativos e institucionais dos países membros da Organização para a Cooperação e Desenvolvimento Econômico (OCDE) tende a impulsionar o crescimento econômico do país, sobretudo no setor de produção e comércio de bens de consumo. Indústria e varejo se beneficiarão não somente da abertura econômica a que corresponde a acessão, mas do maior influxo de investimento estrangeiro, pela redução de barreiras regulatórias e tributárias, o que contribuirá para o bem-estar do consumidor brasileiro. Neste capítulo abordamos os temas tributários mais relevantes e notórios do processo de convergência das normas brasileiras aos padrões OCDE.

6.1 INTRODUÇÃO: CONVERGÊNCIA TRIBUTÁRIA COMO POLÍTICA DE ESTADO

Em 25 de janeiro de 2022 foi aprovado o processo de acessão do Brasil à OCDE (BRASIL, 2022c; BRASIL, 2022d), materializado no Roteiro de Acessão publicado em 10 de junho (BRASIL, 2022a). O Roteiro detalha diversos temas, inclusive tributários, sobre os quais o Brasil se compromete a alterar regramentos e instituições internas para convergir aos padrões e melhores práticas observados no ambiente OCDE, viabilizando assim sua acessão.

A decisão do Estado brasileiro de aceder à OCDE – o que implica a referida convergência jurídica e institucional – foi formalizada em 2017, sob o governo do Presidente Michel Temer, e reafirmada na administração do Presidente Jair Bolsonaro. Remonta a histórico de tratativas, divergências e ações de cooperação diversas, mencionadas adiante, que culminam, porém, neste alinhamento de interesses que determina a atual política como de Estado e não de governo.

As tratativas e a cooperação do Brasil com a OCDE não são inéditas. As relações de colaboração se iniciaram em 1996, quando o país ingressou no "comitê do aço", tendo atingido um importante marco ao ser elevado a "parceiro-chave" em 2007 (OCDE, 2022).

A cooperação em matéria tributária se intensificou a partir de 2012, dada a participação ativa do Brasil no Fórum Global de Administrações Tributárias (a seguir referido como "Fórum Global"), secretariado pela OCDE. Por meio do Fórum Global a Receita Federal brasileira atuou com protagonismo em iniciativas multilaterais de transparência e troca de informações, cristalizadas na Convenção Multilateral de Cooperação de Autoridades Tributárias (MCAA).

Desde 2017, porém, o Brasil declarou e refirmou em administrações distintas, e demonstrou por meio de ações concretas como as da área tributária, objeto deste capítulo, que a acessão à OCDE é matéria de interesse nacional e não estrangeiro, necessária para a melhoria do ambiente de negócios no país, para o fomento ao investimento interno e estrangeiro e à inovação tecnológica, trazendo maior produtividade e competitividade para a indústria brasileira e toda a economia nacional. A convergência institucional tenderá a reformular práticas da administração pública, viabilizando conferir maior eficiência aos gastos públicos e maior segurança jurídica, por fim, permitindo ao Brasil maior crescimento econômico, com ganhos de bem-estar para a população. Ou seja, a política de Estado de maior inserção do país em cadeias globais de valor visa incrementar nossa participação na economia internacional como um todo, viabilizando inclusive a ampliação da abertura comercial.[1]

Como corolário da melhoria no ambiente de negócios, e da convergência do Brasil aos padrões e melhores práticas dos países membros da OCDE, destaca-se o imperativo de reforma tributária, conforme destacado no Plano de Acessão, para além do tema "preços de transferência", em evidência nos últimos meses por ser considerado prioritário. A convergência, além de preços de transferência, trata de eliminar entraves ao investimento estrangeiro direto no país e à concorrência e produtividade no mercado interno. Tais entraves se materializam inclusive nas diversas possibilidades de dupla tributação da renda corporativa de empresas multinacionais que operam no país, bem como de empresas que exportam para o Brasil, e da sobrecarga tributária brasileira sobre o comércio internacional de serviços e tecnologia.

Dupla tributação do investimento estrangeiro e sobrecarga tributária sobre o comércio de serviços e tecnologia são características inerentes ao atual sistema brasileiro, por suas divergências conceituais e/ou práticas. Desde a concepção de hipóteses de incidência, fato gerador, bases de cálculo e alíquotas do Imposto de Renda das Pessoas Jurídicas (IRPJ), da Contribuição Social sobre o Lucro Líquido (CSLL) e do Imposto de Renda Retido na Fonte (IRRF) até a aplicação de espécies de tributos e/ou contribuições cumulativos[2] sobre fluxos de investimento e comércio, podem causar distorções indesejadas no sistema brasileiro quanto à alocação internacional e interna de capital e trabalho.

---

1 Para uma análise detalhada desse tema, *vide* Brasil (2022b).

2 Pode-se citar como exemplos as diversas Contribuições de Intervenção no Domínio Econômico (Cide), como a Cide-remessas e o Adicional de Frete para Renovação da Marinha Mercante (AFRMM), bem como o Imposto sobre Operações Financeiras (IOF) – especialmente sobre o câmbio –, dentre outros tantos.

Não é por acaso que o Roteiro de Acessão, para os itens sob a revisão do Comitê de Assuntos Fiscais, dispõe que o Brasil necessita convergir nos seguintes temas:

Comitê sobre Matérias Fiscais (CMF) (OECD, 2022):

- Eliminação da dupla tributação internacional sobre renda e capital sem a criação de oportunidades para a não tributação ou a redução da tributação por meio do cumprimento das condições substantivas chaves previstas no Modelo de Convenção Fiscal da OCDE.

- Compromisso de providenciar dados apropriados para as estatísticas fiscais periódicas do CMF e publicações sobre políticas fiscais e também contribuição ativa nas análises de políticas fiscais em relação aos seus efeitos sobre o crescimento e o bem-estar econômico inclusivo e sustentável.

- Eliminação da dupla tributação, garantindo a primazia do princípio *arm's length*, em conformidade com as Diretrizes de Preços de Transferência da OCDE para Multinacionais e Administrações Fazendárias, para a determinação dos preços de transferência entre empresas relacionadas.

- Solução da Erosão da Base Tributável e Transferência de Lucros (BEPS) de acordo com o pacote do plano BEPS e no trabalho contínuo do Grupo Inclusivo sobre BEPS, inclusive a solução do Pilar 2 para responder aos desafios fiscais decorrentes da digitalização da economia.

- Engajamento na assistência administrativa em questões fiscais, inclusive pelo efetivo intercâmbio de informações conforme os padrões internacionais sobre demanda e intercâmbio automático de informações financeiras em questões fiscais.

- Redução da incerteza e riscos de dupla tributação ou não tributação acidental na aplicação de Impostos sobre Valor Agregado e Tributos sobre Serviços no contexto de operações *cross-border*, por meio da definição e aplicação desses tributos em conformidade com as Diretrizes Internacionais sobre *Value Added Tax* (VAT) e *Gods and Services Tax* (GST) da OCDE, conforme a Recomendação do Conselho de 2016 e outras orientações de relatórios sobre o tema.

- Combate aos crimes fiscais e a outros crimes em conformidade com a Recomendação do Conselho de 2009, a Recomendação do Conselho de 2010 e os Princípios no Combate ao Crime Fiscal (*Principles in Fighting Tax Crime: The Ten Global Principles*).

- Compromisso de providenciar dados adequados para a Pesquisa Internacional sobre Receitas Administrativas para fins da série Comparativa de Informações sobre Administrações Fiscais.

Nota-se que, para seguir o Roteiro em matéria tributária, e cumprir suas obrigações, o Brasil necessita efetivamente implementar reforma tributária ampla, para além da tributação da renda corporativa, e inclusive tratando de temas como o processo administrativo fiscal. O redesenho do sistema tributário, não apenas quanto aos tipos de tributos, mas também aplicado a práticas administrativas relevantes necessárias para remover obstáculos ao investimento estrangeiro e ao comércio internacional, visando assegurar a plena inserção do Brasil na economia mundial, é parte do Roteiro.

O primeiro item, sobre a convergência do Brasil aos termos e padrões da Convenção Modelo OCDE (CM-OCDE), efetivamente resolve a maioria dos problemas de tributação de renda que hoje afligem não apenas o setor de consumo nacional, mas toda a economia brasileira. É muito mais amplo que preços de transferência, objeto do artigo 9º da Convenção, tema comentado a seguir. Inclui a convergência quanto a hipóteses de incidência de IRPJ (e CSLL) e IRRF, bem como recomendações quanto à fixação de alíquotas de IRRF razoáveis no âmbito de tratados bilaterais, e principalmente garante a resolução de controvérsias e efetiva cooperação, com a eliminação de hipóteses e casos de bitributação, por meio de procedimentos amigáveis, inclusive com arbitragem internacional. A convergência do Brasil aos termos e conceitos da CM-OCDE possibilitaria ao Brasil negociar, com sucesso, novos tratados com seus principais parceiros comerciais, em especial com os Estados Unidos.

6.2 PREÇOS DE TRANSFERÊNCIA *VERSUS* BITRIBUTAÇÃO E RELAÇÕES BRASIL-EUA

Ainda que o Brasil não tenha sido um membro efetivo, a OCDE acabou por influenciar certas normas brasileiras, dentre as quais destacamos a Lei n. 9.430/1997, que trouxe as regras de preços de transferência orientadas pelo mesmo princípio ou padrão *arm's length* (*arm's length principle* – ALP), e inspiradas nas Diretrizes de Preços de Transferência da OCDE de 1995 (*Transfer Pricing Guidelines,* adiante referidas como "Diretrizes OCDE"). O Brasil foi uma das primeiras jurisdições a criar tais regras.

O Brasil pretendeu adotar em 1996 o "princípio *arm's length*", contido no artigo 9(1) da CM-OCDE (bem como da CM da ONU), presente em todos os tratados bilaterais ratificados pelo país desde a década de 1960, e interpretado pelas Diretrizes OCDE. Dada a complexidade dessas diretrizes, a lei brasileira optou por instituir métodos transacionais com margens fixas predeterminadas, bem como regimes de salvaguarda (*safe harbors*), compensando essa abordagem com a não imposição da "regra do melhor método", e permitindo ao contribuinte fazer uso de qualquer dos métodos ou salvaguardas previstos em lei. No entanto, com a evolução e grande dinamismo das cadeias produtivas internacionais, os resultados da aplicação dos métodos brasileiros se tornaram cada vez mais distantes do ALP, e as próprias Diretrizes OCDE também foram atualizadas para acompanhar as evoluções de um novo ambiente negocial. Ou seja, diferentemente do que ocorreu entre os países membros da OCDE, as regras de preço de transferência do Brasil pouco evoluíram desde 1995, tendo então a legislação brasileira se afastado do ALP, padrão internacional.

Com a aprovação do plano de acessão pela OCDE, houve o crescimento da expectativa em torno da atualização das regras brasileiras, em especial com o andamento e conclusão do Projeto "Preços de Transferência no Brasil – Convergência ao padrão OCDE", em conjunto entre o Secretariado da OCDE (CFA) e a Receita Federal do Brasil (Projeto RFB/OCDE), com apoio do Reino Unido e de outros países membros da OCDE, iniciado em 2017, porém remontando a iniciativas anteriores a 2010. O Projeto foi concluído em 2019 (RFB; OCDE,

2019), com a assertiva de que as regras brasileiras divergem, de fato, do ALP, ocasionando dupla tributação e não tributação. Assim, de forma autônoma, muito embora no contexto do processo de acessão à OCDE, o Brasil decidiu por implementar a convergência plena de suas regras de preços de transferência, adotando o ALP na lei nacional como regra fundamental, e sua interpretação em lei e em regulamentos conforme as Diretrizes OCDE.

A medida é salutar para colaborar na redução das barreiras para investimentos estrangeiros no Brasil, na medida em que o sistema brasileiro resulta em bitributação, conforme constatado pela própria RFB. Isso ocorre principalmente em negócios importadores ou integrados a cadeias globais de valor complexas, como é o caso do setor de bens de consumo. Essa sobrecarga tributária tende a incrementar o custo dos produtos vendidos aos consumidores brasileiros e, ao mesmo tempo, a diminuir o retorno sobre o investimento dos produtores e distribuidores de bens de consumo. Prejudica a indústria nacional, bem como o comércio em atacado e varejo, e prejudica os consumidores. Reduz o tamanho e/ou a lucratividade do mercado consumidor brasileiro, reduzindo investimentos e limitando a geração de empregos no país.

O trabalho da RFB e da OCDE concluiu também que, por se distanciar do ALP, as regras brasileiras resultam também em casos de redução de base tributada no Brasil, o que vai na contramão das iniciativas e políticas resultantes do Projeto BEPS (*Base Erosion and Profit Shifting*), do G20 e da OCDE, do qual o Brasil foi participante ativo, e que muitos países têm adotado.

Assim, muito embora o sistema brasileiro possa parecer mais seguro e assertivo pela definição de margens fixas, pelo uso de salvaguardas e pela ausência da regra do melhor método, em um contexto de transações internacionais há uma insegurança jurídica gerada nos demais países. Isso porque o que no Brasil poderia, em tese, funcionar como "porto seguro" em termos de preços transacionais intragrupo tende a estar fora dos parâmetros de mercado e intervalos de comparabilidade (ou seja, fora do ALP).

A regra brasileira de limitação à dedutibilidade de *royalties* é vista pelos demais países de modo semelhante – os percentuais fixos por setor podem ser superiores ou inferiores aos preços de mercado. Todas essas disparidades podem resultar em bitributação. Assim, do atual Projeto RFB-OCDE, que tende a se materializar em lei, garantindo a plena convergência às Diretrizes OCDE, resultam expectativas de que as referidas restrições à dedutibilidade de *royalties* sejam substituídas pela nova sistemática de preços de transferência do Brasil.

Não bastassem os problemas autoinfligidos pelo Brasil, com a evolução das legislações internas decorrentes do Projeto BEPS e a correspondente criação de tributações unilaterais por diversos países sobre modelos de negócios voltados ao consumidor final (inclusive os "digitais", por meio de *Digital Services Taxes*), o Departamento do Tesouro Nacional dos Estados Unidos (US Treasury), equivalente ao Ministério da Economia, emitiu nova interpretação sobre a **creditabilidade** do Imposto de Renda pago no exterior (*Foreign Tax Credits*) por meio do TD 9959.[3]

---

3   Para maiores informações sobre a nova regra americana e suas implicações para o Brasil, *vide* PwC (2022a; 2022b).

Dentro dessa nova orientação do Tesouro norte-americano, o conceito de Imposto de Renda é revisado, bem como as hipóteses de incidência e determinação da fonte. Caso o resultado esperado não tenha similaridade com o resultado esperado com a aplicação das regras americanas, não haveria direito ao crédito do imposto pago no exterior.

Ora, o simples fato de que o resultado dos testes de preços de transferência não seja *arm's length* já torna automaticamente o IRPJ e a CSLL pagos por subsidiárias americanas no Brasil não creditáveis para as multinacionais americanas. Ou seja, uma bitributação e um aumento do "custo Brasil", que se traduzem em perdas para o consumidor e o trabalhador brasileiro.

Esse é um exemplo da criticidade da convergência do modelo brasileiro a um padrão internacional, e é um ponto inicial muito importante para o Brasil.

Entendemos que as iniciativas da Receita Federal para a convergência do sistema de preços de transferência, que resulte em um resultado *arm's length*, é um primeiro passo fundamental para a mudança.

No entanto, temos de alertar para o fato de que apenas a mera adoção do *arm's length principle* (conforme a diretriz da OCDE) não seria suficiente, sendo necessária a adoção de outras medidas para que a inserção do Brasil nos padrões internacionais seja mais efetiva.

Após o fechamento desta edição, foi publicada a Medida Provisória n. 1.152, em dezembro de 2022. No presente momento, não sabemos qual texto será aprovado e não é possível afirmar como será regulamentado os dizeres da MP. Assim, as disposições deste capítulo seguem válidas até que uma nova lei seja publicada ou a MP convertida.

6.3 HIPÓTESES DE INCIDÊNCIA E ALÍQUOTAS DE IRRF LEVAM À BITRIBUTAÇÃO

O aproveitamento de crédito do IRRF nos Estados Unidos passou também a ser problemático. O IRRF sobre serviços e *royalties* é outro ponto que geraria um novo custo de 15% para as empresas americanas que operam no Brasil.

A razão é que a definição da "fonte pagadora" adotada pelo Brasil, como equivalente a "fonte produtora" de renda, diverge da melhor doutrina jurídica e econômica, diverge das normas e práticas dos Estados Unidos e de muitos países membros da OCDE (notoriamente da Alemanha). O Brasil acaba tributando transações de importação de serviços realizados no exterior (entendendo que, pelo fato de o beneficiário dos serviços se localizar no país, também nele estaria o lucro do prestador dos serviços), tributa o pagamento ou a remessa de valores (com ampla definição que inclui o "emprego" do pagamento pelo recebedor), enquanto, em regra, os países membros da OCDE tributam no local onde se realizou o serviço. No caso dos *royalties*, a norma tributária brasileira não vincula a imposição do IRRF a ser o Brasil o local de uso do intangível, e sim a ser no Brasil a residência do pagador, do remetente dos valores correspondentes a *royalties*.

Assim, ainda que o resultado da tributação fosse o mesmo (local de uso e residência do pagador), essa falta de sincronia entre o conceito do fato gerador brasileiro e o estadunidense, entre as legislações internas, não permite a creditabilidade. Estivesse em vigor um tratado bilateral entre o Brasil e os Estados Unidos, definindo todos os tributos objeto do tratado e suas hipóteses de incidência, e limitando a jurisdição tributária de cada país, esse problema não existiria.

Além disso, sendo o Brasil, ainda, dependente de tecnologia estrangeira, torna-se uma desvantagem econômica e concorrencial para o país, que poderia ser privado de produtos de alta tecnologia, na medida em que a remuneração pela exploração de tais tecnologias seria deveras onerosa. Na verdade, todos os países – mesmo os mais desenvolvidos – são interdependentes em matéria de ciência, pesquisa, desenvolvimento, inovação e tecnologia. Assim, as trocas comerciais entre tais países, quando têm por objeto licenças de uso de tecnologias, patentes, *software, copyrights*, tendem a ser não apenas não tributadas mas incentivadas, fomentadas. No Brasil ocorre o oposto, tanto em razão das limitações de dedutibilidade para apuração das bases de cálculo do IRPJ e da CSLL quanto da aplicação de IRRF com alíquotas que subtraem do fornecedor estrangeiro a capacidade de aproveitamento de crédito.

Trata-se de ciclo vicioso. Por não atrair investimentos e não fomentar o desenvolvimento tecnológico e a produtividade como fazem outros países, o Brasil produz menos tecnologia e depende ainda mais do acesso à tecnologia estrangeira. Que, por sofrer sobrecarga tributária, torna-se cara, impedindo ou inviabilizando ganhos de produtividade e inovação no Brasil, o que o deixa ainda mais dependente da tecnologia estrangeira.

Os dados da WIPO (World Intellectual Property Organization) demonstram a alta dependência do país em relação à tecnologia estrangeira, na medida em que a maior parte das patentes registradas no Brasil é de propriedade de empresas não residentes:

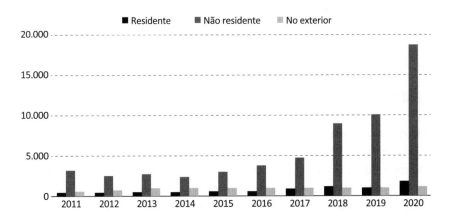

Figura 6.1 Patentes concedidas no Brasil.

Fonte: World Intellectual Property Organization (WIPO). *Statistical country profiles*: Brazil. Last updated 11/2021. Disponível em: https://www.wipo.int/ipstats/en/statistics/country_profile/profile.jsp?code=BR. Acesso em: 28 jul. 2022.

Vale salientar que os países membros da OCDE se organizam em Grupos de Trabalho (*Working Parties*) temáticos, sendo o WP6 dedicado ao tema de preços de transferência. Por força do WP6 é que o processo de acessão do Brasil à OCDE foi condicionado à prévia realização do Projeto de Convergência, e à efetiva implementação de novo sistema de preços de transferência no Brasil, convergente com as Diretrizes OCDE e ALP. Ocorre que outro Grupo de Trabalho, o WP1, trata do alinhamento dos tratados bilaterais dos países membros à CM-OCDE. Mantém a CM atualizada, de modo a minimizar "reservas" de países membros aos termos da CM, bem como a considerar as "observações" tanto de países membros quanto de outros países no que tange às cláusulas e à interpretação da CM-OCDE.

As práticas, normas internas e tratados brasileiros, inclusive os mais recentes, são materialmente divergentes da CM-OCDE. Assim, é de esperar que o Brasil, conforme o Roteiro de Acessão destaca em seu primeiro ponto, reveja seu modelo de negociação de tratados e adote as cláusulas da CM-OCDE, o que inclusive eliminaria a hipótese de incidência em remessas pelo pagamento de serviços, e desoneraria sobremaneira a importação de tecnologia estrangeira.

A possibilidade de celebrar novos tratados com países membros da OCDE requer uma revisão da política de tratados do Brasil, podendo ser citada como exemplo da necessidade de revisão a denúncia do Tratado Brasil-Alemanha (vigência terminada em 2006, Ato Declaratório Executivo SRF – Secretaria da Receita Federal – n. 72/2005).[4] Embora não haja um pronunciamento oficial sobre as razões pelas quais a Alemanha denunciou o tratado, a hipótese mais ventilada se refere ao tratamento dado pelo Brasil ao artigo 7º do acordo ao tributar o Imposto de Renda retido na fonte inclusive sobre serviços sem transferência de tecnologia

A plena convergência dos tratados brasileiros à CM-OCDE, além de viabilizar a negociação de novos tratados, deverá garantir que os países membros do WP1 aprovarão a entrada do Brasil naquela organização. Aqui, é importante salientar que os exemplos citados são somente alguns dos itens que consideramos mais relevantes para que o país consiga endereçar todas as divergências com o padrão internacional, sendo necessária a adoção de outras medidas, tais como a limitação de remessa de *royalties*.

6.4 CONSIDERAÇÕES FINAIS

Em resumo, a convergência do Brasil e a adoção de um sistema em harmonia com os padrões internacionais são importantes e benéficas para o país. Essa nova política de Estado é crucial para nossa inserção de forma significativa na cadeia de valor mundial, o que causará impacto significativo no setor de consumo, com maior atração de investimentos, maior concorrência, menor efeito inflacionário sobre os preços praticados no país e ganhos de bem-estar para os consumidores.

---

4   Sobre a denúncia do Tratado Brasil-Alemanha, *vide* Oepen (2005, p. 209-210) e Brasil (2005).

A convergência aos padrões OCDE permitirá, inclusive, a celebração de novos acordos para evitar a bitributação. Reconhecem-se os esforços das autoridades brasileiras e a promulgação de novos acordos (como recentemente com a Suíça e com Singapura), com melhorias marginais para investidores desses países, porém insuficientes para garantir maiores investimentos e maior competitividade para o Brasil. Não é à toa que o inventário de acordos segue sendo reduzido se se considerar o volume de operações do Brasil com empresas em outras jurisdições. Quando o Brasil adotar a Convenção Modelo da OCDE como base para novas negociações, o número de tratados aumentará substancialmente e incluirá países-chave como Estados Unidos e Alemanha.

Finalmente, este país necessita adaptar e aperfeiçoar suas regras internas de tributação de renda, alinhando-se às práticas das maiores economias do mundo, países membros da OCDE, tais como os países do G7. Alguns ajustes são essenciais para que o Brasil aumente sua capacidade de atrair investimentos e eleve sua participação nas cadeias globais de valor a fim de acelerar o crescimento econômico, social e tecnológico.

REFERÊNCIAS

BRASIL. Receita Federal. *Ato Declaratório Executivo SRF n. 72, de 26 de dezembro de 2005*. Dispõe sobre a data do término de vigência do Acordo para Evitar a Dupla Tributação em Matéria de Impostos sobre a Renda e o Capital firmado entre o Brasil e Alemanha. Disponível em: http://normas.receita.fazenda.gov.br//sijut2consulta/link.action?idAto=5216&visao=anotado. Acesso em: 25 nov. 2022.

BRASIL. Casa Civil. *Brasil recebe roteiro de acessão à OCDE*, 10 jun. 2022. Brasília, DF: 2022a. Disponível em: https://www.gov.br/casacivil/pt-br/assuntos/noticias/2022/junho/brasil-recebe-roteiro-de-acessao-a-ocde. Acesso em: 28 jul. 2022.

BRASIL. Confederação Nacional da Indústria (CNI). *Tributação da renda corporativa*: convergência aos padrões internacionais. Brasília, DF: 2022b (Propostas da indústria eleições 2022, v. 8).

BRASIL. Ministério da Economia. *OCDE formaliza convite para que o Brasil ingresse na entidade*. Nota à imprensa. Brasília, DF: 2022c. Disponível em: https://www.gov.br/economia/pt-br/assuntos/noticias/2022/outubro/brasil-encaminha-memorando-inicial-a-ocde. Acesso em: 25 nov. 2022.

BRASIL. Ministério da Economia. *Processo de acessão do Brasil à OCDE*, 6 abr. 2022. Brasília, DF: 2022d. Disponível em: https://www.gov.br/economia/pt-br/assuntos/ocde/processo-de-acessao-do-brasil-a-ocde. Acesso em: 28 jul. 2022.

OCDE. *Trabalhando com o Brasil,* jul. 2022. Disponível em: https://issuu.com/oecd.publishing/docs/trabalhando_com_o_brasil_2022. Acesso em: 28 jul. 2022.

OECD. *Roadmap for the OECD accession process of Brazil*: meeting of the Council at Ministerial Level, 9-10 June 2022. Disponível em: https://www.oecd.org/latin-america/Roadmap-OECD-Accession-Process-brazil-EN.pdf. Acesso em: 25 nov. 2022.

OEPEN, Wolfgang. A Alemanha denuncia seu tratado de dupla tributação com o Brasil: razões e consequências da denúncia do tratado sob um ponto de vista alemão. *Revista de Direito Tributário Internacional,* ano 1, n. 1, 2005.

PwC. *Reforma tributária dos EUA*: legal e infralegal, 2022a.

PwC. *Vedação ao crédito de IRRF, IRPJ e CSLL por empresas nos EUA*: ônus de bitributação dos lucros e receitas decorrentes do Brasil. 2022b.

RECEITA FEDERAL DO BRASIL (RFB); OCDE. *Preços de transferência no Brasil*: convergência para o Padrão OCDE. Brasília, DF: 2019. Disponível em: https://www.oecd.org/tax/transfer-pricing/precos-de-transferencia-no-brasil-convergencia-para-o-padrao-ocde-folheto.pdf. Acesso em: 25 nov. 2022.

WORLD INTELLECTUAL PROPERTY ORGANIZATION (WIPO). *Statistical country profiles:* Brazil. Last updated 11/2021. Disponível em: https://www.wipo.int/ipstats/en/statistics/country_profile/profile.jsp?code=BR. Acesso em: 28 jul. 2022.

7

A TRIBUTAÇÃO DOS *ROYALTIES* EM AMBIENTE DE REFORMA TRIBUTÁRIA NO BRASIL

Vivian de Freitas e Rodrigues
Mariana Carneiro
Layla Mcclaskey

7.1 INTRODUÇÃO

Desde o ano de 2019, o tema da reforma tributária vem ocupando posição de destaque nas discussões ocorridas no cenário nacional. As promessas de alteração das normas tributárias brasileiras parecem gerar grandes expectativas em nível nacional e internacional.

Quanto às referidas propostas de ajuste do sistema tributário brasileiro, ademais de um evidente enfoque na redução das espécies tributárias e da alíquota do Imposto sobre a Renda de Pessoas Jurídicas (IRPJ) e da Contribuição Social sobre o Lucro Líquido (CSLL) (IFI, 2019; PEREIRA, 2019), também é possível notar um movimento de busca pelo melhor alinhamento das correspondentes regras tributárias com aquelas sugeridas pela Organização para a Cooperação e Desenvolvimento Econômico (OCDE) (AGÊNCIA O GLOBO, 2022).

Também há de se considerar o momento e a vontade política atual. O então Ministro da Fazenda, Paulo Guedes, é um notório defensor da adesão do Brasil à OCDE, e, dentro desse esforço, é bastante claro que as normas de preço de transferência aparecem como um grande entrave a esse movimento político. É intenso o debate acerca dos requisitos para que o país perfaça todas as exigências do grupo.

Trabalhando em empresas multinacionais, é bastante fácil observar a utilidade e a necessidade de um estudo sobre a questão dos *royalties*. Basta analisar os conflitos mais comuns para perceber que pouco se sabe, fora do Brasil, sobre a legislação de preço de transferência nacional.

Aliás, usar o signo "pouco" talvez não dê a correta magnitude para o leitor sobre o tamanho do desconhecimento que se tem acerca das nossas regras de preço de transferência, o que inclui os limites para as remessas de *royalties*. Ao mesmo tempo, estamos falando da

13ª (segundo o FMI, em 2021) maior economia do mundo, o que nos coloca em posição de relevância quando o tema é comércio internacional.

Mas uma economia grande e relevante como a do Brasil, por si só, não seria um vetor de atração de negócios entre partes relacionadas, requisito obrigatório para a aplicação da legislação em análise.

Para que a legislação seja aplicada, faz-se necessário que as transações comerciais envolvendo essa economia ocorram entre países diferentes e partes relacionadas.

E nesse ponto está o outro vetor de aplicação da legislação de preços de transferência brasileira: pela primeira vez na história, o valor global de *mergers* e *acquisitions* (M&A) ultrapassou US$ 5 trilhões (cerca de R$ 28,7 trilhões).

Os volumes cresceram 63%, para US$ 5,63 trilhões (R$ 32,31 trilhões), até 16 de dezembro, de acordo com dados da plataforma de finanças *Dealogic*, e os números superaram facilmente o marco pré-crise financeira, de US$ 4,42 trilhões (R$ 25,37 trilhões), de 2007.

O volume total de negócios nos Estados Unidos quase dobrou em 2021, para US$ 2,61 trilhões (R$ 14,98 trilhões), de acordo com a *Dealogic*. As negociações na Europa saltaram 47%, para US$ 1,26 trilhão (R$ 7,23 trilhões), enquanto na região Ásia-Pacífico houve crescimento de 37%, para US$ 1,27 trilhão (R$ 7,28 trilhões).

Isso quer dizer que empresas adquiriram, venderam ou fundiram US$ 5 trilhões em 2021. Para leigos talvez não diga muito, mas, para tributaristas, quer dizer que empresas estão comprando outras empresas e, automaticamente, tornando-se "partes relacionadas", ou seja, submetendo-se, automaticamente, à legislação de preço de transferência da OCDE.

Nesse contexto, analisar a questão dos *royalties* se mostra profundamente útil e aplicável.

Também devemos considerar, principalmente em virtude da digitalização dos negócios, e de uma perda de receita fiscal pelas grandes nações do mundo, que a recomendação da OCDE é no sentido de que os países realizem adaptações em seus sistemas tributários para torná-los mais simples e alinhados. E tal proposta tem relação, sobretudo, com os esforços para o combate à bitributação (OCDE, 2015; OECD, 2022; FOSSATI; MCCLASKEY, 2021).

Diante de tal circunstância, é de causar estranheza o silêncio em torno do tema da tributação dos *royalties* no Brasil. Isso porque, ademais das mudanças ventiladas por meio das Propostas de Emenda Constitucional (PEC) n. 45/2019 e n. 110/2019 e pelo Projeto de Lei (PL) n. 2.337/2021, pouco se fala sobre o saneamento do desencaixe entre as normas que regem o tema da tributação dos *royalties* em âmbito nacional e internacional (BRASIL, 2019b; BRASIL, 2019a; BRASIL, 2021b).

Nesse sentido, em um contexto de busca por mudanças facilitadoras do ingresso do Brasil na conjuntura da OCDE, parece paradoxal a manutenção de disposições normativo-tributárias datadas de 1964, e que têm suporte em conceito de *royalties* discrepante daquele aplicado em boa parte do mundo.[1]

---

1   O conceito de *royalties* resta previsto no art. 22 da Lei n. 4.506/1964, nos seguintes termos: "Serão classificados como 'royalties' os rendimentos de qualquer espécie decorrentes do uso, fruição, exploração de

Sob tais linhas, além das incertezas geradas pela diferença de tratamento conceitual dos *royalties*, nota-se que as empresas brasileiras também lidam, de forma concreta, com um retrocesso quanto à limitação da dedutibilidade fiscal dos valores atrelados à exploração de patentes de invenção e das correspondentes marcas no país (BIFANO, 2022).

E isso enquanto boa parte dos países do mundo já aplica normas e regras uníssonas de preço de transferência para fins de tributação dos valores transferidos para o exterior a título de *royalties* (BIFANO, 2022), por exemplo.

Em face das diretrizes de teor econômico da Constituição Federal de 1988, e do dever governamental de incentivo às atividades econômicas,[2] é fundamental e urgente a aplicação de percepção fiscal mais acertada das questões essenciais do tema dos *royalties*, como é o caso dos elementos que tramitam ao redor de seu conceito e que tanto causam debates quando se trata do teto da dedutibilidade fiscal no Brasil.

Assim, este capítulo tem como intuito avaliar a conjuntura da tributação dos *royalties* no Brasil no que diz respeito ao atual cenário de debates sobre uma reforma tributária, avaliando a pertinência dos caminhos potencialmente traçados para o tema. Seria o "Novo Marco Legal do Câmbio", da Lei n. 14.286/2021 (BRASIL, 2021a), medida suficiente para resolver a celeuma envolvendo a tributação dos *royalties*?

Com base nisso, na Seção 7.2 será analisado o paradoxo entre os conceitos de *royalties* aplicados pela legislação brasileira e pela OCDE; na Seção 7.3 será abordada a celeuma do limite da dedutibilidade da receita líquida dos *royalties*; e na Seção 7.4 será endereçado o tema da tributação dos *royalties* sob a ótica de uma reforma tributária.

Busca-se, com isso, trazer luz a um tema tão relevante para a atração de investimentos estrangeiros para o Brasil.

7.2 A PARADOXAL DIFERENÇA ENTRE O CONCEITO DE *ROYALTIES* APLICADO PELA LEGISLAÇÃO BRASILEIRA E PELA OCDE

Tal como mencionado, apesar dos debates brasileiros e internacionais sobre a realização de reformas tendentes à simplificação e a um melhor alinhamento entre os sistemas tributários vigentes nos diferentes países do mundo, verifica-se no Brasil um considerável silêncio acerca de uma eventual mudança nas normas tributárias pertinentes aos *royalties*.

Dessa forma, observa-se que o tema é atualmente regido no país principalmente por meio da Lei n. 4.506, de 30 de novembro de 1964 (BRASIL, 1964), subsequentemente

---

direitos, tais como: a) direito de colhêr ou extrair recursos vegetais, inclusive florestais; b) direito de pesquisar e extrair recursos minerais; c) uso ou exploração de invenções, processos e fórmulas de fabricação e de marcas de indústria e comércio; d) exploração de direitos autorais, salvo quando percebidos pelo autor ou criador do bem ou obra" (BRASIL, 1964).

2   O art. 174 da Constituição dispõe que: "Como agente normativo e regulador da atividade econômica, o Estado exercerá, na forma da lei, as funções de fiscalização, incentivo e planejamento, sendo este determinante para o setor público e indicativo para o setor privado" (BRASIL, 1988).

alterada em 1965, 1967, 1988 e 1995. Devidamente recepcionada pela Constituição Federal de 1988, tal norma discorre sobre as regras para a incidência do Imposto sobre a Renda e Proventos de Qualquer Natureza.

Nesse sentido, de acordo com os arts. 22 e 23 da Lei n. 4.506/1964, resta determinado o conceito de *royalties*, com correspondência ao valor pago ao detentor ou proprietário de:[3]

i)   Recursos vegetais.

ii)   Recursos minerais.

iii)   Invenções, processos e fórmulas de fabricação e de marcas de indústria e comércio.

iv)   Direitos autorais.

Adicionalmente, nos mesmos moldes do rol do art. 22 da Lei n. 4.506/1964, verifica-se que o art. 23 determina que os valores pagos a título de uso, exploração, ocupação e fruição de bens e direitos, frequentes e contínuos, com enquadramento legal como aluguéis ou *royalties,* também são considerados *royalties* (CAMPOS; PAOLI, 2016).

Já no que diz respeito à abordagem do tema em âmbito internacional, mais especificamente na seara da OCDE, o conceito de *royalties* resta previsto no bojo da Convenção Modelo da OCDE (OECD, 2017), que se presta a disciplinar os tratados internacionais tributários. E a referida Convenção descreve, em seu artigo 12, a seguinte definição de *royalties*:

> Pagamentos de qualquer tipo recebidos como contraprestação pelo uso ou pelo direito de uso de qualquer direito autoral de obra literária, artística ou científica, incluindo filmes cinematográficos, qualquer patente, marca registrada, *design* ou modelo, plano, fórmula ou processo secreto, ou para informações relativas à experiência industrial, comercial ou científica.[4]

Com base em breve leitura das mencionadas definições de *royalties*, já é possível perceber uma diferença central entre o entendimento aplicado pelo Brasil e pela OCDE acerca dos valores que podem ser classificados como *royalties*: a correspondente abrangência. Enquanto a visão sobre o tema é mais restrita no Brasil, a concepção acerca dos *royalties* nos países estrangeiros membros da OCDE é mais inclusiva.

Também devemos ressaltar que, no âmbito da OCDE, a cobrança de *royalties* é obrigatória em transações entre países em operações dentro do mesmo grupo, o que não acontece no Brasil. Esse fator, por si só, representa uma enorme diferença entre os sistemas.

---

3   "Art. 22. Serão classificados como 'royalties' os rendimentos de qualquer espécie decorrentes do uso, fruição, exploração de direitos, tais como: a) direito de colher ou extrair recursos vegetais, inclusive florestais; b) direito de pesquisar e extrair recursos minerais; c) uso ou exploração de invenções, processos e fórmulas de fabricação e de marcas de indústria e comércio; d) exploração de direitos autorais, salvo quando percebidos pelo autor ou criador do bem ou obra". "Art. 23. Serão classificados como aluguéis ou 'royalties' todas as espécies de rendimentos percebidos pela ocupação, uso, fruição ou exploração dos bens e direitos referidos nos artigos 21 e 22[...]" (BRASIL, 1964).

4   Tradução livre de: "Payments of any kind received as a consideration for the use of, or the right to use, any copyright of literary, artistic or scientific work including cinematograph films, any patent, trade mark, design or model, plan, secret formula or process, or for information concerning industrial, commercial or scientific experience" (OECD, 2017, p. 37).

E tal distinção (conceitual) dos *royalties* no Brasil e no exterior, além de produzir efeitos na certeza jurídica sobre o tema, acaba por evidenciar a problemática que determina o tom da política fiscal envolvendo as operações em que há remessa de valores para o exterior a título de *royalties*: a perspectiva de coibir a exclusão de gastos atrelados aos *royalties*, e essenciais ao desenvolvimento nacional, da base de cálculo do Imposto de Renda, posto equivalerem, por via oblíqua, a lucros ou dividendos (BIFANO, 2022).

Também importa ressaltar que o tratamento atual da legislação brasileira prejudica de certa forma a interpretação de outros contratos de prestação de serviço entre partes relacionadas, por exemplo, contratos de compartilhamento de custos de tecnologia, de marketing etc.

Dado que o limite de remuneração brasileiro não atende ao modelo de remuneração mínima estabelecido pela OCDE, a recomposição das porcentagens de remuneração de *royalties* acaba sendo confundida com contratos *intercompany* de outras naturezas, fato que torna ainda mais complexa a relação do Brasil com o grupo de países regidos pelos modelos da OCDE.

7.3 O TETO DA DEDUTIBILIDADE E "A CRISE DA JURISPRUDÊNCIA BRASILEIRA"

Tal como amplamente abordado na literatura brasileira, não é segredo que o tratamento tributário conferido aos *royalties* neste país ainda apresenta nevrálgica relação com o "falecido" regime de tributação dos lucros e dividendos das pessoas jurídicas do período "pré"-art. 10 da Lei n. 9.249/1995.[5]

Assim, enquanto o tema é regido por normas de preço de transferência em boa parte dos países do mundo, no Brasil os *royalties* são submetidos às mesmas regras aplicadas na época em que os lucros e os dividendos das pessoas jurídicas eram tributados pelo Imposto de Renda, tanto no âmbito da empresa quanto no da pessoa dos sócios.[6]

De tal forma, percebidos pelo legislador tributário brasileiro como lucros distribuídos, ou como uma espécie de rota de fuga da incidência da tributação do Imposto de Renda

---

5   "Art. 10. Os lucros ou dividendos calculados com base nos resultados apurados a partir do mês de janeiro de 1996, pagos ou creditados pelas pessoas jurídicas tributadas com base no lucro real, presumido ou arbitrado, não ficarão sujeitos à incidência do imposto de renda na fonte, nem integrarão a base de cálculo do imposto de renda do beneficiário, pessoa física ou jurídica, domiciliado no País ou no exterior" (BRASIL, 1995).

6   Os *royalties* foram excluídos da incidência das normas de preços de transferência por meio do § 9º do art. 18 da Lei n. 9.430/1996, nos seguintes termos:
"Art. 18. Os custos, despesas e encargos relativos a bens, serviços e direitos, constantes dos documentos de importação ou de aquisição, nas operações efetuadas com pessoa vinculada, somente serão dedutíveis na determinação do lucro real até o valor que não exceda ao preço determinado por um dos seguintes métodos:
[...]
§ 9º O disposto neste artigo não se aplica aos casos de *royalties* e assistência técnica, científica, administrativa ou assemelhada, os quais permanecem subordinados às condições de dedutibilidade constantes da legislação vigente" (BRASIL, 1996).

(ROCHA; SOARES, 2019), nota-se, com clareza, que os *royalties* estão sujeitos a regramento jurídico-tributário marcado por uma série de disposições de viés desfavorável e limitante.

Nesse sentido, o procedimento de exclusão dos *royalties* da apuração do rendimento líquido ou do lucro real sujeito ao Imposto de Renda resta condicionado à análise da essencialidade desses pagamentos frente às atividades das empresas pagadora e produtora, e a um amplo rol de exigências trazidas, principalmente, pelo parágrafo único do art. 71 da Lei n. 4.506/1964 (BRASIL, 1964). E, pelo Decreto n. 9.580/2018, o Regulamento do Imposto de Renda (RIR).

Como se verifica das alíneas "d", "f" e "g" do parágrafo único do referido dispositivo normativo, em conjunto com o art. 363 do RIR (BRASIL, 2018), a dedução dos montantes pagos por *royalties* da apuração do Imposto de Renda somente pode se dar caso tais valores não correspondam a pagamentos feitos:

i)   A sócios, pessoas físicas ou jurídicas, ou a dirigentes de empresas, e a seus parentes ou dependentes.

ii) A terceiros, para adquirir os direitos de uso de bem ou direito, e para extensão ou modificação do contrato.

iii) A estabelecimentos estrangeiros, pelo uso de marca (de indústria ou comércio) e de patente de invenção, processos e fórmulas de fabricação, sem contrato registrado no Banco Central do Brasil (Bacen).

iv) A estabelecimentos estrangeiros, pelo uso de marca (de indústria ou comércio) e de patente de invenção, processos e fórmulas de fabricação, em valor excedente aos limites fixados pelo Ministro da Fazenda.

Nos termos da letra "e" do parágrafo único do art. 71 da Lei n. 4.506/1964, também restam, em regra, vedados os estornos das despesas com o uso de marca (de indústria ou comércio) e de patentes de invenção, processos e fórmulas de fabricação pela filial de empresa com sede no exterior, em benefício de sua matriz, e pela sociedade brasileira a pessoa com domicílio no exterior que mantenha, direta ou indiretamente, controle de seu capital com direito a voto.

Contudo, em relação a essa limitação trazida por meio da letra "e" do parágrafo único do art. 71 da Lei n. 4.506/1964, destaca-se a exceção da autorização para a dedução dos valores das despesas decorrentes dos contratos averbados no Instituto Nacional da Propriedade Industrial (INPI) e registrados no Bacen, conforme o parágrafo único do art. 363 do RIR (BRASIL, 2018). E isso com a observância dos limites e condições da legislação em vigor.

Adicionalmente, quanto aos "limites e condições da legislação em vigor", percebe-se, ainda, que o art. 365 do RIR[7] estabelece o percentual máximo de 5% da receita líquida da pessoa jurídica para a dedutibilidade das despesas com *royalties*.

---

7   "Art. 365. As somas das quantias devidas a título de *royalties* pela exploração de patentes de invenção ou pelo uso de marcas de indústria ou de comércio, e por assistência técnica, científica, administrativa ou semelhante, poderão ser deduzidas como despesas operacionais até o limite máximo de cinco por cento da receita líquida" (BRASIL, 2018).

Para a Receita Federal do Brasil (RFB), tal limite à dedutibilidade dos *royalties* somente se aplica às despesas com a exploração de patentes de invenção, de marcas e por assistência técnica, científica, administrativa ou semelhante. Ou seja, os valores gastos com a exploração de direitos autorais seriam integralmente dedutíveis.[8]

Tal como visto na condenação estratosférica, de 11 de maio de 2022, da empresa IBM pelo Conselho Administrativo de Recursos Fiscais (Carf) (BRASIL, 2022), o assunto não é tão simples para o contribuinte que explora direitos autorais. Isso porque, para o Carf, a dedutibilidade integral das despesas com a exploração de direitos autorais resta limitada aos pagamentos feitos à figura do "autor/criador" pessoa física, tão somente. No caso de empresas coligadas, tais montantes seriam indedutíveis, portanto, da base de cálculo do Imposto de Renda.

Em linhas gerais, as citadas restrições para a glosa de gastos entendidos como fundamentais para o desenvolvimento e a troca de tecnologia entre as empresas, além de gerarem aumento dos custos com a produção de bens e de serviços no país, representam grande empecilho ao desenvolvimento nacional. Perdem-se investimentos estrangeiros no país, como dito.

O entendimento acima se assemelha ao ponto de vista defendido na obra *Preço de transferência como norma de ajuste do Imposto sobre a Renda* (OLIVEIRA, 2015), na qual a reflexão é a de que há uma passagem do lançamento contábil para o tributário e este último é fixado pela norma jurídica, sem guardar qualquer relação lógica com as necessidades das empresas ou com a norma de preço de transferência modelo OCDE. O limite da dedutibilidade para *royalties* segue a mesma premissa, sendo apenas a aplicação da lei para a criação de um limite tributário, fixado sem qualquer fundamento real.

E é com base nisso que se passa a avaliar os novos caminhos favoráveis a serem desenhados em uma conjuntura de reforma tributária.

7.4 A TRIBUTAÇÃO DOS *ROYALTIES* SOB A ÓTICA DE UMA REFORMA TRIBUTÁRIA

Conforme relatório de acompanhamento fiscal publicado pela Instituição Fiscal Independente (IFI) em dezembro de 2018, a carga tributária brasileira era superior à de pelo menos 13 países da OCDE, como o Canadá, a Austrália, os Estados Unidos, o México, o Chile e a Turquia (IFI, [s. d.]).

Da mesma forma, em estudo elaborado pelo Banco Mundial no mesmo ano, o Brasil figurava como 184º país no *ranking* de pagamento de tributos, de forma que as empresas instaladas no país gastavam 1.958 horas por ano para cumprir as obrigações tributárias que lhes cabiam (BANCO MUNDIAL, 2018).

---

8   Tal entendimento da Receita Federal consta na Solução Cosit n. 64, de 29 de março de 2021 (BRASIL, 2021c).

Cientes das implicações do "custo Brasil" sobre os negócios e da captação de riqueza pelo Poder Público, os agentes públicos e privados vêm sugerindo alterações nas normas tributárias no país. Em 1996 a literatura já recomendava a harmonização do sistema tributário e do propósito de arrecadação com as condições de competitividade do setor produtivo (VARSANO, 1996, p. 29).

Assim, não causam estranhamento os recentes ensaios por mudanças na legislação tributária, que se deram principalmente pelas PEC 45/2019[9] e 110/2019[10] e pelo PL 2.337/2021.[11] As PEC, com o escopo de reduzir as espécies tributárias, e o PL 2.337/2021, voltado à diminuição das alíquotas do IRPJ e da CSLL, dentre outras medidas.

Ressaltando-se, portanto, que essas sugestões de alteração do sistema tributário brasileiro ocorrem em um momento em que o Governo Federal busca uma correspondente compatibilização com a OCDE (AGÊNCIA O GLOBO, 2022), fato é que nada se fala do tema dos *royalties* no bojo das mencionadas mudanças tributárias.

E mesmo em uma conjuntura de valor histórico global de M&A e, com isso, de consequente maior aplicação das regras de preço de transferência. Esse uso das regras de preço de transferência acaba por ressaltar o descompasso das normas brasileiras quanto aos *royalties*.[12]

Nesse contexto, convém destacar a publicação do "Novo Marco Legal do Mercado de Câmbio", de 30 de dezembro de 2021, que dispõe sobre o mercado de câmbio brasileiro, o capital brasileiro no exterior, o capital estrangeiro no país e a prestação de informações ao Bacen: a Lei n. 14.286/2021 (BRASIL, 2021a).

Sob tais linhas, no apagar das luzes de 2021, observaram-se alterações das regras voltadas, principalmente, ao mercado de câmbio e aos capitais internacionais no país, com o que resta envolvido também o tema das remessas feitas a título de *royalties*.

Tudo isso a contar de 30 de dezembro de 2022.

Assim, com base na leitura do art. 2º da Lei n. 14.286/2021, verifica-se restar estabelecido que as operações de câmbio poderão ser realizadas sem a imposição de quaisquer restrições de valor. Ou seja, no que diz respeito ao pagamento dos *royalties*, especificamente, nota-se a dispensa da vinculação das remessas de *royalties* aos limites e percentuais de dedutibilidade da Portaria n. 436/1958 do Ministério da Fazenda (MF) (BRASIL, 1958).

---

9   A PEC 45/2019 foi proposta pelo Deputado Baleia Rossi em 3 de abril de 2019, e se encontra com a Mesa Diretora da Câmara dos Deputados desde 4 de maio de 2021. Disponível em: https://www.camara.leg.br/proposicoesWeb/fichadetramitacao?idProposicao=2196833. Acesso em: 11 jul. 2022.

10   A PEC 110/2019 foi lida em Sessão do Senado Federal de 9 de julho de 2019, e se encontra pronta para a inclusão na pauta de julgamento da Comissão de Constituição, Justiça e Cidadania (CCJ) desde 31 de maio de 2022. Disponível em: https://www25.senado.leg.br/web/atividade/materias/-/materia/137699. Acesso em: 11 jul. 2022.

11   O PL 2.337/2021 foi apresentado pelo Poder Executivo ao Poder Legislativo em 25 de junho de 2021. Tal projeto atualmente tramita no Senado Federal, já tendo sido aprovado pela Câmara dos Deputados, em setembro de 2021. Disponível em: https://www.camara.leg.br/proposicoesWeb/fichadetramitacao?idProposicao=2288389. Acesso em: 11 jul. 2022.

12   Tal como visto, o pagamento de *royalties* não se submete às regras de preço de transferência no Brasil, nos termos do § 9º do art. 18 da Lei n. 9.430/1996. *Vide* nota n. 6 deste capítulo.

De tal forma, destacando-se que a norma também exclui a exigência de registro dos contratos envolvendo propriedade intelectual perante o Bacen, mantendo somente a necessidade de averbação prévia no INPI, é possível ter esperanças de um alinhamento das regras tributárias envolvendo os *royalties* com aquelas aplicadas pelos países da OCDE (FERNANDES, 2022).

Mas, então, por que o assunto não é tratado no bojo das reformas tributárias? Será que as autoridades brasileiras estão mesmo prontas para a execução da percebida liberdade contratual pelos agentes privados? E mais, será que as autoridades brasileiras estão maduras para lidar com a concreta aplicação de princípios de plena concorrência, como o *arm's length* e o *the best method rule*? (FERNANDES, 2022)

Ora, tal como mencionado na Seção 7.3, a problemática envolvendo o descompasso entre as regras tributárias aplicadas aos *royalties* no Brasil e no exterior também resta atrelada a uma diferença conceitual. Ou seja, o racional aplicado pelas autoridades brasileiras com relação aos *royalties* ainda é de limitação. E isso não foi alterado por completo por meio da Lei n. 14.286/2021.

Considerando a manutenção de boa parte das regras de um regime anterior, verifica-se, por exemplo, a permanência de um silêncio quanto ao tratamento tributário a ser conferido aos elementos que gravitam em torno da relação estabelecida pelo uso da marca, como o marketing e o *supply chain*.

De tal forma, como evidenciado pelo caso da distribuidora farmacêutica canadense GlaxoSmithKline, a correta aplicação das regras do preço de transferência demanda grande flexibilidade e conhecimento do setor produtivo por parte do Poder Público (COURT FILE n. 33.874, 2011). E não é o que se tem como regra no Brasil.

Ainda mais se considerarmos a recente imposição de alíquota de 15% de IRPJ sobre a distribuição dos lucros para sócios e acionistas pessoas físicas ocorrida no bojo da elaboração do PL 2.337/2021, o que, se for o caso, vai se dar sem uma aparente avaliação de efeitos sobre a cadeia produtiva (FULLER, 2021).

Há que evoluir, há. Mas essa evolução tem de ser sistêmica e em linha com as nuances do mercado. E não é o que se percebe, até o momento, com relação às normas tributárias incidentes sobre os *royalties*.

7.5 CONSIDERAÇÕES FINAIS

Conforme brevemente descrito, enquanto boa parte dos países do mundo aplica regras fiscais uníssonas inclusivas quanto ao tema dos *royalties*, o Brasil ainda faz uso de correspondente legislação tributária limitante datada, principalmente, do ano de 1964. Ou seja, de época em que se falava na tributação dos lucros e dividendos das pessoas jurídicas do período "pré"-art. 10 da Lei n. 9.249/1995.[13]

---

13 "Art. 10. Os lucros ou dividendos calculados com base nos resultados apurados a partir do mês de janeiro de 1996, pagos ou creditados pelas pessoas jurídicas tributadas com base no lucro real, presumido ou arbitrado, não ficarão sujeitos à incidência do imposto de renda na fonte, nem integrarão a base de cálculo do imposto de renda do beneficiário, pessoa física ou jurídica, domiciliado no País ou no exterior" (BRASIL, 1995).

Assim, tendo em vista o aumento do volume de reestruturação dos grupos econômicos no mundo, de M&A, e o declarado interesse governamental de que o Brasil ingresse na OCDE, é com grande estranhamento que se percebe que os *royalties* permanecem, quase por completo, ainda sob a égide do regime da Lei n. 4.506/1964.

Apesar das mudanças que eram esperadas para o final de 2022, no que diz respeito, principalmente, à vinculação das remessas de *royalties* aos limites e percentuais de dedutibilidade da Portaria MF n. 436/1958, fato é que o tema dos *royalties* precisa ser urgentemente revisitado por meio dos debates sobre a reforma tributária no Brasil.

A celeuma envolvendo o tema dos *royalties*, por demandar mais do que a retirada da limitação do teto da dedutibilidade fiscal, ainda não foi resolvida mediante a publicação da Lei n. 14.286, o chamado "Novo Marco Legal do Mercado de Câmbio", do dia 30 de dezembro de 2021.

Nesse sentido, apesar de a referida norma trazer ganhos às relações envolvendo o pagamento de *royalties*, sem a ocorrência de uma efetiva modernização das legislações tributárias brasileiras relativas aos *royalties*, como um todo, permanecem os problemas mencionados, a exemplo daqueles atinentes aos elementos que gravitam em torno da relação estabelecida pelo uso da marca, como o marketing e o *supply chain*.

De tal forma, para que se alcance comparabilidade e relevância internacional, fundamental ter como norte as práticas do mercado, sobretudo. E é com base nessa percepção que a legislação tributária necessita de uma alteração, por completo, com relação ao tema dos *royalties* (BIFANO, 2022).

Intuitivo concluir que a reforma de que precisamos envolve outros aspectos do Imposto sobre a Renda, e que, da mesma forma, a manutenção da legislação atual posiciona o Brasil como um país onde as relações comerciais são ainda mais complexas e sinaliza no sentido de que a modernização dessa legislação não é uma agenda importante para os sucessivos Governos, que não têm um olhar atento para as necessidades dos contribuintes do setor de consumo, por exemplo.

Urge uma revisão e modernização de conceitos tão importantes, e, enquanto isso não acontece, seguimos nos posicionando às margens de modelos tributários mais modernos, que permitem aos contribuintes refletirem sobre suas relações tributárias com partes vinculadas de forma mais coerente e harmônica.

Este capítulo é apenas um convite à reflexão para que também a comunidade do direito tributário brasileiro faça desse tema uma pauta relevante nas interações com o Governo e na escolha de propostas coerentes para essa modernização. Há diversas soluções no direito comparado que podem ser facilmente replicadas, portanto a conclusão indissociável é a de que a vontade política do legislador segue sendo a grande barreira a ser transposta.

Após o fechamento desta edição, foi publicada a Medida Provisória (MP) n. 1.152, em dezembro de 2022. No presente momento, não sabemos qual texto será aprovado e não é possível afirmar como será regulamentado os dizeres da MP. Assim, as disposições deste capítulo seguem válidas até que uma nova lei seja publicada ou a MP convertida.

REFERÊNCIAS

AGÊNCIA O GLOBO. Para entrar na OCDE, Brasil precisa fazer reforma tributária, diz Guedes. *Exame,* 27 abr. 2022. Disponível em: https://exame.com/economia/paraentrar-na-ocde-brasil-precisa-fazer-reforma-tributaria-diz-guedes/. Acesso em: 15 jun. 2022.

BANCO MUNDIAL. *Doing Business, 2018.* Disponível em: https://www.doingbusiness.org/content/ dam/doingBusiness/media/Annual-Reports/English/DB2018-Full-Report.pdf. Acesso em: 8 jul. 2022.

BIFANO, Elidie Palma. Desafios do novo ano: é urgente rever o tratamento tributário dos *royalties. Conjur,* 5 jan. 2022. Disponível em: https://www.conjur.com.br/2022-jan-05/consultor-tributa-rio-urgente-rever-tratamento-tributario-royalties. Acesso em: 15 jun. 2021.

BRASIL. *Constituição da República Federativa do Brasil de 1988.* Brasília, DF: Presidência da República, 2020. Disponível em: https://www.planalto.gov.br/ccivil_03/constituicao/constituicao.htm. Acesso em: 15 jun. 2022.

BRASIL. *Decreto n. 9.580, de 22 de novembro de 2018.* Regulamenta a tributação, a fiscalização, a arrecadação e a administração do Imposto sobre a Renda e Proventos de Qualquer Natureza. Disponível em: https://www.planalto.gov.br/ccivil_03/_ato2015-2018/2018/decreto/D9580.htm. Acesso em: 4 jul. 2022.

BRASIL. *Lei n. 4.506, de 30 de novembro de 1964.* Dispõe sobre o impôsto que recai sôbre as rendas e proventos de qualquer natureza. Disponível em: http://www.planalto.gov.br/ccivil_03/leis/l4506.htm. Acesso em: 4 jul. 2022.

BRASIL. *Lei n. 9.249, de 26 de dezembro de 1995.* Disponível em: http://www.planalto.gov.br/ccivil_03/leis/l9249.htm. Altera a legislação do imposto de renda das pessoas jurídicas, bem como da contribuição social sobre o lucro líquido, e dá outras providências. Acesso em: 1 jul. 2021.

BRASIL. *Lei n. 9.430, de 27 de dezembro de 1996.* Dispõe sobre a legislação tributária federal, as contribuições para a seguridade social, o processo administrativo de consulta e dá outras providências. Disponível em: http://www.planalto.gov.br/ccivil_03/leis/l9430.htm. Acesso em: 4 jul. 2022.

BRASIL. *Lei n. 14.286, de 29 de dezembro de 2021.* Dispõe sobre o mercado de câmbio brasileiro [...]. Brasília, DF: 2021a. Disponível em: https://www.planalto.gov.br/ccivil_03/_ato2019-2022/2021/lei/l14286.htm. Acesso em: 15 jun. 2021.

BRASIL. Ministério da Economia. Conselho Administrativo de Recursos Fiscais (Carf). *Processo n. 16682.722771/2016-35.* Acórdão n. 9101-006.098 – CSRF / 1ª Turma. Sessão de 11 de maio de 2022. Disponível em: https://www.conjur.com.br/dl/carf-ibm-tecnologia.pdf. Acesso em: 7 jul. 2022.

BRASIL. Ministério da Fazenda. *Portaria MF n. 436/1958.* Disponível em: https://www.gov.br/inpi/pt-br/servicos/contratos-de-tecnologia-e-de-franquia/arquivos/legislacao-contratos/portaria436.pdf. Acesso em: 11 jul. 2022.

BRASIL. *Projeto de Lei n. 2.337, de 2021.* Brasília, DF: 2021b. Disponível em: https://www.camara.leg.br/proposicoesWeb/fichadetramitacao?idProposicao=2288389. Acesso em: 15 jun. 2021.

BRASIL. *Proposta de Emenda à Constituição n. 45, de 2019.* Brasília, DF: 2019a. Disponível em: https://www.camara.leg.br/proposicoesWeb/fichadetramitacao?idProposicao=2196833. Acesso em: 15 jun. 2021.

BRASIL. *Proposta de Emenda à Constituição n. 110, de 2019.* Brasília, DF: 2019b. Disponível em: https://www25.senado.leg.br/web/atividade/materias/-/materia/137699. Acesso em: 15 jun. 2021.

BRASIL. Receita Federal. *Solução de Consulta Cosit n. 64, de 29 de março de 2021.* Brasília, DF: 2021c. Disponível em: http://normas.receita.fazenda.gov.br/sijut2consulta/link.action? visao=anotado& idAto= 116527. Acesso em: 4 jul. 2022.

CAMPOS, Marcelo; PAOLI, Carolina de Gioia. Regime fiscal dos *royalties* transferidos do Brasil ao exterior. *Revista Tributária e de Finanças Públicas*, 2016. Disponível em: https://bd.tjdft.jus.br/jspui/handle/tjdft/49410. Acesso em: 22 jun. 2022.

COURT File N. 33874. *Her Majesty The Queen versus Glaxosmithkline Inc. July 16th, 2011*. Disponível em: https://www.scc-csc.ca/webdocuments-documentsweb/33874/fm010_appellant_her-majesty-the-queen_redacted.pdf. Acesso em: 11 jul. 2022.

FERNANDES, Hannah Vitória Macedo. O novo marco legal do mercado de câmbio brasileiro e suas repercussões sobre as remessas de *royalties* ao exterior. *Migalhas*, 7 abr. 2022. Disponível em: https://www.migalhas.com.br/depeso/363280/o-novo-marco-legal-do-mercado-de-cambio-brasileiro-e-suas-repercussoes. Acesso em: 11 jul. 2022.

FOSSATI, Gustavo S.; MCCLASKEY, Layla S. *Tributação da economia digital na esfera estadual*. Rio de Janeiro: FGV Direito Rio, 2021. v. II. Disponível em: https://bibliotecadigital.fgv.br/dspace/handle/10438/31355. Acesso em: 22 jul. 2022.

FULLER, Mariana. Reforma do Imposto de Renda: o que muda para as *holdings* familiares com o PL 2.337/21. *Capital Aberto*, 5 dez. 2021. Disponível em: https://capitalaberto.com.br/secoes/explicando/reforma-do-imposto-de-renda-o-que-muda-para-as-holdings-familiares-com-o-pl-2337-21/. Acesso em: 11 jul. 2022.

INSTITUIÇÃO FISCAL INDEPENDENTE (IFI). *Nota Técnica n. 38, de 11 de outubro de 2019*. Disponível em: https://www2.senado.leg.br/bdsf/bitstream/handle/id/562755/NT38.pdf. Acesso em: 15 jun. 2022.

INSTITUIÇÃO FISCAL INDEPENDENTE (IFI). *Relatório de acompanhamento fiscal*. [S. d.]. Disponível em: https://www12.senado.leg.br/ifi/relatorio-de-acompanhamento-fiscal. Acesso em: 8 jul. 2022.

OLIVEIRA, Vivian de Freitas e Rodrigues de. *Preço de transferência como norma de ajuste do Imposto sobre a Renda*. São Paulo: Noeses, 2015.

ORGANISATION FOR ECONOMIC COOPERATION AND DEVELOPMENT (OECD). *Model convention with respect to taxes on income and on capital*. 2017. Disponível em: https://read.oecd-ilibrary.org/taxation/model-tax-convention-on-income-and-on-capital-condensed-version-2017_mtc_cond-2017-en#page29. Acesso em: 22 jun. 2022.

ORGANISATION FOR ECONOMIC COOPERATION AND DEVELOPMENT (OECD). *OECD and Brazil work together to align Brazil's transfer pricing rules to international standard*, 13 abr. 2022. Disponível em: https://www.oecd.org/ctp/tax-global/oecd-and-brazil-work-together-to-align-brazil-s-transfer-pricing-rules-to-international-standard.htm. Acesso em: 15 jun. 2021.

ORGANIZAÇÃO PARA A COOPERAÇÃO E DESENVOLVIMENTO ECONÔMICO (OCDE). *Addressing the Tax Challenges of the Digital Economy, Action 1 – 2015 Final Report*. França: OECD, 2015. Disponível em: https://www.oecd.org/tax/beps/beps-actions/action1/. Acesso em: 15 jun. 2021.

PEREIRA, Vandré. Por que fazer a reforma tributária?. *PwC Brasil,* 2019. Disponível em: https://www.pwc.com.br/pt/sala-de-imprensa/artigos/por-que-fazer-reforma-tributaria.html. Acesso em: 15 jun. 2022.

ROCHA, Sergio Andre; SOARES, Romero L. Dedutibilidade de pagamentos de *royalties* para o exterior pelo direito de distribuição/comercialização de *software*. *R. Fórum de Dir. Tributário – RFDT*, Belo Horizonte, ano 17, n. 98, p. 49-68, mar./abr. 2019. Disponível em: http://www.sarocha.com.br/wp-content/uploads/2019/07/Artigo-SAR-dedutibilidade-de-royalties.pdf. Acesso em: 1 jul. 2022.

VARSANO, Ricardo. *A evolução do sistema tributário brasileiro ao longo do século*: anotações e reflexões para futuras reformas. Texto para discussão. IPEA, 1996. p. 29. Disponível em: http://repositorio.ipea.gov.br/bitstream/11058/1839/1/td_0405.pdf. Acesso em: 11 jul. 2022.

8

CRÉDITOS DA CONTRIBUIÇÃO AO PIS E DA COFINS SOBRE TAXAS PAGAS A ADMINISTRADORAS DE CARTÕES E A MEIOS DE PAGAMENTO

Raíssa Sanavio Comisso
Alvaro Pereira
Marília Lessi Atulim

8.1 INTRODUÇÃO

A introdução da sistemática de não cumulatividade para a Contribuição aos Programas de Integração Social (PIS) e para a Contribuição para o Financiamento da Seguridade Social (Cofins) pelo art. 195, I, "b", e § 12, da Constituição Federal e pelas Leis n. 10.637/2002 e n. 10.833/2003 ocorreu com o objetivo de corrigir distorções econômicas decorrentes do "efeito cascata" gerado pelo regime cumulativo. Conforme se depreende das Exposições de Motivos das Medidas Provisórias n. 66/2002 (BRASIL, 2002) e 135/2003 (BRASIL, 2003), um dos objetivos da instituição da não cumulatividade para essas contribuições foi o estímulo à horizontalização das atividades de forma a distribuir a produção por um número maior de empresas – ao contrário da verticalização, estimulada na sistemática cumulativa, em que as empresas tendem a realizar a maior parte de suas atividades internamente de forma a reduzir a carga tributária do PIS e da Cofins ao longo de sua cadeia de produção.

Assim, justamente com a intenção de modernizar o PIS e a Cofins e de ajustar as referidas distorções de modo a estimular maior eficiência econômica, foi instituída a sistemática não cumulativa, que prevê como base de cálculo tributável dessas contribuições a totalidade das receitas geradas pelos contribuintes, descontadas dos créditos decorrentes dos dispêndios necessários ao exercício da atividade empresarial.

O direito à dedução de créditos da base de cálculo dessas contribuições, contudo, nunca esteve livre de dúvidas sobre seu limite ou de tentativas de restrição pelas autoridades administrativas. De fato, desde a instituição do PIS e da Cofins não cumulativos muito se tem discutido sobre a abrangência de sua não cumulatividade e sobre a extensão da interpretação dos dispositivos que concedem o direito creditório, notadamente sobre quais dispêndios das empresas seriam efetivamente passíveis de registro de créditos.

Mais especificamente em relação às empresas comerciais que atuam no setor do varejo, observa-se a necessidade de uma série de gastos adicionais para a geração de receita, tais como o pagamento de taxas às administradoras de cartão de crédito, débito e pré-pago e empresas que atuam com meios de pagamento em geral. Como será aprofundado neste capítulo, segundo as estatísticas de uso dos meios de pagamento de varejo e transferência de crédito, divulgadas pelo Banco Central do Brasil (BRASIL, 2022) no segundo semestre de 2021, as operações com cartões (de crédito, débito e pré-pago) somaram mais da metade do total de transações financeiras realizadas no mesmo período. Ainda, conforme dados divulgados pela Associação Brasileira das Empresas de Cartões (Abecs), os pagamentos efetuados com cartões de crédito cresceram 36% no primeiro trimestre do ano de 2022, havendo também um incremento de 35% nas compras com cartões em vendas não presenciais.[1]

Nesse contexto, surgem questões relativas à possibilidade de apropriação de créditos de PIS e de Cofins sobre referidas despesas, tendo em vista justamente a relação de inerência desses dispêndios com a geração de receitas das empresas que atuam no varejo e a grande relevância econômica que têm assumido à medida que o padrão de consumo caminha na direção da maior utilização desses meios eletrônicos de pagamento. Este capítulo tem como objetivo avaliar, com base na legislação e na jurisprudência, a possibilidade de registro de créditos dessas contribuições sobre despesas com taxas de administradoras de cartões[2] por empresas comerciais varejistas.

Antes de analisarmos o tema, importa mencionar que há também a discussão sobre a exclusão das referidas taxas das bases de cálculo do PIS e da Cofins, sob o argumento de que essa parcela não seria receita das pessoas jurídicas que realizam vendas por meio de cartão de crédito, pois seriam repassadas às operadoras de cartões. Nesse contexto, referidas taxas seriam, assim, receita dessas operadoras. Esse assunto foi recentemente analisado pelo Supremo Tribunal Federal (STF) em sede de repercussão geral no Tema 1.024, em que foi fixado o entendimento pela "inclusão dos valores retidos pelas administradoras de cartões na base de cálculo das contribuições ao PIS e da Cofins devidas por empresa que recebe pagamentos por meio de cartões de crédito e débito". O capítulo não pretende rediscutir esse tema ou abordar a exclusão das taxas de cartão de crédito das bases de cálculo dessas contribuições, limitando-se ao estudo da possibilidade de registro de crédito sobre essas despesas incorridas por empresas comerciais.

8.2 DA NÃO CUMULATIVIDADE DO PIS E DA COFINS

Como já mencionado, desde a instituição da sistemática não cumulativa do PIS e da Cofins, surgiram discussões a respeito do alcance do § 12 do art. 195 da Constituição Federal,

---

1   Levantamento divulgado no *Balanço do setor de meios de pagamento*: resultados 1T22 (ABECS, 2022).

2   Embora este capítulo se refira a taxas de cartão de crédito e de débito, as demais taxas cobradas nos casos de cartões pré-pagos ou por meios de pagamento em sistemáticas de intermediação também se enquadram nos conceitos aqui desenvolvidos, tendo em vista a similaridade com as taxas de cartão de crédito e de débito.

8.2.1 Do princípio da não cumulatividade do PIS e da Cofins

O § 12 do art. 195 da Constituição Federal instituiu, nas palavras de Paulo de Barros Carvalho (2019, p. 178), verdadeiro princípio constitucional da não cumulatividade do PIS e da Cofins, que deve ser observado pelo legislador:

> [...] impõe técnica segundo a qual o valor de tributo devido em cada operação será compensado com outra quantia incidente sobre as anteriores, mas preordena-se à concretização de valores como o da justiça da tributação, respeito à capacidade contributiva e **uniformidade na distribuição da carga tributária sobre as etapas de circulação e de industrialização de produtos** (grifos do original).

O princípio da não cumulatividade do PIS e da Cofins visa evitar a incidência em cascata dessa contribuição, de modo a fazer cada agente da cadeia arcar com seu ônus apenas sobre o valor agregado ao produto. O objetivo é permitir que todo e qualquer dispêndio que viabilize o faturamento seja passível de aproveitamento de créditos, calculado sobre valores relativos a custos e despesas operacionais em geral.

Nota-se do referido dispositivo não apenas que a não cumulatividade do PIS e da Cofins tem *status* constitucional como também a existência de um comando expresso ao legislador infraconstitucional que, ao mesmo tempo, confere-lhe e limita sua competência. Isto é, caberia ao legislador infraconstitucional apenas e tão somente eleger os setores da atividade econômica em relação aos quais essas contribuições serão não cumulativas. Como decorrência, uma vez eleitos os setores da atividade econômica sujeitos à não cumulatividade, o legislador infraconstitucional estaria proibido de limitar esse princípio constitucional, não importa sob qual justificativa.

Nesse sentido, Humberto Ávila (2007, p. 180-181) entende que, se existem créditos embutidos no valor dos bens e serviços adquiridos para o exercício das atividades dos contribuintes, "deve haver o direito à sua dedução, sob pena de o regime não cumulativo ser descaracterizado e a finalidade legal justificadora da própria diferenciação entre os contribuintes ser negada". Na mesma linha, José Eduardo Soares de Melo (2009, p. 274) considera inaceitável que seja restringido o direito ao uso do crédito dessas contribuições (com base em origem, aplicação, destinação, entre outros), visto que tais restrições resultam em superposição de cargas tributárias.

Em outras palavras, na forma do art. 195, § 12, da Constituição Federal, cabe ao legislador tão somente definir em quais setores da economia o PIS e a Cofins serão não cumulativos, e para esses setores deve-se garantir o crédito amplo, sem restrições, sob pena de o regime não cumulativo não ser aplicado, gerando distorções entre setores supostamente eleitos para apurar essas contribuições pelo método não cumulativo com carga tributária ainda maior (alíquotas combinadas de 9,25%) do que os setores eleitos para permanecer na sistemática cumulativa (alíquotas combinadas de 3,65%).

Corrobora essa linha de interpretação o fato de as Exposições de Motivos das Medidas Provisórias n. 66/2002 (BRASIL, 2002) e 135/2003 (BRASIL, 2003), que instituíram a sistemática não cumulativa do PIS e da Cofins, mencionarem expressamente que a premissa básica desse novo modelo é a manutenção da carga tributária correspondente ao que se arrecadava com a cobrança das contribuições antes de sua instituição, redistribuindo a carga tributária de forma a estimular a distribuição da produção por um número maior de empresas mais eficientes.[3]

O que se nota do acima exposto, portanto, é que, ainda que o legislador infraconstitucional tenha liberdade para definir os setores econômicos submetidos ao regime da não cumulatividade do PIS e da Cofins, sua competência encerra-se aí, sendo vedada qualquer tentativa de, dentro da referida sistemática, restringir ou limitar os direitos creditórios, notadamente daqueles que tenham relação com as atividades empresariais dos contribuintes.

Nessa linha, ao exercer sua competência, as Leis n. 10.637/2002 e n. 10.833/2003 acabaram, de maneira geral, por adotar uma única regra definidora da sistemática cumulativa: a forma de apuração do imposto sobre a renda, se pelo lucro real ou pelo lucro presumido. Desse modo, via de regra,[4] se a empresa apurar seu imposto sobre a renda pelo regime do lucro real, estará automaticamente enquadrada na sistemática não cumulativa de PIS e Cofins.

Assim, como o legislador tem competência apenas para definir os setores da economia sujeitos à não cumulatividade do PIS e da Cofins, uma vez que uma pessoa jurídica apure o Imposto sobre a Renda pelo lucro real, terá direito a apurar créditos de PIS e Cofins na sistemática não cumulativa sem qualquer tipo de restrição ou diferenciação arbitrária, sob pena de ofensa ao princípio da não cumulatividade.

8.2.2 Do método de apuração do PIS e da Cofins não cumulativos

Como se demonstrou, a Constituição Federal instituiu a não cumulatividade para o PIS e a Cofins de forma ampla, conferindo ao legislador infraconstitucional competência apenas para definir os setores da atividade econômica sujeitos à sistemática não cumulativa. Para operacionalizar a instituição dessa sistemática para o PIS e a Cofins, o legislador adotou o método subtrativo indireto,[5] pelo qual o montante do crédito a ser descontado decorre da aplicação das alíquotas de 1,65 e 7,6% sobre os custos, despesas e encargos de depreciação, respectivamente, decorrentes da aquisição de insumos, aluguéis, máquinas e equipamentos

---

3   Exposições de Motivos das Medidas Provisórias n. 66/2002 (BRASIL, 2002) e n. 135/2003 (BRASIL, 2003).

4   À exceção de atividades cuja sistemática deve ser necessariamente a cumulativa, conforme o art. 10 da Lei n. 10.833/2003.

5   Conforme disposto na Exposição de Motivos da Medida Provisória n. 135/2003 (BRASIL, 2003).

etc. (art. 3º, § 1º, das Leis n. 10.637/2002 e n. 10.833/2003), pouco importando o valor que efetivamente incidiu a título de PIS e de Cofins nas operações anteriores.

Esse método de apuração se contrapõe ao adotado pela legislação do Imposto sobre Produtos Industrializados (IPI) e do Imposto sobre a Circulação de Mercadorias e sobre prestações de serviços de transporte interestadual e intermunicipal e de comunicação (ICMS), para os quais é aplicado o método de "imposto contra imposto", em que se compensa o montante devido nas saídas (vendas) com os valores efetivamente recolhidos por ocasião das entradas (compras) (FERNANDES, 2006, p. E2).

Com efeito, para a apuração dos créditos de PIS e Cofins é irrelevante o montante dessas contribuições recolhido da etapa anterior, porque eles são calculados mediante a aplicação das alíquotas incidentes sobre as receitas relativas aos gastos incorridos pela pessoa jurídica. É por essa razão que empresas sujeitas ao regime não cumulativo podem calcular crédito à alíquota combinada total de 9,25% sobre aquisições efetuadas de empresas sujeitas ao regime cumulativo, sujeitas à alíquota combinada total de 3,65%.

Nesse mesmo sentido, Ives Gandra da Silva Martins afirma que a forma de cálculo dos créditos do PIS e da Cofins difere do cálculo do IPI e do ICMS. Essa divergência decorre da adoção de vertentes diferentes para a não cumulatividade desses tributos. Para a apuração do IPI e do ICMS, a escolha do sistema não cumulativo visou à busca da neutralidade da tributação, sendo permitido o crédito fiscal correspondente ao montante do imposto **recolhido** nas entradas de insumos (matérias-primas, bens de ativo fixo) e serviços com o imposto devido pela saída do produto final tributado. Já para o PIS e a Cofins, adotou-se a sistemática de princípio da subvenção pública, pois o direito a crédito não corresponde, necessariamente, à compensação da carga anterior, mas à efetiva desoneração de uma etapa, concedendo-se crédito fiscal sobre compras (custos e despesas) definidas em lei, na mesma proporção em que são gravadas as vendas (receitas) (MARTINS, 2014, p. 175-176).

Nessa linha, a forma de apuração eleita pelo legislador aliada ao princípio da não cumulatividade exige que os dispêndios intimamente relacionados com as atividades empresariais das pessoas jurídicas sejam a base de cálculo dos créditos das contribuições em comento. Por essa razão, os custos e despesas que conferem direito de créditos a serem descontados do PIS e da Cofins foram indicados, denotativamente,[6] pelas Leis n. 10.637/2002 e n. 10.833/2003, em seus arts. 3º e incisos, cujo real sentido e alcance devem ser construídos mediante uma interpretação sistemática e teleológica de seus termos.

A leitura dos incisos e parágrafos dos arts. 3º das Leis n. 10.637/2002 e n. 10.833/2003, em conjunto com o art. 195, I, "b", e § 12, da Constituição Federal, dá conta de que a

---

6   Nesse sentido, o entendimento de Pedro Guilherme Accorsi Lunardelli (2010, p. 132) é: "Diante deste quadro jurisprudencial, constata-se que o parágrafo 12 do artigo 195 da CF/95 conferiu ao legislador ordinário apenas e tão somente a competência para denotar atividades compreendidas nos setores econômicos primário (agricultura, pecuária, extrativismo etc.), secundário (indústria), terciário (comércio e serviços) e quaternário (informação e comunicação), designadores do enunciado deste parágrafo (setores de atividade econômica)".

racionalidade por detrás da escolha legislativa dos custos e despesas que conferem direito de crédito para desconto do PIS e da Cofins é a relação de inerência de tais dispêndios com a formação da receita, critério material da hipótese de incidência de referidas contribuições. Com efeito, Marco Aurélio Greco (2004, p. 117-118) leciona que, sendo a receita auferida pela pessoa jurídica uma decorrência de suas atividades, é necessário identificar os dispêndios que apresentam "determinado grau de inerência em relação" às receitas auferidas.

Isso porque o critério a ser adotado para determinação da abrangência da não cumulatividade (e, nesse sentido, do registro de crédito) dessas contribuições deve levar em consideração justamente que a base de cálculo do PIS e da Cofins é a receita bruta ou faturamento das empresas. Nesse contexto, o entendimento é o de que o critério para registro do crédito deve ser a aplicação da alíquota "sobre a diferença entre as receitas auferidas e as receitas necessariamente consumidas pela fonte produtora (despesas necessárias)" (RIBEIRO, 2004, p. 102). Logo, devem ser avaliadas as circunstâncias específicas de cada atividade, cada empreendimento, para determinar a dimensão do conceito de insumos. Nas palavras de Marco Aurélio Greco (2008, p. 6):

> De fato, serão as circunstâncias de cada atividade, de cada empreendimento e, mais, até mesmo de cada produto a ser vendido que determinarão a dimensão temporal dentro da qual reconhecer os bens e serviços utilizados como respectivos insumos. [...]
>
> Cumpre, pois, afastar a ideia preconcebida de que só é insumo aquilo direta e imediatamente utilizado no momento final da obtenção do bem ou produto a ser vendido, **como se não existisse o empreendimento nem a atividade econômica como um todo, desempenhada pelo contribuinte** (grifos nossos).

Em outras palavras, é o tipo de atividade empresarial, o tipo de produto, o grau de esforço aplicado na experiência oferecida pelas empresas em troca da receita auferida, que determinará a abrangência da não cumulatividade dessas contribuições. Portanto, para determinar a abrangência dos créditos de PIS e de Cofins, deve-se avaliar caso a caso quais os dispêndios inerentes ao auferimento de receitas pelas pessoas jurídicas, os quais poderão ser registrados como créditos desses tributos.

Verifica-se, assim, que decorre tanto do princípio da não cumulatividade quanto da própria forma de apuração dos créditos definida pelo legislador ordinário que os dispêndios dos quais advém o direito de registro de crédito são aqueles relacionados com a atividade própria e particular da pessoa jurídica que tenham relação com a geração da receita a ser tributada por essas contribuições, pouco importando se a atividade desenvolvida é industrial, comercial ou de prestação de serviços.

8.2.3 Do entendimento dado pelo Superior Tribunal de Justiça

Em abril de 2018, a 1ª Seção do Superior Tribunal de Justiça (STJ) concluiu o julgamento do Recurso Especial (REsp) n. 1.221.170/PR, em que, em sede de recursos repetitivos (Temas 779 e 780), fixou a tese relativa à possibilidade de desconto de créditos de PIS e Cofins. No caso em questão, discutia-se o conceito de insumos do inciso II dos arts. 3º das

Leis n. 10.637/2002 e n. 10.833/2003, para uma empresa do setor da indústria alimentícia. Fixou-se a seguinte tese:

> (a) é ilegal a disciplina de creditamento prevista nas Instruções Normativas da SRF ns. 247/2002 e 404/2004, **porquanto compromete a eficácia do sistema de não cumulatividade da contribuição ao PIS e da Cofins, tal como definido nas Leis 10.637/2002 e 10.833/2003;** e (b) o conceito de insumo deve ser aferido à luz dos **critérios de essencialidade ou relevância, ou seja, considerando-se a imprescindibilidade ou a importância de determinado item – bem ou serviço –** *para o desenvolvimento da atividade econômica desempenhada pelo Contribuinte* (STJ, REsp 1.221.170/PR, Rel. Ministro Napoleão Nunes Maia Filho, 1ª Seção, *DJE* 24 abr. 2018 – grifos do original).

Com relação à tese fixada, o STJ entendeu que as limitações impostas por instruções normativas da Receita Federal do Brasil[7] comprometem a eficácia da não cumulatividade do PIS e da Cofins. Nesse sentido, não obstante a decisão não tenha analisado sob a perspectiva constitucional a abrangência da não cumulatividade disposta no § 12 do art. 195 da Constituição Federal, pode-se verificar que a tese fixada está em linha com a argumentação aqui defendida, no sentido de que a não cumulatividade dessas contribuições não pode ser restringida de forma infraconstitucional.

No que respeita à não cumulatividade do PIS e da Cofins, na ocasião, os Ministros entenderam que: (i) o critério da essencialidade diz respeito a itens fundamentais, inseparáveis do processo produtivo, sem os quais este seria impossível ou haveria perda da qualidade ou da quantidade; e (ii) o critério da relevância diz respeito a itens que, embora não essenciais, integrem o processo produtivo em decorrência das particularidades deste ou por imposição de lei ou regulamento (distanciando-se da acepção de pertinência, caracterizada, nos termos propostos, pelo emprego da aquisição na produção ou na execução do serviço).[8]

Vale ressaltar que, também em linha com o quanto aqui já argumentado, a tese fixada pelo STJ destaca que os critérios de essencialidade e relevância devem ser observados considerando a imprescindibilidade dos gastos para a "atividade econômica desempenhada pelo Contribuinte", não limitando, portanto, os setores que poderiam descontar créditos de PIS e Cofins. Diga-se de passagem: e nem poderia ter sido feita tal limitação, visto que isso significaria invadir a competência do legislador, que, como já mencionado, elegeu como critério geral[9] definidor dos setores sujeitos à não cumulatividade a forma de apuração do Imposto sobre a Renda pelo lucro real.

---

7   Após a edição das Leis n. 10.637/2002 e n. 10.833/2003, a Receita Federal do Brasil (RFB) publicou as Instruções Normativas (IN) SRF n. 247/2002 e n. 404/2004, restringindo o conceito de insumos das contribuições ao definir que insumos deveriam ser as matérias-primas, produtos intermediários, embalagens ou outros bens que sofressem alterações, diretamente aplicados e/ou consumidos nos processos de produção e na prestação de serviços. Essa interpretação restritiva foi discutida no julgamento em sede de repetitivo dos Temas 779 e 780.

8   Trechos do voto da Ministra Regina Helena Costa e do Ministro Relator Napoleão Nunes Maia Filho na íntegra do REsp 1.221.170/PR, 1ª Seção, *DJE* 24 abr. 2018.

9   Como já mencionado, à exceção de atividades cuja sistemática deve ser necessariamente a cumulativa, conforme o art. 10 da Lei n. 10.833/2003.

Além disso, da leitura da íntegra do acórdão é possível verificar que o entendimento vencedor se baseou em dois precedentes (Apelações Cíveis em Mandado de Segurança n. 0012352-52.2010.4.03.6100/SP e 0005469-26.2009.4.03.6100/SP).[10] Trata-se de julgados nos quais a Ministra Regina Helena Costa proferiu votos-vista quando era Desembargadora do Tribunal Regional Federal da 3ª Região, e que se referem a empresas comerciais varejistas que almejavam a possibilidade de registro de créditos considerando o conceito de insumos.

Em ambos os precedentes citados no julgamento dos Temas 779 e 780, nos votos-vista da Ministra Regina Helena Costa, há a expressa indicação de que, embora as empresas fossem comerciais (e não industriais ou prestadoras de serviço), tendo em vista que a incidência do PIS e da Cofins abrange a integralidade de suas receitas e que o sistema da não cumulatividade dessas contribuições utiliza a técnica de "base sobre base", os dispêndios passíveis de crédito também deveriam ser aqueles essenciais ao desempenho de suas atividades (comerciais).

Na Apelação Cível em Mandado de Segurança n. 0012352-52.2010.4.03.6100/SP, na qual o julgamento dos Temas 779 e 780 pelo STJ se baseou, discutia-se justamente a possibilidade de exclusão das despesas de cartão de crédito da base de cálculo das contribuições ora em comento e, subsidiariamente, a possibilidade de apropriação de crédito sobre referidas despesas. Pela relevância para o presente capítulo, citam-se trechos do voto-vista da Ministra Regina Helena Costa na mencionada apelação cível em mandado de segurança:

> No caso em tela, observo que não se trata de empresas industriais, mas de empresas de natureza comercial, não estando incluídas dentre as suas atividades, portanto, nem a produção de bens, nem a prestação de serviços (fls. 45 e 61). [...]
>
> Como visto, consoante o critério da essencialidade ou relevância, recém-adotado pelo CARF e que começa a desenhar-se na jurisprudência do Superior Tribunal de Justiça, **há que se analisar, casuisticamente, se o que se pretende seja considerado insumo é essencial ou de elevado grau de relevância para o processo produtivo ou à atividade desenvolvida pela empresa**.
>
> Nesse sentido, **penso que as despesas referentes ao pagamento de taxas ou tarifas às administradoras de cartões de crédito ou débito sejam essenciais ao desempenho da atividade comercial a que se dedicam as Impetrante – comércio varejista – e, assim, tais itens inserem-se no conceito de insumo**, assim compreendido num sistema de não cumulatividade cuja técnica há de ser a de "base sobre base".
>
> Isso porque **não se pode imaginar a comercialização de produtos sem que o pagamento seja efetuado, pelos consumidores, mediante cartões de crédito e débito**, meios largamente utilizados no mundo contemporâneo (grifos nossos).

Embora os votos-vista da Ministra Regina Helena Costa preferidos nas Apelações Cíveis em Mandado de Segurança n. 0012352-52.2010.4.03.6100/SP e 0005469-26.2009.4.03.6100/SP não tenham sido vencedores nos julgamentos desses casos, o voto vencedor do Ministro Relator Napoleão Nunes Maia Filho proferido no julgamento dos Temas 779 e 780 baseou-se expressamente no posicionamento mencionado, o que revela que os acórdãos julgados em sede de repetitivo devem ser interpretados à luz também dos referidos votos-vista.

---

10 Trechos do voto do Ministro Relator Napoleão Nunes Maia Filho na íntegra do REsp 1.221.170/PR, 1ª Seção, *DJE* 24 abr. 2018, p. 30 do acórdão.

Reforça essa conclusão a linha de raciocínio adotada nas razões de decidir do julgamento dos Temas 779 e 780, no sentido de que o PIS e a Cofins são tributos incidentes sobre as receitas das pessoas jurídicas e de que seu método de apuração não cumulativo é o da base contra base, que visa

> [...] impedir que o tributo torne-se um "gravame cada vez mais oneroso nas várias operações de circulação do produto ou mercadoria, de prestação dos aludidos serviços e de industrialização de produtos, deixando-os proibitivos".[11]

Portanto, nada obstante o contribuinte do recurso especial eleito como repetitivo representativo de controvérsia fosse empresa com atividade industrial, o estudo das razões de decidir do acórdão conduz à conclusão que o STJ adotou um conceito amplo de insumo, tendo em vista que:

i) O entendimento vencedor baseou-se em votos-vista que visavam garantir o direito ao crédito amplo a empresas comerciais.

ii) A argumentação adotada pelo voto vencedor foi justamente na linha de que o método de apuração do PIS e da Cofins não deve restringir o aproveitamento de crédito, sob pena de os tributos tornarem-se um gravame oneroso nas várias operações da cadeia dos produtos ou serviços.

iii) A tese fixada, de que os créditos de PIS e de Cofins abrangem gastos essenciais ou relevantes "para o desenvolvimento da atividade econômica desempenhada pelo Contribuinte",[12] sem indicar setores específicos, como "indústria" ou "prestação de serviços".

Assim, é possível concluir que o julgamento dos Temas 779 e 780 é aplicável a quaisquer empresas, independentemente de suas atividades serem de indústria, de prestação de serviços ou de comércio. Nesse sentido, as empresas estarão aptas a registrar créditos de PIS e Cofins sobre gastos essenciais ou relevantes ao desempenho de suas atividades.

8.3 DA RELAÇÃO DE ESSENCIALIDADE E RELEVÂNCIA DAS TAXAS PAGAS A ADMINISTRADORAS DE CARTÕES PARA AS RECEITAS DAS EMPRESAS VAREJISTAS

Conforme demonstrado anteriormente, uma vez definido que as empresas que recolhem o Imposto sobre a Renda pelo lucro real são o setor econômico eleito pelo legislador como sujeito à não cumulatividade do PIS e da Cofins, o direito à apuração de crédito dessas contribuições não pode ser restringido de maneira arbitrária entre empresas que estão dentro do mesmo setor econômico, devendo ser garantido o direito de crédito sobre todos os dispêndios essenciais ou relevantes às atividades econômicas dos contribuintes. Este

---

11   Voto do Ministro Relator Napoleão Nunes Maia Filho no julgamento do REsp 1.221.170/PR, 1ª Seção, *DJE* 24 abr. 2018. p. 27 do acórdão.

12   Tese fixada no julgamento dos Temas 779 e 780.

tópico visa demonstrar a inerência das despesas com taxas de administradoras de cartões para a geração de receitas de empresas varejistas e, assim, comprovar sua essencialidade ou relevância para fins de apropriação de créditos de PIS e de Cofins.

A utilização dos cartões de crédito e de débito pelos consumidores em estabelecimentos varejistas é sabidamente bastante comum e presente na vida da população brasileira. De forma a permitir as modalidades de pagamento por meio de cartão de crédito e débito em seus estabelecimentos comerciais, as empresas varejistas devem pagar taxas para as administradoras desses cartões a cada vez que esse meio de pagamento é utilizado pelos seus clientes.

Atualmente, é impossível imaginar que uma empresa varejista consiga capturar vendas e auferir receitas sem que disponibilize os cartões de crédito e débito como meios de pagamento a seus clientes. Diversos estudos demonstram que a população brasileira tem cada vez mais acesso a produtos financeiros e preferência pela utilização de cartões de crédito e débito. Os atrativos financeiros combinados com a possibilidade de parcelamento das compras fazem com que as transações realizadas com dinheiro em papel, cheque ou boletos sejam fortemente substituídas pelos pagamentos com cartões.

Nesse particular, de acordo com pesquisa da Abecs, os pagamentos realizados por meio de cartões cresceram 36% no primeiro trimestre de 2022. Nesse período foi transacionado o montante de R\$ 758,6 bilhões, o que corresponde a uma quantidade de 9 bilhões de transações no primeiro trimestre de 2022.[13] A necessidade de oferecimento desses meios de pagamento é ainda mais reforçada com o aumento da digitalização da economia e das compras não presenciais. De acordo com o mesmo relatório da Abecs, as compras remotas com cartões cresceram 35% no primeiro trimestre de 2022 e movimentaram o montante de R\$ 162,4 bilhões. Em um contexto econômico de digitalização, as compras diárias e semanais de bens de consumo não duráveis realizadas por meios digitais (celular, computador e *tablet*) já superam as compras realizadas em lojas físicas, representando 73% das compras desses itens no período de 2021, em face de 68% desses mesmos itens no período de 2020.[14]

Como se pode observar, ainda, nas estatísticas de uso dos meios de pagamento de varejo e transferência de crédito utilizados no Brasil, divulgadas pelo Banco Central (BRASIL, 2022), no segundo semestre de 2021, as operações com cartões de débito e crédito somaram 41% do total de transações (somando-se as transações com cartões pré-pagos,[15] esses números chegam a 51%). Observe a Figura 8.1.

Considerando os dados apresentados, é possível concluir que o oferecimento da possibilidade de pagamento por meio de cartões é fundamental para o desenvolvimento das atividades das empresas varejistas, pois, em média, no segundo semestre do ano de 2021,

---

13   Levantamento divulgado no *Balanço do setor de meios de pagamento:* resultados 1T22 (ABECS, 2022).

14   *Pesquisa Global Consumer Insights Pulse Survey 2021* (PwC BRASIL, 2021). Os números indicados são em resposta à questão: "Nos últimos 12 meses, com que frequência você comprou produtos (por exemplo, roupas, livros e eletrônicos) usando os seguintes canais de compras? (i) loja física; (ii) celular; (iii) PC; (iv) *tablet*". As respostas refletem as compras diárias e semanais combinadas e **não** incluem compras de alimentos.

15   Cartões que funcionam como um cartão de crédito, mas que exigem recarga prévia para utilização. Também nos casos de cartões pré-pagos os estabelecimentos devem efetuar o pagamento de taxas às administradoras dos cartões.

Figura 8.1 Quantidade de transações.

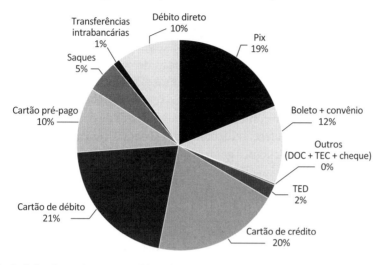

Fonte: adaptada de dados disponíveis em Brasil (2022).

51% das transações efetuadas no varejo foram realizadas utilizando-se as modalidades de cartões de crédito, débito ou pré-pago. É dizer: essa modalidade de pagamento foi responsável por mais da metade das transações no setor do varejo no período em questão.

Nesse cenário, é forçoso concluir que os dispêndios com taxas pagas às administradoras de cartões guardam relação de inerência com as receitas das empresas varejistas, visto que metade das transações realizadas no segundo semestre de 2021 foi concluída com esse método de pagamento. Ainda, utilizando-se os critérios estabelecidos pelo STJ, é fácil concluir pela relevância desse gasto para as atividades das empresas varejistas, pois, em decorrência das particularidades do setor, os contribuintes precisam incorrer em tais despesas para gerar grande parte de suas receitas.

Apesar da necessidade de oferecimento desse meio de pagamento para o setor e da consequente inerência e relevância das taxas de cartões para o auferimento de receita de empresas varejistas, a orientação predominante nos julgamentos administrativos é desfavorável aos contribuintes.[16] Nessas decisões, argumenta-se que empresas varejistas, pelo fato de desempenharem atividades comerciais, não podem aproveitar créditos de PIS e Cofins utilizando-se do critério da essencialidade ou relevância, que seria, prossegue o argumento, aplicável apenas às empresas com atividades industriais ou prestadoras de serviços. Além disso, considera-se que os pagamentos por meio de cartões de crédito e débito, apesar de facilitadores econômicos, não são imprescindíveis para a manutenção da atividade empresarial, já que há meios alternativos de pagamentos disponíveis no mercado, como dinheiro, cheque e transferências bancárias.

---

16 Citem-se a título exemplificativo os seguintes Acórdãos: 9303-012.455, 9303-006.689, 3402-009.809, 3402-008.772, 3302-008.120, 3301-005.689 e 3403-003.385.

Porém, como indicado pelas pesquisas anteriormente mencionadas, a ausência de oferta dessa modalidade reduziria de maneira relevante a captura de clientes e transações efetuadas pelo comércio, sendo um dispêndio praticamente indissociável da geração de receita tributável. Com efeito, ainda que se possa argumentar que, em tese, o consumidor pagaria de outra forma caso a opção pela utilização de cartões estivesse indisponível, esse argumento é meramente retórico diante das pesquisas já analisadas. Ora, é senso comum que, se o consumidor não puder parcelar em dez vezes sem juros, ele simplesmente comprará o produto do concorrente que lhe confere essa opção ao invés de desembolsar o valor integral à vista. Por consequência, a subtração da oferta das sistemáticas de pagamento por meio de cartões de crédito e débito aos clientes geraria queda substancial das vendas, demonstrando sua inerência para a manutenção e geração de receitas da atividade comercial.

A despeito das decisões administrativas contrárias a esse entendimento, no Acórdão n. 3201-003.073,[17] os julgadores administrativos consideraram que, sem a disponibilidade de cartões de crédito e de débito, o volume de vendas do contribuinte seria consideravelmente inferior, sendo, portanto, um gasto essencial para sua atividade. Ainda que, nesse caso, o contribuinte atuasse no mercado de entretenimento, realizando eventos ao vivo, *shows* etc., sendo caracterizado como prestador de serviços,[18] esse precedente traz uma nova luz para as discussões envolvendo a caracterização de insumo das despesas com cartões e meios de pagamento, porque reconhece sua essencialidade e relevância.

No âmbito judicial, há algumas decisões favoráveis a esse entendimento, inclusive no que diz respeito a empresas comerciais varejistas, como é o caso da decisão proferida pelo Tribunal Regional Federal da 1ª Região no julgamento do Agravo de Instrumento n. 0007935-77.2010.4.01.0000.[19] Esse precedente, ainda que anterior ao julgamento dos Temas 779 e 780, seguiu a linha do entendimento manifestado pelo STJ, concedendo tutela antecipada a empresa comercial para que aproveitasse créditos de PIS e de Cofins sobre despesas com taxas de cartão de crédito.[20]

Diante dos argumentos, não resta dúvida quanto à inerência e relevância das despesas com taxas de cartões e meios de pagamento para as empresas varejistas, cujo direito

---

17 Contribuinte: T4F Entretenimento S.A.; relatoria: Tatiana Josefovicz Belisario; j. 27.07.2017. O tema em questão venceu por maioria dos votos.

18 Este capítulo não visa definir o conceito de "serviços". Serão considerados "serviço" os itens indicados na Lista Anexa à Lei Complementar n. 116/2003. No caso aqui indicado, é possível enquadrar as atividades do contribuinte no subitem "12.13 – Produção, mediante ou sem encomenda prévia, de eventos, espetáculos, entrevistas, *shows, ballet,* danças, desfiles, bailes, teatros, óperas, concertos, recitais, festivais e congêneres".

19 TRF-1, Rel. Desembargadora Federal Maria do Carmo Cardoso, *DJ* 12 mar. 2010.

20 Na íntegra da decisão: "Plausível, ainda, a interpretação conferida ao art. 3º, II, das Leis 10.637/2002 e 10.833/2003, no que se refere ao conceito de insumo, em consonância com o regime da não cumulatividade, para alcançar as taxas pagas às administradoras de cartões pelos contribuintes do ramo de comercialização de produtos e prestadores de serviços.
Diante do exposto, defiro o pedido de tutela antecipada recursal, para autorizar a escrituração dos créditos vincendos referentes à contribuição ao PIS e à Cofins decorrentes das despesas pagas às administradoras de cartões de crédito e de débito" (TRF-1, Agravo de Instrumento n. 0007935-77.2010.4.01.0000/DF, Rel. Desembargadora Federal Maria do Carmo Cardoso, *DJ* 12 mar. 2010).

creditório baseia-se não apenas no princípio da não cumulatividade e no método subtrativo indireto estabelecido pelo legislador como forma de apuração dessas contribuições no âmbito da não cumulatividade, mas também em relevantes precedentes do Poder Judiciário, notadamente nas decisões proferidas quando do julgamento dos Temas 779 e 780 pelo STJ.

8.4 CONSIDERAÇÕES FINAIS

Como se demonstrou ao longo do capítulo, a interpretação conjunta do art. 195, II, "b", e § 12 da Constituição Federal e dos arts. 3º das Leis n. 10.637/2002 e n. 10.833/2003 conduz à conclusão de que devem gerar créditos de PIS e de Cofins dispêndios que têm relação de inerência com a formação da receita, pouco importa o setor da atividade econômica em que a empresa atue, bastando que ela esteja sujeita à não cumulatividade dessas contribuições.

Nesse sentido, não obstante existam interpretações restritivas, especialmente das autoridades fiscais, em relação ao direito de crédito de PIS e Cofins sobre insumos utilizados nas atividades econômicas de empresas que se dediquem exclusivamente ao setor comercial, nota-se que essa interpretação não coaduna com o princípio constitucional da não cumulatividade e com o método subtrativo indireto, expressamente eleito pelo legislador como forma de cálculo dos créditos dessas contribuições.

Como se procurou comprovar, o STJ, ao julgar os Temas 779 e 780, fixou a tese de que o conceito de insumo deve observar os critérios de essencialidade ou relevância para o desenvolvimento da **atividade econômica** desempenhada pelo contribuinte, sem fazer qualquer diferenciação entre os setores da atividade econômica que teriam ou não direito a registrar os créditos dessas contribuições sobre insumos. Note-se que a tese não delimita que os critérios da essencialidade ou relevância estariam adstritos a empresas industriais ou prestadoras de serviços, mas utiliza termos amplos ("desenvolvimento da atividade econômica"), em linha com a interpretação aqui defendida. Pode-se concluir, por consequência, que as empresas comerciais também têm direito a apurar crédito sobre insumos incorridos para a geração de sua receita.

Nesse particular, demonstrou-se que o desenvolvimento da atividade econômica do varejo seria substancialmente prejudicado se retirados os cartões de crédito e débito como formas de pagamento de seus estabelecimentos, bem como outros meios de pagamento eletrônico, já que esses são os meios cada vez mais convencionais de pagamento utilizados pela população brasileira, enquanto pagamentos com dinheiro, cheques e boletos tornam-se cada vez mais obsoletos. Mais precisamente, as pesquisas demonstram que mais da metade das transações realizadas no varejo brasileiro no segundo semestre do ano de 2021 foram originadas nas compras com cartões (de crédito, de débito e pré-pago). Não há, portanto, manutenção da atividade comercial sem que as empresas incorram em despesas com as administradoras de cartões, restando clara a inerência ou a essencialidade e relevância dessas despesas para a obtenção de receitas na atividade empresarial varejista.

Conclui-se, assim, como decorrência de todos os argumentos aduzidos, que os dispêndios com taxas pagas às administradoras de cartões de crédito, débito e pré-pago e às empresas que atuam com meios de pagamento em geral devem possibilitar o registro de créditos de PIS e de Cofins, na forma do art. 195, II, "b", e § 12 da Constituição Federal e dos arts. 3º das Leis n. 10.637/2002 e n. 10.833/2003.

REFERÊNCIAS

ASSOCIAÇÃO BRASILEIRA DAS EMPRESAS DE CARTÕES (ABECS). *Balanço do setor de meios de pagamento:* resultados 1T22, 10 maio 2022. Disponível em: https://api.abecs.org.br/wp-content/uploads/2022/05/Apresenta%C3%A7%C3%A3o-1T22.pdf. Acesso em: 30 jul. 2022.

ÁVILA, Humberto. O "postulado do legislador coerente" e a não cumulatividade das contribuições. *In*: ROCHA, Valdir de Oliveira (coord.). *Grandes questões atuais do direito tributário*. São Paulo: Dialética, 2007. p. 180-181.

BRASIL. Banco Central do Brasil. *Estatísticas de meios de pagamento*. 2022. Disponível em: https://www.bcb.gov.br/estatisticas/spbadendos. Acesso em: 30 jul. 2022.

BRASIL. Casa Civil. *EM N. 197-A/2003* – MF. [Exposição de Motivos da Medida Provisória n. 135, de 30 de outubro de 2003]. Disponível em: http://www.planalto.gov.br/ccivil_03/Exm/2003/EM_no_197a2003__mf.htm. Acesso em: 24 jul. 2021.

BRASIL. Casa Civil. *MF 00211 EM MPV PIS PASEP*. [Exposição de Motivos da Medida Provisória n. 66, de 29 de agosto de 2002]. Disponível em: http://www.planalto.gov.br/ccivil_03/Exm/2002/211-MF-02.htm. Acesso em: 24 jul. 2021.

CARVALHO, Paulo de Barros. *Curso de direito tributário*. 30. ed. São Paulo: Saraiva, 2019.

FERNANDES, Edson C. Reflexos da não cumulatividade do PIS/Cofins. *Valor Econômico*, 26 jul. 2006. Disponível em: https://www2.senado.leg.br/bdsf/bitstream/handle/id/468046/noticia.htm?sequence=1. Acesso em: 24 jul. 2022.

GRECO, Marco Aurélio. Conceito de insumo à luz da legislação de PIS/Cofins. *Revista Fórum de Direito Tributário – RFDT*, Belo Horizonte, n. 34, 2008.

GRECO, Marco Aurélio. Não cumulatividade no PIS e na Cofins. *In*: PAULSEN, Leandro (coord.). *Não cumulatividade do PIS/Pasep e da Cofins*. São Paulo: Thomson IOB, 2004. p. 117-118.

LUNARDELLI, Pedro Guilherme Accorsi. Não cumulatividade do PIS e da Cofins: apropriação de créditos. Definição de critérios jurídicos. *Revista Dialética de Direito Tributário*, São Paulo: Dialética, n. 180, 2010.

MARTINS, Ives Gandra da Silva. A não cumulatividade do PIS-Cofins. *Revista Direito Tributário Atual*, São Paulo: Dialética, v. 30, 2014.

MELO, José Eduardo Soares de. Não cumulatividade. *In*: MACHADO, Hugo de Brito (coord.). *Não cumulatividade tributária*. São Paulo: Dialética; Fortaleza: ICET, 2009.

PwC BRASIL. *Pesquisa Global Consumer Insights Pulse Survey 2021*. PricewaterhouseCoopers Brasil, abr. 2021. Disponível em: https://www.pwc.com.br/pt/estudos/setores-atividade/produtos-consumo-varejo/2021/global-consumer-insights-2021.html. Acesso em: 2 ago. 2022.

RIBEIRO, Ricardo Lodi. A não cumulatividade das contribuições incidentes sobre o faturamento na Constituição e nas leis. *Revista Dialética de Direito Tributário,* São Paulo: Dialética, n. 111, 2004.

9

ANÁLISE DO TRATAMENTO TRIBUTÁRIO DAS CONTRIBUIÇÕES AO PIS E À COFINS APLICÁVEL ÀS DIFERENTES MODALIDADES DE BONIFICAÇÃO RECEBIDAS PELO SETOR DE VAREJO

Silvia Godoy
Dante Stopiglia
Débora Didoné

9.1 INTRODUÇÃO

Os arranjos comerciais têm se demonstrado cada vez mais complexos e dinâmicos, sendo necessário aos diversos agentes da cadeia econômica identificar estratégias e formas de se manterem competitivos.

É nesse contexto que se inserem as bonificações e os descontos comerciais[1] comumente concedidos pelas indústrias às grandes redes varejistas, em especial quando nos referimos ao comércio de bens de consumo em geral. Isso porque, tendo como características principais a diversificação dos produtos oferecidos, resultados pautados em volumetria de vendas e margem líquida baixa em relação a sua receita, uma das técnicas adotadas pelo setor de varejo para a redução de custos tem sido seu poder de negociação com os fornecedores.[2]

---

1 Bonificações e descontos comerciais, para este estudo, contemplam os abatimentos concedidos em operações mercantis, seja na modalidade de entrega de mercadorias em quantidade superior, sejam os demais abatimentos financeiros concedidos pelo vendedor ao comprador.

2 Cabe contextualizar que, "Na década de 70, eram raríssimas, no Brasil, as empresas supermercadistas detentoras de várias lojas. Ressalte-se que, em 1974, apenas 9 empresas possuíam mais que 20 lojas sob seu comando. Com isso, de modo geral, o poder de barganha dos supermercados em suas negociações com a indústria era quase nulo, o que permitia a essa última ditar as regras de prazos de entrega, pagamento e, sobretudo, preços. No Brasil, essa relação desbalanceada e favorável à indústria começa a se inverter na década de 90, fruto de uma série de fatores conjunturais, dentre os quais pode-se destacar a abertura da economia, que permitiu às empresas comercializarem produtos importados, a entrada de diversos grupos varejistas internacionais (exemplos: o norte-americano Wal-Mart e os portugueses Jerônimo Martins e Sonae) no mercado brasileiro e, principalmente, as fusões e aquisições ocorridas no setor, que levaram a um aumento de concentração. Apenas para se ter uma ideia, há que se recordar que, em 1995, as cinco maiores empresas varejistas atuantes no mercado brasileiro detinham 28% das vendas anuais do setor, enquanto que em 2001 referido índice já alcançava a cifra de 39%" (CAVALCANTE, 2004, p. 3).

Dentre as operações comerciais praticadas com concessão de bonificações, temos desde a mais usual entrega de mercadorias em quantidade superior à contratada ("pague 2 e leve 3" ou "dúzia de treze"), como também há outras espécies de vantagens, tais como: os descontos pelo atingimento de metas por volume de compras, o desconto por pontualidade/antecipação do pagamento, o reembolso para garantia de margens de lucro, o reembolso logístico ou de distribuição, o bônus de *display* e posicionamento de produtos, a promoção por abertura de loja, a propaganda participada e os descontos por não devolução de mercadorias.

Como detalharemos a seguir, este capítulo tem como objetivo trazer à tona a discussão sobre os principais elementos a serem analisados para a definição do tratamento tributário aplicável às bonificações e aos descontos comerciais recebidos pelos adquirentes sob a ótica das contribuições ao Programa de Integração Social (PIS) e à Contribuição para o Financiamento da Seguridade Social (Cofins), considerando, para tanto, os aspectos pelos quais suas modalidades não se subsumem ao fato gerador das contribuições sociais (conceito de receita), por representarem, em essência, parcelas redutoras do custo de aquisição das mercadorias revendidas.

Por fim, traremos, ainda que em breves comentários, a possibilidade de enquadramento das práticas adotadas pelas redes varejistas como "desconto incondicional", para o qual há previsão legal expressa de que tais montantes não compõem a base de cálculo das contribuições, tendo como especial enfoque os requisitos e critérios estabelecidos nos contratos de fornecimento em contraposição com a acepção jurídica de condição, que subordina o efeito do negócio jurídico a evento futuro e incerto, nos termos do art. 121 do Código Civil.

Afinal, para determinar o alcance e os limites dos conceitos de descontos sob condição ou incondicionais previstos na legislação tributária, é necessário analisar os contornos dos institutos sob o prisma do direito privado, ramo jurídico que se debruçou sobre o tema, nos termos do art. 109 do Código Tributário Nacional (CTN).[3]

9.2 DOS ELEMENTOS QUE EMBASAM A IMPOSSIBILIDADE DE ENQUADRAMENTO DAS BONIFICAÇÕES E DESCONTOS COMERCIAIS NO CONCEITO JURÍDICO DE RECEITA

Nesta parte inicial do capítulo importa averiguar se as bonificações e os descontos comerciais concedidos pelos fornecedores caracterizam-se como receitas sob o ponto de vista do adquirente das mercadorias.

Temos que as contribuições em comento, nos termos definidos pelo art. 1º, § 3º, V, "a", das Leis n. 10.637/2002 e n. 10.833/2003, incidem sobre o total das receitas auferidas pela pessoa jurídica de que trata o art. 12 do Decreto-lei n. 1.598/1977 (com redação dada pela Lei n. 12.973/2014), independentemente de sua classificação contábil, senão vejamos:

---

3   Nos termos do referido dispositivo, "Os princípios gerais de direito privado utilizam-se para pesquisa da definição, do conteúdo e do alcance de seus institutos, conceitos e formas, mas não para definição dos respectivos efeitos tributários".

> Art. 12. A receita bruta compreende:
>
> I – o produto da venda de bens nas operações de conta própria;
>
> II – o preço da prestação de serviços em geral;
>
> III – o resultado auferido nas operações de conta alheia; e
>
> IV – as receitas da atividade ou objeto principal da pessoa jurídica não compreendidas nos incisos I a III.

Pela leitura do dispositivo, pode-se depreender que a receita está atrelada ao exercício da atividade pela pessoa jurídica, e, dessa forma,

> ... é evento qualificado pelo ingresso de recursos financeiros no patrimônio da pessoa jurídica, em caráter definitivo, proveniente de negócios jurídicos que envolvam o exercício de atividade econômica ou empresarial, que corresponda à contraprestação pela venda de mercadorias, pela prestação de serviços, assim como pela remuneração de investimentos ou pela cessão onerosa e temporária de bens e direitos a terceiros, aferido instantaneamente pela contrapartida que remunera cada um desses eventos (MINATEL, 2014, p. 25).

Cumpre relembrar que o Supremo Tribunal Federal (STF), ao julgar o Recurso Extraordinário (RE) n. 606.170-RS em sede de repercussão geral, manifestou-se quanto ao alcance do termo "receita bruta" para incidência do PIS e da Cofins, admitindo que não há equivalência absoluta entre os conceitos contábil e fiscal,[4] sendo a receita bruta definida como ingresso financeiro que se integra ao patrimônio na condição de elemento novo e positivo. O STF elucidou que **nos casos de recuperação de custos ou despesas não resta configurada receita tributável.**[5]

---

4 Como explica José Antonio Minatel: "Para Hugo de Brito Machado, a norma segundo a qual é irrelevante a 'classificação contábil adotada para as receitas' quer dizer simplesmente que o nome a elas atribuído não tem nenhuma importância. Repita-se, se uma verdadeira 'receita' é escriturada indevidamente em conta inadequada de 'redução de custo', ela não perde sua natureza jurídica de 'receita' pelo simples fato de ter sido registrada indevidamente. Da mesma forma, se genuína 'bonificação' (ou desconto nas compras) é registrada indevidamente como 'receita', a classificação contábil é irrelevante na medida em que não irá transformar em 'receita' aquilo que na realidade não é" (MACHADO, 2005, p. 134 *apud* MINATEL, 2014).

5 RE 606.107/RS, que tratou especificamente da tributação, pelo PIS e pela Cofins, da transferência de créditos de ICMS entre contribuintes. "EMENTA: RECURSO EXTRAORDINÁRIO. CONSTITUCIONAL. TRIBUTÁRIO. IMUNIDADE. HERMENÊUTICA. CONTRIBUIÇÃO AO PIS E COFINS. NÃO INCIDÊNCIA. TELEOLOGIA DA NORMA. EMPRESA EXPORTADORA. CRÉDITOS DE ICMS TRANSFERIDOS A TERCEIROS. [...] V – O conceito de receita, acolhido pelo art. 195, I, 'b', da Constituição Federal, não se confunde com o conceito contábil. Entendimento, aliás, expresso nas Leis 10.637/02 (art. 1º) e Lei 10.833/03 (art. 1º), que determinam a incidência da contribuição ao PIS/Pasep e da Cofins não cumulativas sobre o total das receitas, 'independentemente de sua denominação ou classificação contábil'. Ainda que a contabilidade elaborada para fins de informação ao mercado, gestão e planejamento das empresas possa ser tomada pela lei como ponto de partida para a determinação das bases de cálculo de diversos tributos, de modo algum subordina a tributação. A contabilidade constitui ferramenta utilizada também para fins tributários, mas moldada nesta seara pelos princípios e regras próprios do Direito Tributário. Sob o específico prisma constitucional, receita bruta pode ser definida como o ingresso financeiro que se integra no patrimônio na condição de elemento novo e positivo, sem reservas ou condições. VI – O aproveitamento dos créditos de ICMS por ocasião da saída imune para o exterior não gera receita tributável. Cuida-se de mera recuperação do ônus econômico advindo do ICMS, assegurada expressamente pelo art. 155, § 2º, X, 'a', da Constituição Federal".

Ainda, no recente julgamento do RE 574.706-PR, que discutiu a exclusão do Imposto sobre Circulação de Mercadorias (ICMS) da base de cálculo das contribuições, temos a seguinte definição da base de cálculo do PIS e da Cofins delineada no voto do Ministro Celso de Mello:

> O eminente Ministro MARCO AURÉLIO, **ao proferir** substancioso voto **como Relator do RE 240.785/MG** [...] destacou, em seu voto, os seguintes fundamentos:
>
> **O conceito de faturamento diz com riqueza própria**, quantia que tem ingresso nos cofres de quem procede à venda de mercadorias ou à prestação dos serviços, **implicando**, por isso mesmo **o envolvimento** de noções próprias **ao que se entende** como receita bruta.
>
> [...]
>
> **Inaceitável**, por isso mesmo, **que se qualifique** qualquer ingresso como receita, **pois** a noção conceitual de receita **compõe-se** da integração, ao menos para efeito de sua configuração, **de 02 (dois) elementos essenciais**:
>
> a) **que a incorporação** dos valores faça-se positivamente, **importando** em acréscimo patrimonial; e
>
> b) **que essa incorporação** revista-se de caráter definitivo (grifos do original).

Tais ponderações bastam para evidenciar que, sendo as bonificações em mercadorias e os descontos financeiros e comerciais vinculados aos contratos complexos de fornecimento de mercadorias, sua consequência lógica, sob a ótica da finalidade principal do negócio jurídico firmado, é a diminuição do valor do desembolso realizado pelo adquirente e, portanto, do custo de aquisição, não representando, por isso, ingresso de receita nova a justificar a incidência das contribuições.

Nesse contexto, pode-se sustentar que as diversas modalidades de descontos/abatimentos previstos nos acordos comerciais de fornecimento de mercadorias **configuram instrumentos atrelados a contratos de compra e venda de mercadorias**. Ou seja, apesar de configurarem uma grandeza contábil credora, seu reflexo se visualiza na redução do custo de aquisição das mercadorias. Importante destacar que inexiste correlação entre os descontos e qualquer obrigação de fazer.

Não desconhecemos que a nomenclatura contábil não pode ser elemento definidor para fins tributários, mas cumpre destacar que, nesse caso, há consonância no que tange ao reflexo dos descontos comerciais, como indicam as orientações do Comitê Técnico de Pronunciamentos Contábeis no Pronunciamento Técnico CPC 16 – Estoques, senão vejamos:

> 11. O custo de aquisição dos estoques compreende o preço de compra, os impostos de importação e outros tributos (exceto os recuperáveis junto ao fisco), bem como os custos de transporte, seguro, manuseio e outros diretamente atribuíveis à aquisição de produtos acabados, materiais e serviços. **Descontos comerciais, abatimentos e outros itens semelhantes devem ser deduzidos na determinação do custo de aquisição** (grifos nossos).

Quanto ao conceito jurídico, conforme definição trazida por De Plácido e Silva (2008, p. 227-228), o termo bonificação "passou para terminologia jurídica e comercial com a mesma acepção de oferecer vantagens ou beneficiar com vantagens. Em sentido mercantil

Cap. 9 – ANÁLISE DO TRATAMENTO TRIBUTÁRIO DAS CONTRIBUIÇÕES AO PIS E À COFINS APLICÁVEL ÀS DIFERENTES... | 103

tem o mesmo significado de compensação, gratificação, abatimento ou redução". E prossegue, detalhando que "como abatimento ou redução mostra-se liberalidade do vendedor ou credor, bonificando com abatimento o valor da compra ou reduzindo o valor da dívida, no ato de seu pagamento [...]".

Diante do exposto, verificam-se aspectos relevantes tanto sob a ótica jurídica como sob o ponto de vista contábil, a sustentar que as bonificações e os descontos comerciais refletem na diminuição do valor unitário de aquisição pago pelo varejista, e, portanto, não poderiam ser interpretados como ingresso de receitas para fins de incidência do PIS e da Cofins.

9.3 BREVES CONSIDERAÇÕES ACERCA DOS CONTRATOS DE FORNECIMENTO DE MERCADORIAS – PRESTAÇÕES SUBORDINADAS AO CONTRATO DE COMPRA E VENDA *VERSUS* PRESTAÇÕES AUTÔNOMAS

É inegável que as cláusulas que estipulam bonificações e descontos estão inseridas em acordos comerciais cuja finalidade precípua é a de compra e venda de mercadorias. Dessa forma, há que considerar que os contratos estabelecidos entre varejistas e seus fornecedores prevendo regras para aumento de vendas atendem aos objetivos mútuos das partes e que o elemento volitivo não consiste em celebrar contrato de prestação de serviços.

Assim, parece-nos que as previsões de concessão de descontos e bonificações com o intuito de viabilizar a compra e venda de mercadorias devem ser interpretadas como vinculadas ao negócio jurídico compra e venda, afastando-se a ideia de que os abatimentos acordados representariam múltiplos contratos típicos de prestação de serviços a ensejar a tributação individualizada pelo PIS e pela Cofins, já que restariam dissociados da relação contratual de compra e venda de mercadorias.

Dadas as diversas modalidades de descontos comerciais, não raro se visualizam entendimentos de que a concessão dos abatimentos caracterizaria uma prestação de serviço. Contudo, inseridas em contratos de compra e venda, têm em sua essência uma obrigação de dar. Para que haja a classificação de uma prestação de serviço seria necessária a ocorrência de determinados elementos intrínsecos a essa relação, quais sejam, bilateralidade, onerosidade, consensualidade e comutatividade, além da obrigação de fazer e não de dar. Ainda que nas hipóteses analisadas haja consenso comercial, esses descontos não são comutativos, porque não impõem vantagens e obrigações recíprocas e equivalentes. O acordo comercial apenas regula os descontos negociados, sem nenhuma obrigação de fazer, e não há qualquer correlação entre a vantagem obtida (por exemplo, a participação em uma campanha de aniversário) e o valor do desconto concedido.

Com efeito, vê-se que as bonificações e os descontos recebidos em virtude do elevado volume de compras ou outros motivos estritamente comerciais são concedidos para estimular a aquisição de produtos, ou seja, tais vantagens econômicas têm a função de viabilizar o negócio jurídico de compra e venda de mercadorias pactuado nos termos do contrato de fornecimento,[6] motivo pelo qual, dentro desse contexto, tais grandezas devem configurar parcelas redutoras do custo de aquisição das mercadorias de forma a gerar maior competitividade e consequentemente maior benefício aos consumidores finais.

Exemplificando esse entendimento, colacionamos a seguir o voto vencido proferido no Acórdão n. 9303005.849, de 17 de outubro de 2017, da 3ª Turma da Câmara Superior de Recursos Fiscais do Conselho Administrativo de Recursos Fiscais (Carf):

> **Independente da forma como se der a vantagem (bonificação ou desconto comercial)** entrega de mercadoria, em moeda para rebaixe de preço ou em desconto da duplicata a vencer, está se diante de redução de custos de aquisição de produtos, não havendo de se falar em ingresso de recursos novos no caixa da pessoa jurídica. Assim, nos termos da legislação comercial, **não se constituem em receita, mas apenas reduzem o custo de aquisição do estoque naquela relação comercial que o varejista mantém com o fornecedor**, possibilitando ao adquirente adotar medidas que fomentem a venda daqueles bem, sendo atrativo também ao fornecedor que terá maior volume de vendas. Nesse diapasão, os **contratos celebrados** entre a ora Recorrente e os seus fornecedores, que **prevêem regras para aumento das vendas, atendem a objetivos mútuos das partes. São nítidos acordos comerciais que estabelecem regras para o preenchimento de condições (ou não) para a obtenção de descontos e/ou bonificações (ou não) em operações comerciais, não havendo prestação de serviços de uma parte a outra**, ou mesmo previsão de penalidade do Sujeito Passivo a ser aplicada ao fornecedor se cometer alguma infração. **São instrumentos jurídicos que tratam de redução de custos, não se enquadrando no conceito de receitas** (grifos nossos).

Ressaltamos, todavia, que não se pode dizer que haja consenso quanto ao tema, sendo identificadas ponderações no sentido contrário, de que os acordos comerciais firmados contemplam diversas modalidades de verbas comerciais: algumas subordinadas ou vinculadas à compra e venda, outras atreladas a prestações realizadas pelos varejistas em relações jurídicas distintas.

Conforme se detalhará adiante, o posicionamento da Receita Federal, que é filiado pela jurisprudência administrativa, é no sentido de que mesmo os descontos e abatimentos concedidos como bonificação em mercadorias, descontos por atingimento de volume de vendas, abatimento por não devolução, descontos por pagamento antes do vencimento, são ingressos de receita pelo fato de, em regra, não serem consignados no documento fiscal de venda e caracterizarem receitas financeiras. Já em relação aos descontos, que se vinculam a uma atividade do varejista, o entendimento é praticamente unânime no sentido de que tais incentivos caracterizam prestações de serviços autônomas a serem tributadas, sendo exemplos: publicidade, promoção de produtos, bônus por *display*/gôndola, logística ou de centralização.

---

6   Partindo da análise da legislação concorrencial portuguesa, que veda a prática de venda com prejuízo, assinala André Lopes Guimarães (2020, p. 36): "Considerando a unidade funcional dos descontos e a unidade da contrapartida financeira do comprador, correspondente ao saldo da conta corrente em que lançados os créditos das partes do contrato, entende-se que todos os descontos concedidos pelo fornecedor, 'independentemente da sua designação concreta ou da sua estrutura técnico-jurídica', implicam em redução do preço pago pelos produtos adquiridos, que corresponderia, portanto, apenas ao saldo efetivamente exigível pelo fornecedor".

9.4 MANIFESTAÇÕES DA RECEITA FEDERAL DO BRASIL E JURISPRUDÊNCIA CORRELACIONADA

Mesmo diante de tal posicionamento, cumpre destacar a relevância da análise da essência do negócio jurídico firmado independentemente de sua forma para que tenhamos clareza no conceito e consequente classificação da natureza jurídica.

Desde 1982, a Receita Federal do Brasil (RFB), por meio da publicação do Parecer CST/SIPR n. 1.386 (BRASIL, 1982), define bonificação como a

> ... concessão que o vendedor faz ao comprador, diminuindo o preço da coisa vendida ou entregando quantidade maior que a estipulada, podendo ser entendidas também como parcelas redutoras do preço de venda quando constarem da nota fiscal de venda e não dependerem de evento posterior à emissão desse documento.

Em diversas ocasiões, a Administração Tributária Federal tem reiterado seu entendimento nos mesmos termos do parecer, de maneira a condicionar a possibilidade de enquadramento das bonificações em mercadorias como descontos incondicionais desde que constem da nota fiscal de venda dos produtos. Nesse sentido, destacamos a Solução de Consulta Cosit (Coordenação Geral de Tributação) n. 380, de 23 de agosto de 2017:

> As bonificações concedidas em mercadorias configuram descontos incondicionais, podendo ser excluídas da receita bruta, para efeito de apuração da base de cálculo da Contribuição para o PIS/Pasep, **apenas quando constarem da própria nota fiscal de venda dos bens e não dependerem de evento posterior à emissão desse documento**.
>
> **Bonificações em mercadorias** entregues gratuitamente, a título de mera liberalidade, **sem vinculação a operação de venda, são consideradas receita de doação para a pessoa jurídica recebedora dos produtos** (donatária) [...]
>
> O recebimento "a posteriori" de **verba proveniente de rebaixa de preço e recomposição de margem, através de crédito em conta-corrente ou abatimento em duplicata do fornecedor, constitui auferimento de receita por parte do adquirente das mercadorias**, tributável pela Contribuição para o PIS/Pasep devida por este, visto que, **na espécie, há ingresso de valor com caráter de definitividade, em razão da sua atividade empresarial**, a par de tratar-se de desconto "a posteriori", decorrente de condições que representam um custo inerente à atuação empresarial do comprador, que o fornecedor assume por liberalidade, mediante acordo (grifos nossos).

Como se pode depreender, em relação aos demais abatimentos previstos em acordos comerciais, a RFB entende que se sujeitam à incidência das contribuições por serem concedidos após a realização da operação de compra e venda e por representarem redução de obrigação a pagar ou doação, configurando, assim, auferimento de receita pelo adquirente.[7]

---

7   Destacam-se nesse contexto as Soluções de Consulta Cosit n. 72/2019, 291/2017, 542/2017, 664/2017, 531/2017, 202/2021 e a Solução de Consulta SRRF04 Disit (Divisão de Tributação das Superintendências Regionais da RFB) n. 4.007/2020.

No Tribunal Administrativo, por sua vez, ainda que em casos esparsos, as Turmas Ordinárias do Carf debruçaram-se sobre o tema sob o enfoque do conceito de receita e da natureza dos contratos de fornecimento para afastar a incidência das contribuições. A título de comprovação, vejamos o Acórdão n. 3402-002.092, de 23 de julho de 2013, proferido pela 4ª Câmara / 2ª Turma ordinária do Carf, que exemplifica os argumentos adotados para concluir que as bonificações e os descontos comerciais têm natureza jurídica de redução de custo, em que pese tal linha de argumentação não ter sido mantida pela Câmara Superior de Recursos Fiscais (CSRF):

> PIS E COFINS. REGIME NÃO CUMULATIVO. BONIFICAÇÕES E DESCONTOS CO-MERCIAIS. NATUREZA JURÍDICA DE REDUÇÃO DE CUSTOS. Por força dos arts. 109 e 110, do CTN e segundo a definição, o conteúdo e o alcance dos institutos, conceitos e formas de direito privado (Direito Societário), nos termos do art. 177, da Lei n. 6.404/76, e conforme as Deliberações CVM n. 575, de 05 de junho e n. 597, de 15 de Setembro de 2009, e CPC ns. 16 e 30, de 2009, tem-se que **as bonificações e descontos comerciais não possuem natureza jurídica de receita, devendo ser tratados como redutores de custos**, e como tal devem ser reconhecidos à conta de resultado ao final do período, se o desconto corresponder a produtos já efetivamente comercializados, ou à conta redutora de estoques, se o desconto referir-se a mercadorias ainda não comercializadas pela entidade.
>
> PIS E COFINS. REGIME NÃO CUMULATIVO. DESCONTOS OBTIDOS. RECLASSIFICAÇÃO PARA PRESTAÇÃO DE SERVIÇOS DIVERSOS. PRESUNÇÃO FISCAL. ÔNUS DA PROVA. **Deve ser cancelado o lançamento baseado em presunção fiscal na hipótese de ausência de prova do elemento volitivo das partes em celebrar o contrato de prestação de serviço,** consistente em uma obrigação de fazer da compradora em favor dos seus fornecedores, voltados à prestação de serviços diversos por um preço certo, determinado ou determinável. Do mesmo modo, **havendo contratos "atípicos", que veiculam acordos comerciais prevendo o preenchimento de condições para a obtenção de descontos e/ou bonificações em operações comerciais, e não para a prestação de serviços de uma parte à outra, deve prevalecer a prova documental da existência dos acordos comerciais tendentes à concessão de descontos comerciais e bonificações em detrimento dos presumidos contratos típicos de prestação de serviços** (grifos nossos).

Embora se identifiquem votos favoráveis aos contribuintes em alguns casos julgados, são numerosos os precedentes da CSRF determinando a inclusão das bonificações e dos descontos comerciais nas bases de cálculo do PIS e da Cofins com base nos fundamentos principais de que há previsão contratual de uma contraprestação de serviço pelo adquirente e de que a forma de liquidação, seja mediante concessão de descontos, crédito em conta corrente ou pagamento em dinheiro, ocorre após a operação de venda (não evidenciação do desconto na mesma nota fiscal de venda).[8]

Em linhas gerais, nas discussões administrativas têm sido debatidos de forma mais aprofundada os tipos de bonificações e de descontos comerciais, bem como seus reflexos fiscais e contábeis. No entanto, o posicionamento final pende pela tributação das diversas

---

8   Como exemplos, citamos os seguintes julgados da 3ª Turma da CSRF, que, apesar de desfavoráveis ao contribuinte, contemplam votos vencidos corroborando a argumentação de que, independentemente da modalidade, as bonificações e descontos comerciais não configuram receitas: Acórdão n. 9.303.003.515, sessão de 15.03.2016; Acórdão n. 9.303.008.247, sessão de 19.03.2019; Acórdão n. 9303-010.101, sessão de 11.02.2020; e Acórdão n. 9303-010.247, sessão de 11.03.2020.

modalidades de bonificação, exceto quando se tratar de entrega de mercadorias em quantidade superior com desconto indicado no mesmo documento fiscal de venda.

Já nos Tribunais Regionais Federais (TRF) é possível verificar recentes julgados favoráveis aos contribuintes nos quais os abatimentos em discussão foram considerados não sujeitos à incidência do PIS e da Cofins. Como exemplo desse entendimento, colacionamos a ementa da Apelação/Remessa Necessária n. 5052835-04.2019.4.04.7100/RS do TRF da 4ª Região, publicada em 4 de agosto de 2022:

> TRIBUTÁRIO. CONTRIBUIÇÕES AO PIS/COFINS. APURAÇÃO DE DÉBITOS. BONIFICAÇÕES E DESCONTOS NA AQUISIÇÃO DE MERCADORIAS PARA REVENDA.
>
> 1. A circunstância de o desconto ser condicional ou incondicional diz respeito à relação jurídico-tributária da União com o vendedor que auferiu a receita, e não com a menor despesa que o contribuinte teve ao adquirir as mercadorias para revenda. **Ao comprar com desconto, o contribuinte reduz o seu custo de aquisição e isso não tem a natureza jurídica de receita para efeitos de incidência das contribuições ao PIS/COFINS. O fato de a redução do custo de aquisição aumentar o patrimônio líquido não tem relevância porque não se está diante de tributos que incidem sobre variação patrimonial positiva, mas sobre receitas.**
>
> 2. **Os descontos e as bonificações em mercadorias obtidas pelo comprador não constituem receitas passíveis de incidência das contribuições ao PIS/COFINS.**
>
> 3. As bonificações em dinheiro que o comprador recebe do fornecedor da mercadoria são receitas que devem ser computadas na base de cálculo do PIS/COFINS apuradas pelo sistema não cumulativo (grifos nossos).

No mesmo sentido, ao tratar especificamente da bonificação em mercadorias, destaca-se a decisão do TRF da 1ª Região Fiscal, conforme ementa da Apelação Cível n. 2006.38.11.006682-O/MG, a seguir transcrita:

> 2. "A entrada das mercadorias em 'bonificação' não compreende conceito de faturamento ou de receita bruta, no conceito amplo, para fins de tributação pelo PIS e Cofins, porque não representa receita sobre vendas, já que se trata de mercadorias entregues pelos fornecedores em substituição a outras que se deterioraram ou se perderam nas prateleiras. Essas mercadorias são envidas pelos fornecedores sem custo adicional e, se na entrada e na salda, (venda) fossem tributadas, seriam duplamente tributadas, havendo 'bis in idem'" (AMS 0010094-45.2006.4.01.3811, Desembargador Federal Luciano Tolentino Amaral, Sétima Turma, *e-DJF1*, 31.10.2012).
>
> 3. Considerando a natureza mercantil da bonificação como "modalidade de desconto que consiste na entrega de uma maior quantidade de produto vendido em vez de conceder uma redução do valor da venda", de modo que "o provador das mercadorias é beneficiado com a redução do preço médio de cada produto, mas sem que isso implique redução do preço do negócio" o Superior Tribunal de Justiça, em julgamento sujeito ao regime do art. 543-C do CPC, reconheceu ser indevida a incidência do ICMS sobre as vendas realizadas em bonificação, entendimento esse cujos motivos determinantes, *mutatis mutandi*, regozijam a tese de que o valor das mercadorias dadas em bonificação não se inserem na base de cálculo do PIS e da Cofins na transação de entrada. Precedente (REsp 1111156/SP, Rel. Ministro Humberto Martins, Primeira Seção, j. 14.10.2009, *DJe* 22.10.2009).

Adicionalmente, é possível identificar manifestação no Judiciário afastando a exigência trazida pela RFB quanto à necessidade de os abatimentos decorrentes de bonificações e descontos comerciais constarem dos respectivos documentos fiscais, com fundamento na afronta ao princípio da legalidade, uma vez que **a legislação que disciplina o tema não impõe referido requisito**.[9]

No entanto, destacamos que as decisões judiciais elencadas ainda não representam posição majoritária e que as discussões ainda não se demonstram tão abundantes no âmbito dos Tribunais Federais.

9.5 ANÁLISE QUANTO À CONDICIONALIDADE DAS BONIFICAÇÕES E DOS DESCONTOS COMERCIAIS CONCEDIDOS NO BOJO DOS CONTRATOS DE FORNECIMENTO DE MERCADORIAS

Diante dos elementos acima expostos, as bonificações e os descontos comerciais, sob a perspectiva do comprador, não configurariam "receita", e, portanto, sua classificação como desconto condicional ou incondicional para fins de determinação da base de cálculo das contribuições seria pertinente exclusivamente para análise das operações praticadas pelo vendedor.[10]

Além disso, foi estabelecido que tais vantagens comerciais estão situadas dentro da finalidade do contrato de fornecimento, já que voltadas para a compra e venda de mercadorias pelo fornecedor aos varejistas, razão pela qual não se enquadram como contraprestações de serviços.

Mas, ainda assim, sob a ótica do art. 121 do Código Civil, pelo qual "considera-se condição a cláusula que, derivando exclusivamente da vontade das partes, subordina o efeito do negócio jurídico a evento futuro e incerto", impõe-se avaliar se os requisitos contratualmente previstos para determinação final do preço das mercadorias, objeto da finalidade principal dos contratos de fornecimento em questão, seriam, de fato, condição jurídica a ensejar a tributação.

À luz da interpretação dos contratos firmados, parece-nos que não. Isso porque, nos termos dos arts. 481 e 482 do Código Civil, o contrato de compra e venda é oneroso, bilateral

---

9   Apelação n. 5002721-57.2016.4.04.7103/RS, 6 de abril de 2017, da 2ª Turma do TRF da 4ª Região: "TRIBUTÁRIO. DESCONTOS INCONDICIONAIS. EXCLUSÃO DA BASE DE CÁLCULO DO PIS E DA COFINS. CONCEITUAÇÃO DOS INSTITUTOS. EXIGÊNCIA DE QUE O DESCONTO CONSTE NA NOTA FISCAL. DESCABIMENTO. 1. Desconto incondicional é aquele concedido independente de qualquer condição futura; já o desconto condicional é aquele concedido sob condição futura e incerta. 2. A exigência de que o desconto conste na nota fiscal para que este seja considerado incondicional não se sustenta, seja porque ofende o art. 110 do CTN, seja porque o condicionamento está previsto apenas em norma infralegal ou, ainda, porque deve-se priorizar a verdade real em detrimento das formalidades. [...]".

10 Nesse sentido: "[...] essa classificação tem relevância na perspectiva do vendedor das mercadorias, principalmente para efeito de definição da base de cálculo dos tributos incidentes na operação realizada pelo fornecedor. Vale dizer, seguindo a tônica da legislação tributária, para o fornecedor as 'bonificações' (ou 'descontos concedidos') não serão parcelas consideradas como integrantes do valor da operação, nem como 'receita' da empresa vendedora se qualificadas como incondicionais, ao passo que, se configuradas como condicionais, afetarão imediatamente o valor da operação e também o valor da 'receita' enquanto base de cálculo das contribuições do PIS e da Cofins, nos termos das orientações da própria administração tributária" (MINATEL, 2014, p. 10).

Cap. 9 – ANÁLISE DO TRATAMENTO TRIBUTÁRIO DAS CONTRIBUIÇÕES AO PIS E À COFINS APLICÁVEL ÀS DIFERENTES... | 109

e consensual, pelo qual umas das partes, o vendedor, transfere ou assume a obrigação de transferir o domínio de certa coisa à outra parte mediante pagamento de certo preço em dinheiro, considerando-se perfeita desde que as partes acordem no objeto e no preço. Dessa forma, como elemento da compra e venda, temos o preço, que deverá ser determinado ou determinável[11] no momento da celebração do contrato.

Dessa feita, em que pese a existência de requisitos e fatos posteriores que serão considerados para mensuração das bonificações e descontos concedidos aos varejistas e, portanto, para determinação do preço final das mercadorias abrangidas pelos contratos firmados, não são condições que subordinam a compra e venda a evento futuro e incerto, uma vez que as condições para que tais parcelas sejam concedidas e determinadas **já são líquidas e certas no momento em que se celebra o contrato e se determinam os aspectos para fixação do preço.**[12]

Nesse diapasão, surge a necessidade de distinguir "termo" de "condição". Enquanto a segunda está atrelada a um evento futuro e incerto, o termo "é a cláusula que subordina a acontecimento futuro e certo o nascimento ou extinção de um negócio jurídico [...]. **A futuridade é comum aos dois elementos acidentais, mas a incerteza, peculiar à condição, assim como a certeza, ao termo**" (GOMES, 2010, p. 311) (grifos nossos).

Aquiescendo a esse entendimento, de afastar o atributo de incerteza para os eventos futuros previstos em contratos de compra e venda, tem-se julgado do TRF da 4ª Região Fiscal,[13]

---

11 Sobre o conceito de preço determinado ou determinável, destacamos as conceituações trazidas por Pontes de Miranda (2012, p. 99 e 104): "1. DETERMINAÇÃO DO PREÇO – O preço ou é determinado, à conclusão do contrato, ou, à conclusão do contrato, é determinável. *Preço determinado* é aquêle para o qual não se necessita de qualquer critério para posterior determinação.
2. DETERMINABILIDADE DO PREÇO – *Preço determinável* é aquêle de que não se tem conhecimento objetivo do quanto, ou dele não se tem conhecimento subjetivo, mas já se sabe como se há de determinar. Tem-se o critério de fixação, não se tem a fixação. Há a vinculação, o efeito mínimo do negócio jurídico (pois concluso está).
[...]
CRITÉRIOS PARA A DETERMINAÇÃO – Os contraentes podem estipular o critério que lhes apraza. O que é preciso é que se faça determinável o preço. Pode ser explícita, implícita ou tácita a cláusula sobre o critério que se escolheu, ou desde as primeiras confabulações ou conforme o uso do tráfico que se adotou".

12 No mesmo sentido: "Desde que essas parcelas sejam identificadas como líquidas e certas no instrumento que formaliza a compra e determina a fixação do preço, para as empresas adquirentes de mercadorias e beneficiárias das vantagens concedida a título de 'bonificações', a classificação ou denominação em **'incondicionais'** e **'condicionais'** parece imprópria para o adquirente, seja por não refletir a possibilidade de alteração do 'custo de aquisição' pela imutabilidade do 'preço' pactuado, seja pela eventual referibilidade da parcela redutora do 'preço' a outro evento futuro não relacionado com a compra e venda, como pode acontecer com a 'bonificação' concedida para alocação dos recursos financeiros no custeio de despesas de publicidade compartilhada. Se for essa a particularidade que a coloca no grupo de '**condicionais**', o vínculo é com outro negócio jurídico e não com a 'compra e venda'.
Com efeito, no tocante aos chamados 'descontos concedidos sob condição', aqui tratados no conceito genérico das 'bonificações', a palavra condição tem o seu significado ligado ao direito obrigacional (teoria dos contratos) e, neste campo, significa 'cláusula que subordina o efeito do negócio jurídico a evento futuro e incerto. É vantagem cuja materialização depende de evento futuro e incerto, ou seja, que poderá ocorrer em momento posterior à realização da operação, mas que continua subordinando a eficácia do negócio em que se origina (compra e venda) e não outro" (MINATEL, 2014, p. 10) (grifos nossos).

13 TRF da 4ª Região, Apelação/Remessa Necessária n. 5001984-82.2010.404.7000/PR, sessão de 12.06.2013.

relacionado ao Imposto sobre Produtos Industrializados (IPI), mas cujo racional elucida o proposto. Confira-se trecho da ementa do Acórdão proferido:

> 6. **Não há dúvida objetiva quanto ao evento gerador dos descontos** (a compra do veículo pelo concessionário), **apenas incerteza quanto ao valor dos descontos**. Em outras palavras, **as compras iriam ocorrer; a incerteza pairava quanto ao montante das vendas e, por conseguinte, ao valor do desconto**. A redação das cláusulas é extremamente clara e não contém qualquer elemento acidental a subordinar a eficácia da bonificação, tal como "se", "com a obrigação de", "com a condição de". A concessão do desconto decorre, portanto, de negócio jurídico puro e simples. **Não há o requisito da futuridade no caso sob análise. Se o acontecimento futuro infalivelmente vai acontecer, ainda que não se saiba exatamente o momento, não se trata de condição, mas sim termo**. Uma vez que o objeto social das empresas concessionárias é, obviamente, a venda de veículos, é induvidoso que o evento causador dos descontos – compra de veículos da Volkswagen – irá suceder-se (grifos nossos).

No mesmo sentido, destacamos as lições de Hugo de Brito Machado (2005, p. 332 e 333):

> Quando o vendedor concede ao comprador um *desconto incondicional*, está determinando um *valor da operação* que, tratando-se de uma compra e venda mercantil, é o *preço* da mercadoria. [...]
>
> A rigor, **todo e qualquer desconto é sempre concedido em função de uma condição do negócio, pois se pressupõe que o preço pré-estabelecido é uma regra, e toda vez que se pratica preço menor se estará diante de uma exceção. Ocorre que a condição que enseja o desconto já está realizada no momento em que se define o valor da operação, de sorte que este não vai ficar a depender de evento futuro e incerto. O ser o desconto concedido sob condição há de ser entendido, portanto, no sentido de que a sua efetividade, e, consequentemente o valor da operação, fica a depender de um evento futuro e incerto** (grifos do original, em itálico; nossos, em negrito).

Logo, tendo em vista as bases teóricas acima expostas, é possível extrair que as vantagens financeiras concedidas aos varejistas e vinculadas a eventos previstos no contrato de fornecimento não subordinam o negócio jurídico de compra e venda a evento futuro e incerto, porquanto o preço de contratação das mercadorias é determinado ou determinável.

Por fim, há que lembrar que o Superior Tribunal de Justiça, nos termos do Recurso Especial n. 1.111.156-SP, já se manifestou pela não incidência do ICMS sobre bonificações em mercadorias por se tratar de modalidade de desconto, não submetida a condição, consistente na entrega de maior quantidade de produto vendido que resulta na redução do preço médio de cada produto.

9.6 CONSIDERAÇÕES FINAIS

Em conclusão, vê-se que a tratativa tributária aplicável às bonificações e aos descontos comerciais tem sido objeto de controvérsias entre os contribuintes e o Fisco.

As manifestações administrativas sobre o tema consideram a não tributação das bonificações apenas quando constarem da nota fiscal de venda dos bens e não dependerem de evento posterior à emissão dos referidos documentos, criando um requisito que inexiste na legislação até mesmo para as bonificações em mercadorias.

Por outro revés, diante das considerações trazidas, observa-se que há argumentos relevantes a sustentar que as bonificações e os descontos comerciais não configuram receitas auferidas pelo varejista, mas, em essência e de acordo com os negócios jurídicos nas quais estão inseridas, são instrumentos adotados nos contratos de fornecimento de mercadorias para redução do custo unitário dos produtos adquiridos.

Caso se pretenda, ainda, classificar tais grandezas como receita, temos que sua concessão deveria ser analisada sob a perspectiva de que os descontos incondicionais, expressamente excluídos das bases de cálculo das contribuições em comento, não se confundem com os demais requisitos e métricas estabelecidos entre os contratantes para mensuração do valor da operação de compra e venda pactuado. Assim, dado o conceito jurídico de condição, que pressupõe a subordinação do negócio jurídico da compra e venda a evento incerto e futuro, não se estaria diante de uma incerteza, posto que as partes acordaram o objeto e preço quando firmado o respectivo contrato.

A nosso ver, ambas as leituras são conexas à essência e finalidade dos contratos de fornecimento de mercadorias que definem obrigações adicionais entre as partes a serem interpretadas no contexto da compra e venda pretendida, e, mais importante ainda, em consonância com os conceitos jurídicos de receita e de condição.

REFERÊNCIAS

BRASIL. Receita Federal. *Parecer CST/SIPR n. 1.386/1982*. Imprensa Oficial, 1982.

CAVALCANTE, L. B. *Poder de compra do varejo supermercadista*: uma abordagem antitruste. Monografia (MBA em Direito Econômico e das Empresas) – Fundação Getulio Vargas, 2004.

GOMES, Orlando. *Introdução ao direito civil*. Atualizado por Edvaldo Brito e Reginalda Paranhos de Brito. 20. ed. Rio de Janeiro: Forense, 2010.

GUIMARÃES, André Lopes. *Impacto da concessão de descontos sobre a tributação da receita do fornecedor de bens e serviços*. Orientadora: Elidie Palma Bifano. 2020. Dissertação (Mestrado) – Escola de Direito de São Paulo, Fundação Getulio Vargas, São Paulo, 2020.

MACHADO, Hugo de Brito. Contribuições incidentes sobre o faturamento: PIS e Cofins. Descontos obtidos de fornecedores. Fato gerador. Inocorrência. *Revista Dialética de Direito Tributário*, São Paulo: Dialética, n. 113, 2005.

MACHADO, Hugo de Brito. *Curso de direito tributário*. 26. edição revista, atualizada e ampliada. São Paulo: Malheiros, 2005.

MINATEL, José Antonio. *Bonificações e descontos nas compras*: qualificação jurídica impede a incidência de PIS/Cofins. Instituto Brasileiro de Estudos Tributários – IBET, 2014. Disponível em: https://www.ibet.com.br/wp-content/uploads/2014/12/Jos%C3%A9-Antonio-Minatel-2.pdf. Acesso em: 7 jul. 2022.

PONTES DE MIRANDA, Francisco Cavalcanti. *Tratado de direito privado*: Parte Especial. Atualizado por Claudia Lima Marques. São Paulo: Ed. RT, 2012. t. XXXIX: Direito das obrigações.

SILVA, De Plácido e. *Vocabulário jurídico*. Atualizadores: Nagib Slaibi Filho e Gláucia Carvalho. 27. ed. Rio de Janeiro: Forense, 2008.

10

REFLEXÕES SOBRE A SUBSTITUIÇÃO TRIBUTÁRIA DO ICMS NO SETOR DE BENS DE CONSUMO E VAREJO

Carla Hamada
Giancarlo Chiapinotto
Orlando Frutuoso Dalcin

10.1 INTRODUÇÃO

Não há consenso na academia ou no mercado sobre o que seria um sistema tributário ideal, como podemos notar quando discutimos com profissionais da área ou acompanhamos os muitos debates sobre reforma tributária (ou reformas tributárias, dado o histórico de diversas discussões e alternativas nesse contexto). Há importantes questionamentos sobre as vantagens e desvantagens de uma tributação focada na renda (exclusivamente da pessoa física ou também da pessoa jurídica) ou no consumo, e nesse cenário a riqueza econômica se manifesta eminentemente na atual sociedade de consumo.

Apesar de tais embates, naquilo que tange à tributação sobre consumo há alguns princípios norteadores que possibilitam uma tributação mais adequada. A Organização para a Cooperação e Desenvolvimento Econômico (OCDE), após observar a tributação sobre o consumo de 165 países ao longo de 25 anos, publicou em 2017 o *International VAT/GST guidelines* (OECD, 2017), no qual recomenda que a tributação sobre consumo seja baseada em (i) neutralidade, (ii) eficiência, (iii) certeza e simplicidade, (iv) eficiência e justiça e (v) flexibilidade.

Dos tributos sobre consumo no Brasil, aquele que mais se destaca é o Imposto sobre Circulação de Mercadorias e Serviços (ICMS), cuja arrecadação em 2021 alcançou R$ 652 bilhões.[1] Esse tributo estadual é provavelmente aquele que implica maior ônus às indústrias de bens de consumo e de varejo, em termos não apenas de incidência mas também de complexidade, especialmente na modalidade de substituição tributária.

---

1 Conforme o *Boletim de Arrecadação de Tributos Estaduais,* disponibilizado pelo Conselho Nacional de Política Fazendária (Confaz) (BRASIL, 2022).

A substituição tributária do ICMS (ICMS-ST) é hoje uma das maiores preocupações das empresas do setor de consumo e do varejo. Quando pensamos no ICMS-ST e em suas mudanças ao longo dos anos, e também em seu impacto atual sobre as operações das empresas com cadeias logísticas cada vez mais complexas, fica claro que uma gestão efetiva desse tributo produz impactos importantes nos resultados das empresas. Se de um lado isso premia os contribuintes mais preparados e diligentes, de outro afasta nosso sistema tributário daquilo que seria mais adequado em termos de tributação sobre consumo, pois em especial a neutralidade e a simplicidade ficam absolutamente em último plano em nossa legislação atual.

10.2 CONTEXTO DA SUBSTITUIÇÃO TRIBUTÁRIA DO ICMS

A modalidade de substituição tributária encontra-se prevista constitucionalmente, uma vez que a Carta Magna dispõe que a legislação poderá atribuir ao sujeito passivo da obrigação tributária a condição de responsável pelo recolhimento do imposto ou contribuição cujo fato gerador deva ocorrer posteriormente, garantida a restituição do montante caso o presumido fato gerador não se concretize (BRASIL, 1988). Ainda, prevê que caberá à lei complementar a disposição sobre o regime de substituição tributária.

Segundo Isabela Bonfá de Jesus (2015, p. 386),

> Pode-se definir a substituição tributária como a hipótese em que a lei imputa a obrigação de o substituto cumprir com a obrigação tributária gerada em virtude de fato juridicamente relevante praticado pelo substituído, ao mesmo tempo em que exonera este último de cumprir com a obrigação.

Por sua vez, a Lei Complementar n. 87/1996 (BRASIL, 1996), que dispõe sobre o ICMS, de competência dos estados e do Distrito Federal, prevê que lei estadual poderá atribuir a contribuinte do imposto ou a depositário a qualquer título a responsabilidade pelo pagamento de imposto incidente sobre uma ou mais prestações, antecedentes, concomitantes ou subsequentes.

A implementação da sistemática da substituição tributária para o ICMS deu-se em um cenário de características particulares do Brasil em relação aos demais países do mundo, uma vez que o sistema tributário pátrio é notadamente baseado na incidência sobre a tributação do consumo, ou seja, uma tributação transacional, o que o distingue de diversas outras jurisdições que têm sua tributação baseada na renda.

A PwC e o Banco Mundial prepararam por 15 anos um estudo abrangente considerando 191 países do mundo (PWC; WORLD BANK, 2020) que identificou como a tributação é dividida – entre tributação sobre a renda, sobre o consumo e sobre a folha de pagamento (e outros). Notamos uma preponderância do Brasil na tributação pelo consumo quando comparado à média mundial, aos países da OCDE e mesmo a outros países latino-americanos ou aos demais BRICS.[2]

---

2   Brasil, Rússia, Índia, China e África do Sul.

A Figura 10.1 permite analisar a comparação das cargas tributárias segregadas nos grupos de renda, consumo, folha de pagamento e outros.

Figura 10.1 Comparação da carga tributária segregada em grandes grupos: renda, consumo, folha de pagamento e outros.

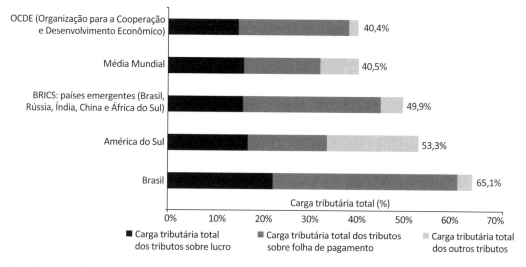

Fonte: PwC; World Bank (2017).

Interessante analisar ainda, na Figura 10.2, o *time to comply*, ou seja, o tempo necessário para a realização da apuração, cálculo e *report* de tributos segregados em grupos de renda, consumo, folha de pagamento e outros.

Figura 10.2 Comparação do *time to comply*, entendido como o tempo para apurar/calcular e reportar os tributos, em grandes grupos: renda, folha de pagamento e consumo.

Fonte: PwC; World Bank (2017).

Diante desse cenário, a substituição tributária para o ICMS deu-se com o objetivo, dentre outros, de tornar mais simples a fiscalização da tributação, uma vez que concentra a atividade fiscalizatória em um momento específico da cadeia tributária. Com o surgimento do Imposto sobre Circulação de Mercadorias (ICM), alguns empresários do setor industrial de bebidas mostraram-se preocupados em relação à efetividade da tributação dos comerciantes, uma vez que, nesse grupo numeroso, uma parte considerável atuava na informalidade e não recolhia devidamente seus tributos.

Nessa senda, houve a propositura ao Fisco, por parte dos empresários, de uma tributação concentrada no início da cadeia, com pagamento antecipado do imposto com base em uma presunção da carga tributária incidente sobre toda a cadeia. Inicialmente, a ideia era agregar uma margem de 40% para o cálculo do imposto a ser pago antecipadamente, mas o montante foi sendo aumentado cada vez mais pelos estados, provocando a irresignação dos contribuintes.

Apesar disso, o instituto da substituição tributária se consolidou no ordenamento jurídico brasileiro, tornando-se cada vez mais abrangente, e uma grande variedade de mercadorias passou a estar sujeita a essa modalidade de tributação.

Em 2007 e 2008, o instituto foi expandido para mercadorias fora das características tradicionais de produção oligopolizada e distribuição pulverizada, massificando seu uso e, consequentemente, incrementando as finanças públicas estaduais. Desde então, a substituição tributária tem sido um problema para os negócios no país (FECOMERCIOSP, 2022).

Diante desse cenário de disseminação da substituição tributária, os estados conseguiram obter considerável incremento em seu orçamento. No decorrer da consolidação da prática da substituição tributária, muitos itens tiveram a Margem de Valor Agregado (MVA) estabelecida em discrepância com os preços efetivamente praticados, o que acabou por acarretar extensas discussões entre os estados e os contribuintes.

Nos casos em que as associações representativas dos setores se manifestaram de maneira desfavorável às margens regulamentadas, foi necessário o endereçamento de pleitos às Secretarias Estaduais da Fazenda com a demonstração de pesquisa de mercado apurando a MVA praticada a consumidores finais, o que deu início a uma extensa discussão entre as partes.

Diante das problemáticas citadas, com o decorrer do tempo e com as inovações trazidas pela tecnologia, bem como com a complexidade cada vez maior das transações econômicas, a sistemática da substituição tributária do ICMS pode não estar em consonância com os dias atuais, uma vez que, devido a sua significativa complexidade de apuração, acaba por onerar demasiadamente o contribuinte.

Atualmente, para atender à sistemática, o contribuinte do varejo necessita dispor de uma plataforma sistêmica de administração dos produtos para gerenciar as diversas interpretações trazidas pela legislação nos diversos estados, seja na descrição, procedência, Nomenclatura Comum do Mercosul (NCM), gramagem e toda característica que diferencie os produtos. Referido tratamento ocasiona inegável morosidade e complexidade no gerenciamento do custo e na efetividade no preço de venda. Um exemplo interessante é a MVA do chocolate no estado de São Paulo (SÃO PAULO, 2020), que não é o único a apresentar tal complexidade. Note-se o quadro comparativo apresentado na Figura 10.3.

Figura 10.3 Margem de Valor Agregado do chocolate.

| Chocolate branco inferior a 1 kg 49,61% | Chocolate com cacau inferior a 1 kg 71,54% | Caixa de bombom inferior a 1 kg 27,84% | Chocolate em barra inferior a 2 kg 50,20% | Chocolate em barra com 2,1 kg ou mais Sem ICMS-ST |

Fonte: iStockphoto | Turac Novruzova; Artem Novosad; priyanka gupta; Visual Generation.

Portanto, é possível concluir que a sistemática da substituição tributária traz distorções às operações dos contribuintes, uma vez que produtos extremamente semelhantes têm MVA muito diferentes entre si.

Em razão disso, tem-se visto atualmente um movimento contrário ao ocorrido no passado: cada vez mais os estados retiram mercadorias do escopo da sistemática da substituição tributária. Um exemplo ocorreu no estado do Rio Grande do Sul, onde a Receita Estadual eliminou a substituição tributária de oito grupos de mercadorias.[3]

Contudo, o processo de retirada da sistemática da substituição tributária ocasiona impactos para o contribuinte, devendo por isso ser uma operação esquematizada, a fim de não onerá-lo e, por consequência, de não onerar o consumidor final, bem como para não descapitalizar os estados. Diante do fato de que a mera retirada de itens da sistemática da substituição tributária pode ser maléfica a todos os envolvidos na operação, o ideal seria o estabelecimento de um cronograma de transição gradual dos itens abarcados nessa sistemática, permitindo ao contribuinte a apropriação creditória em parcelas, bem como preservando o caixa dos estados.

10.3 O ICMS-ST NAS RELAÇÕES COMERCIAIS E AS DISCUSSÕES ATUAIS

A seguir apresentaremos algumas das diversas situações nas quais o ICMS-ST traz custos e complexidade aos contribuintes. O modo como estes lidam com tais temas pode levar a vantagens ou desvantagens competitivas, o que torna o ICMS-ST mais do que um tributo, e sim um elemento de precificação e recuperação de margens de lucro e de incremento da competitividade.

É interessante mencionar que os diversos tipos de negócios existentes apresentam modelos de operação diferentes entre si. Por exemplo, o segmento de supermercados tem custos

---

[3] *Vide* Decreto n. 56.541, de 8 de junho de 2022, do estado do Rio Grande do Sul, válido a partir de 1º de julho desse mesmo ano (RIO GRANDE DO SUL, 2022).

e margens diversos daqueles que são considerados no segmento de *e-commerce* e, ainda assim, na sistemática da substituição tributária se aplica a mesma MVA ao mesmo produto.

Nesse sentido, diversas são as reflexões cabíveis em relação ao ICMS-ST.

10.3.1 Definitividade do recolhimento de ICMS-ST – discussões sobre a restituição e o complemento desse tributo

A substituição tributária levanta questões sobre a possibilidade de restituição e a exigência de complemento de valores de imposto recolhido antecipadamente, bem como gera, em muitas ocasiões, distorções na tributação, causadas pelas legislações estaduais, o que acaba por impactar diretamente na atividade do setor varejista.

Em linhas gerais, o instituto da substituição tributária está pautado no recolhimento/retenção pela empresa fabricante/importadora do ICMS próprio da operação de venda, bem como do ICMS-ST referente à tributação do distribuidor ao consumidor final, baseado na presunção da ocorrência do fato gerador relativo a essa operação. Ademais, o imposto é recolhido segundo base de cálculo também presumida, em que é estimado o valor da operação.

Nessa sistemática, o art. 150, § 7º, da Constituição Federal de 1988 (CF/88) prevê a restituição do ICMS-ST nos casos em que o fato gerador presumido não vier a acontecer. Com base em tal previsão constitucional, os contribuintes e as Receitas Estaduais passaram a discutir judicialmente a possibilidade de restituição do imposto antecipadamente recolhido a maior nas situações em que o valor concreto da venda ao consumidor final é inferior ao valor presumido determinado como base de cálculo do imposto no recolhimento do ICMS-ST no início da cadeia tributária.

Em um primeiro momento o Supremo Tribunal Federal (STF) chegou a analisar a questão no julgamento da Ação Direta de Inconstitucionalidade (ADI) n. 1.851/AL, em 8 de maio de 2002,[4] entendendo pela constitucionalidade da cláusula segunda do à época vigente Convênio ICMS n. 13, de 21 de março de 1997, que dispunha:

> Cláusula segunda. **Não caberá a restituição ou cobrança complementar do ICMS** quando a operação ou prestação subsequente à cobrança do imposto, sob a modalidade da substituição tributária, se realizar com valor inferior ou superior àquele estabelecido com base no artigo 8º da Lei Complementar 87, de 13 de setembro de 1996 (grifos nossos).

Interessante mencionar o seguinte excerto da decisão do STF (BRASIL, 2000):

> O fato gerador presumido, por isso mesmo, não é provisório, mas definitivo, não dando ensejo a restituição ou complementação do imposto pago, senão, no primeiro caso, na hipótese de sua não realização final. Admitir o contrário valeria por despojar-se o instituto das vantagens que determinaram a sua concepção e adoção, como a redução, a um só tempo, da máquina-fiscal e da evasão fiscal a dimensões mínimas, propiciando, portanto, maior comodidade, economia, eficiência e celeridade

---

4   BRASIL. Supremo Tribunal Federal (Tribunal Pleno). Ação Direta de Inconstitucionalidade n. 1.851/AL. Rel.: Ministro Ilmar Galvão. *DJ*, 1 dez. 2000.

Cap. 10 – REFLEXÕES SOBRE A SUBSTITUIÇÃO TRIBUTÁRIA DO ICMS NO SETOR DE BENS DE CONSUMO E VAREJO | 119

às atividades de tributação e arrecadação. Ação conhecida apenas em parte e, nessa parte, julgada improcedente. [...] (STF, ADI n. 1.851/AL, Tribunal Pleno, Rel. Ministro Ilmar Galvão, *DJ*, 1 dez. 2000).

Mais atualmente, o Tribunal revisitou a questão no julgamento do Recurso Extraordinário (RE) n. 593.849/MG, em repercussão geral, decidindo pelo reconhecimento do direito à restituição do ICMS-ST pago a maior nos casos em que a base de cálculo da operação efetiva de venda for inferior à presumida – Tema 201 da repercussão geral (BRASIL, 2016). A tese fixada é a que segue:

> É devida a restituição da diferença do ICMS paga a mais no regime de substituição tributária para frente se a base de cálculo efetiva da operação for inferior à presumida (STF, RE n. 593.849/MG, Rel. Ministro Edson Fachin, 19.10.2016).

Ressalte-se que "a garantia do direito à restituição do excesso não inviabiliza a substituição tributária progressiva, à luz da manutenção das vantagens pragmáticas hauridas do sistema de cobrança de impostos e contribuições" (BRASIL, 2016), uma vez que,

> [...] de acordo com o art. 150, § 7º, *in fine*, da Constituição da República, a cláusula de restituição do excesso e respectivo direito à restituição se aplicam a todos os casos em que o fato gerador presumido não se concretize empiricamente de forma como antecipadamente tributado.

Importante mencionar que o STF, com o julgamento do RE n. 593.849/MG, realizou uma alteração substancial no precedente em relação ao exarado na ADI n. 1.851/AL, a fim de conservar o entendimento pela definitividade da base de cálculo do ICMS-ST, mantendo a sistemática da substituição tributária do ICMS, porém concedendo a hipótese de restituição do imposto pago a maior apenas nos casos em que o valor da operação efetiva for inferior ao montante da base de cálculo presumida do ICMS-ST, nos moldes do art. 150, § 7º, da CF/88.

Diante dessa decisão, uma nova controvérsia surgiu, especificamente acerca da possibilidade de exigência pelos estados do complemento do ICMS-ST nas situações em que o valor concreto da venda ao consumidor final é superior ao valor presumido determinado como base de cálculo do imposto no recolhimento do ICMS-ST no início da cadeia tributária. Assim, temos uma situação de incerteza e extrema complexidade para os contribuintes varejistas.

Aferir o resultado potencial de ressarcimento ou complemento a cada transação é um desafio monumental do ponto de vista da tecnologia, de processos e controles. Some-se a isso o fato de as cadeias logísticas do varejo incluírem comumente centros de distribuição em mais de um estado, implicando as chamadas "quebras de cadeia".[5] Além disso, têm-se os desafios decorrentes das vendas *on-line* e as apertadas margens de lucro nesse mercado tão competitivo.

---

5   Expressão comumente utilizada para descrever o evento no qual o ICMS-ST é recolhido em favor de um estado mas a cadeia de consumo não se conclui em seu território, seja pelo fato de haver revenda de mercadoria a outro estado, seja pela perda ou deterioração do produto ainda no atacado/varejo sem nunca alcançar o consumidor final.

Foi nesse cenário de incertezas sobre o ressarcimento e o complemento que as Secretarias da Fazenda de diversos estados passaram a ofertar aos contribuintes que atuam no setor varejista a opção de adesão ao Regime Optativo de Tributação da Substituição Tributária (ROT-ST).

No estado de São Paulo, o regime é disciplinado pela Portaria CAT n. 25, de 30 de abril de 2021. O § 1º do art. 1º da referida normativa estabelece:

> Artigo 1º Esta portaria disciplina o credenciamento do contribuinte no Regime Optativo de Tributação da Substituição Tributária – ROT-ST a que se refere o parágrafo único do artigo 265 do Regulamento do ICMS, aprovado pelo Decreto 45.490, de 30-11-2000.
>
> § 1º O ROT-ST consiste na dispensa de pagamento do complemento do ICMS retido antecipadamente por substituição tributária, nas hipóteses em que o valor da operação com a mercadoria for maior que a base de cálculo da retenção do imposto, compensando-se com a restituição do imposto assegurada ao contribuinte.
>
> § 2º O contribuinte, relativamente ao período em que estiver credenciado no ROT-ST, não poderá exigir o ressarcimento do valor do imposto retido a maior, correspondente à diferença entre o valor que serviu de base à retenção e o valor da operação com consumidor ou usuário final (SÃO PAULO, 2021).

O objetivo da regulamentação do ROT-ST é estabelecer uma possível troca: a abnegação do direito de ressarcir os valores de ICMS-ST que porventura ocorram quando o substituído tributário da cadeia praticar vendas a preços inferiores àqueles que serviram como base de cálculo presumida para o recolhimento do ICMS-ST, com a garantia de ser eximido da cobrança de complementação do ICMS-ST quando o fato gerador presumido for inferior ao efetivamente praticado pelo contribuinte na venda final a varejo.

Ocorre que o complemento de ICMS-ST gera discussões administrativas e judiciais acerca de sua legalidade, uma vez que a exigência do complemento do ICMS-ST não foi completamente legitimada pelo julgamento do STF; para isso há necessidade da edição de lei complementar, que até o momento inexiste. Ademais, tal situação atinge e coloca em xeque o princípio da legalidade, previsto nos arts. 150, I, e 155, § 2º, XII, da CF/88 e no art. 97 do Código Tributário Nacional (CTN).

Ainda, cabe mencionar que não há dispositivo legal na Lei Kandir que autorize os estados e o Distrito Federal a cobrarem complemento do ICMS-ST nos casos em que a base de cálculo presumida seja superior à real praticada.

Dessa forma, o ROT-ST acaba por ser mais um instituto gerador de controvérsia, pois, ao aderir ao regime, o contribuinte pode estar abrindo mão de um direito garantido e legítimo – o ressarcimento de ICMS-ST para os casos em que pratique vendas cuja base de cálculo do ICMS foi menor que a presumida para fins de retenção do imposto – em favor da não exigência do complemento de ICMS, que se encontra rodeado de discussões quanto a sua legitimidade.

Evidentemente que tal situação gera distorções, pois dois competidores varejistas podem, a depender das bases de cálculo da retenção do ICMS-ST consideradas e da adesão ou não ao ROT-ST, ter uma operação mais ou menos lucrativa ainda que adquirindo o mesmo produto e revendendo-o pelo mesmo preço.

Superadas as questões de direito em relação ao ressarcimento ou complemento do ICMS-ST, o contribuinte ainda passa a enfrentar as homologações em cada estado da Federação, que normalmente são morosas, devido à necessidade de validação dos valores apresentados pelos contribuintes. Dentro do respectivo processo de ressarcimento ou restituição, os contribuintes acabam por acumular saldos credores em razão dessa sistemática, uma vez que na maioria dos casos não há facilidade em compensar o ICMS-ST com o ICMS próprio apurado na compra e venda.

10.3.2 ICMS-ST na prática: sorvetes e gelados comestíveis

Outro exemplo interessante, neste caso mais aplicável a determinado setor, de impacto comercial gerado pela sistemática do ICMS-ST refere-se à tributação dos sorvetes, que podemos verificar à luz de consulta tributária realizada ao Fisco paulista.[6]

A consulta esclarece que não é aplicável o regime da substituição tributária, previsto no art. 295 do Regulamento do ICMS (RICMS/2000), nas operações internas com sorvetes destinados à integração ou ao consumo no preparo de sobremesas, nos próprios estabelecimentos do adquirente, desde que sejam exclusivamente empregados no preparo de sobremesas e não sejam revendidos na forma em que foram adquiridos.

Por outro lado, na operação de venda de sorvetes para um estabelecimento que revenderá a mercadoria com a mesma forma e substância, sem utilizá-lo como preparo para sobremesas, incidirá a forma do ICMS-ST concomitante com o ICMS próprio no início da cadeia tributária, ou seja, no fabricante.

Em tal situação, o imposto acabará por integrar e onerar mais ainda o custo a ser repassado para o consumidor final, de maneira distinta do que ocorre no primeiro cenário, no qual não há o ICMS-ST e a não cumulatividade do ICMS é respeitada. Portanto, a presença do ICMS-ST acaba por distorcer a tributação de uma mesma mercadoria – o sorvete.

10.3.3 ICMS-ST na prática: carnes

A transação econômica que envolve a carne no Brasil também gerou discussões tributárias, há alguns anos, acerca das distorções geradas pelo ICMS-ST na cadeia da mercadoria. Em 2017, contrariados com o tratamento tributário diferenciado conferido aos açougues, os supermercados paulistas decidiram por ingressar com ação judicial contra o Governo do Estado de São Paulo com a intenção de conseguir a alíquota de 4% de ICMS que fora estabelecida aos açougues paulistas nas vendas de carnes, ao passo que para os supermercados a alíquota média de ICMS era de 6%.

A Secretaria da Fazenda informou que o regime especial de ICMS para os açougues foi criado para "simplificar" o recolhimento do tributo e para facilitar o trabalho do Fisco,

---

6   *Vide* Resposta à Consulta Tributária n. 24.975, de 20 de janeiro de 2022 (SÃO PAULO, 2022).

dispensando o "confronto entre as informações do imposto devido sobre as operações tributadas e os créditos fiscais das operações anteriores" (MENDES, 2017).

Segundo a Fazenda, a medida não seria aplicável aos supermercados porque eles comercializam diversos produtos. "No caso dos supermercados não haveria uma simplificação das obrigações tributárias para o contribuinte, pelo contrário, aumentaria a complexidade" (MENDES, 2017).

10.3.4 ICMS-ST na prática: chocolates

Por fim, há também a peculiar situação na qual a MVA atribuída a um produto pode ser muito diferente da atribuída a um produto semelhante, destinado ao mesmo público, apenas por causa de mudanças em sua apresentação e/ou formulação.

Nesse sentido, temos um exemplo anedótico de chocolate do tipo bombom, que alterou sua embalagem original – de papel folheado torcido, tradicionalmente usada em chocolates desse tipo – para a pequena embalagem fechada do tipo de outros produtos da indústria de bolacha ou biscoito.

Referida mudança implicaria, teoricamente, mudança de classificação fiscal da posição "1806.90.00 – Bombons, balas, caramelos, confeitos, pastilhas e outros produtos de confeitaria, contendo cacau" para a posição "1905.32.00 – 'Waffles' e 'wafers' – com cobertura". Ocorre que os bombons estão sujeitos a uma MVA de 60,38%, enquanto os *wafers* estão sujeitos a uma MVA de apenas 38,62%.[7]

Supondo que essa mudança venha acompanhada de uma estratégia de mercado que vise manter o mesmo público e mudar minimamente o produto em comento, temos um ganho de competitividade enorme desse contribuinte, a não ser que todos os concorrentes assumam a mesma posição.

Assim, como nos casos dos sorvetes e das carnes, temos uma legislação que pouco leva em consideração o fato de que o público-alvo é o mesmo. Por essa razão, o fato de existir algum critério tributário distinguindo ambos os produtos leva a tributação a não ser neutra, pior ainda, a ser um fator relevante da precificação dos produtos. Na medida em que se trata de tributação sobre consumo, talvez o principal critério a ser considerado devesse ser aquele verificado no momento do consumo, e não no das transações comerciais antecedentes.

10.4 CONSIDERAÇÕES FINAIS

Os casos trazidos nestas reflexões nem mesmo de longe exaurem o tema, mas bastam para provocar uma reflexão a respeito de como a tributação sobre consumo, especialmente no caso do ICMS-ST, tornou-se elemento determinante na determinação dos preços, margens de lucro, logística e, finalmente, até mesmo nos próprios produtos e modelos de negócio.

---

7   Esse exemplo é verificado na Portaria CAT n. 20/2020 do estado de São Paulo (SÃO PAULO, 2020).

Ora, não se quer aqui propor, como apresentado em tempos eleitorais, a necessidade de uma reforma tributária ampla, que traga tábula rasa a todo o sistema tributário, que já perdura (ao menos em sua estrutura fundamental) há mais de 30 anos. O que notamos é que a judicialização dos temas piorou a situação dos contribuintes, que, quando apresentados à hipótese de substituição tributária, não imaginavam o que esta haveria de se tornar após a decisão do STF no julgamento do RE n. 593.849/MG.

Se originalmente o ICMS-ST se propunha a simplificar, tanto para os contribuintes como para a fiscalização, hoje ele tem efeito oposto e, ainda que não extinto, talvez devesse ser menos utilizado – a exemplo do que estados como Rio Grande do Sul e Santa Catarina fizeram nos últimos anos.

As diferentes obrigações acessórias geradas para o contribuinte com o incremento da substituição tributária trazem uma necessidade complexa de controle e gerenciamento de dados, tanto em sistemas como em processos e pessoas. O objetivo no passado era justamente simplificar, otimizar e garantir que o imposto fosse recolhido em todas as etapas, até o consumidor final, que é quem efetivamente paga o tributo.

Dada a existência do ambiente eletrônico de tributação do Sistema Público de Escrituração Digital (SPED), é possível trazer segurança às autoridades fazendárias sem onerar o contribuinte varejista com o ônus e o risco de definir pela utilização do ROT-ST ou mesmo de aumentar o custo da transação desde a indústria no momento da retenção do ICMS-ST para tributar uma riqueza que efetivamente se verificará apenas na boca do caixa, às vezes meses depois – fora os casos nos quais ela não se verificará totalmente, como nas quebras de cadeia.

Para que um sistema que privilegia a tributação sobre o consumo, como o brasileiro, possa ser mais eficiente e justo, um repensar sobre o ICMS-ST parece necessário. Do contrário, departamentos fiscais e áreas tributárias continuarão a significar tanto no resultado quanto as áreas de vendas das empresas, o que não é desejável em um ambiente de negócios saudável.

REFERÊNCIAS

BONFÁ DE JESUS, Isabela. *Manual de direito tributário*. 2. ed. São Paulo: Ed. RT, 2015.

BRASIL. *Constituição (1988)*. Constituição da República Federativa do Brasil. Brasília, DF: Senado Federal: Centro Gráfico, 1988.

BRASIL. *Lei Complementar n. 87, de 13 de setembro de 1996*. Dispõe sobre o imposto dos Estados e do Distrito Federal sobre operações relativas à circulação de mercadorias e sobre prestações de serviços de transporte interestadual e intermunicipal e de comunicação, e dá outras providências (Lei Kandir). Brasília, DF: 1996.

BRASIL. Ministério da Economia. Conselho Nacional de Política Fazendária (Confaz). *Boletim de Arrecadação de Tributos Estaduais*, 2022. Disponível em: https://dados.gov.br/dados/conjuntos-dados/boletim-de-arrecacao-dos-tributos-estaduais. Acesso em: 20 dez. 2022.

BRASIL. Supremo Tribunal Federal. *Recurso Extraordinário n. 593.849/MG*. Rel.: Ministro Edson Fachin, 19 de outubro de 2016.

BRASIL. Supremo Tribunal Federal (Tribunal Pleno). Ação Direta de Inconstitucionalidade n. 1.851/AL. Rel.: Ministro Ilmar Galvão. *DJ*, 1 dez. 2000.

FECOMERCIOSP. Massificação da substituição tributária traz insegurança jurídica e prejudica os negócios. *FecomercioSP,* 17 ago. 2022. Disponível em: https://www.fecomercio.com.br/noticia/massificacao-da-substituicao-tributaria-traz-inseguranca-juridica-e-prejudica-os-negocios. Acesso em: 9 ago. 2022.

MENDES, Luiz Henrique. Benefício a açougues leva supermercados à justiça. *Valor Econômico,* 9 ago. 2017. Disponível em: https://valor.globo.com/agronegocios/noticia/2017/08/09/beneficio-a-acougues-leva-supermercados-a-justica.ghtml. Acesso em: 9 ago. 2022.

OECD. International VAT/GST guidelines. *OECD iLibrary*, 12 abr. 2017. Disponível em: https://www.oecd-ilibrary.org/docserver/9789264271401-en.pdf?expires=1660097253&id=id&accname=guest&checksum=D90105D741007A9C307446964B7A5D59#page=111&zoom=100,86,429. Acesso em: 8 ago. 2022.

PwC; WORLD BANK. *Paying taxes 2020:* what can we learn from tax regimes in 191 economies around the world. Disponível em: https://www.pwc.com/gx/en/services/tax/publications/paying-taxes-2020.html. Acesso em: 8 ago. 2022.

RIO GRANDE DO SUL. Governo do Estado. Secretaria da Fazenda. Decreto n. 56.541, de 8 de junho de 2022. Modifica o Regulamento do Imposto sobre Operações Relativas à Circulação de Mercadorias e sobre Prestações de Serviços de Transporte Interestadual e Intermunicipal e de Comunicação (RICMS). *DOE*, 9 jun. 2022.

SÃO PAULO. Assembleia Legislativa. *Decreto n. 45.490, de 30 de novembro de 2000*. Aprova o Regulamento do Imposto sobre Operações Relativas à Circulação de Mercadorias e sobre Prestações de Serviços de Transporte Interestadual e Intermunicipal e Comunicação – RICMS. São Paulo, 2000.

SÃO PAULO. Governo do Estado. Secretaria da Fazenda e Planejamento. Portaria CAT n. 20, de 27 de fevereiro de 2020. Estabelece a base de cálculo do imposto na saída de produtos da indústria alimentícia, a que se refere o artigo 313-X do Regulamento do ICMS. *DOE*, 28 fev. 2020.

SÃO PAULO. Governo do Estado. Secretaria da Fazenda e Planejamento. Portaria CAT n. 25, de 30 de abril de 2021. Dispõe sobre o credenciamento do contribuinte no regime optativo de tributação da substituição tributária previsto no parágrafo único do artigo 265 do Regulamento do ICMS. *DOE-I*, 1 maio 2021.

SÃO PAULO. Governo do Estado. Secretaria da Fazenda e Planejamento. *Resposta à Consulta Tributária n. 24.975, de 20 de janeiro de 2022*. Disponibilizado no *site* da Sefaz em 21.10.2022. Disponível em: https://legislacao.fazenda.sp.gov.br/Paginas/RC24975_2022.aspx. Acesso em: 8 ago. 2022.

11

LEI DO BEM: (NÃO) INCIDÊNCIA DO PIS/COFINS E A SEGURANÇA JURÍDICA

José Aparecido dos Santos
Leila Fernandes
Orlando Frutuoso Dalcin

11.1 CONTEXTO LEGISLATIVO E PROBLEMÁTICA DO TEMA

A Lei n. 11.196/2005, chamada de "Lei do Bem", introduziu no ordenamento jurídico brasileiro o Programa de Inclusão Digital, que trouxe a previsão de redução a zero das alíquotas das contribuições ao Programa de Integração Social (PIS) e à Contribuição para o Financiamento da Seguridade Social (Cofins) incidentes sobre a receita bruta de venda a varejo dos produtos eletrônicos previstos em seu art. 28.[1]

Inicialmente, o aludido benefício tinha prazo de vigência determinado até 31 de dezembro de 2009.[2] Ainda, o Decreto n. 5.602/2005, a pretexto de regulamentar a Lei do Bem, na verdade acabou por limitar o benefício conferido por ela ao estabelecer, em seu art. 2º, os valores máximos das vendas que estariam sujeitas ao benefício. Aqui se tem a criação de uma primeira condicionante por meio desse decreto, que não estava prevista pela Lei do Bem. Como notaremos a seguir, esse tema foi objeto de diversas prorrogações e extensões ao longo do tempo, dada sua efetividade. Ressaltamos que entre 2005 e 2008 houve um aumento de 75,3% de brasileiros com mais de dez anos com acesso à internet (ROSAS, 2009).

---

1 "Art. 28. Ficam reduzidas a 0 (zero) as alíquotas da Contribuição para o PIS/Pasep e da Cofins incidentes sobre a receita bruta de venda a varejo:"

2 "Art. 30. As disposições dos arts. 28 e 29 desta.
[...]
II – aplicam-se às vendas efetuadas até 31 de dezembro de 2009."

Além disso, diante dos bons resultados obtidos com a implementação do Programa de Inclusão Digital,[3] o Governo Federal editou a Medida Provisória (MP) n. 472/2009, convertida na Lei n. 12.249/2010, que estendeu, em seu art. 17, a vigência da redução de alíquota "zero" de 31 de dezembro de 2009 para 31 de dezembro de 2014.[4]

Com o advento da MP n. 534/2011, convertida na Lei n. 12.507/2011, tem-se a criação de uma segunda condicionante para a fruição da aludida exoneração: o produto cuja receita de venda seria desonerada deveria ser produzido no país conforme processo produtivo básico estabelecido pelo Poder Executivo.[5]

Nesse sentido, a Lei n. 12.715/2012 ampliou o rol de produtos eletrônicos que deveriam observar o processo produtivo básico para fruição da exoneração prevista na Lei do Bem.[6]

---

3   Tal êxito é reconhecido inclusive na Exposição de Motivos da MP n. 472/2009: "23. A prorrogação do prazo de vigência dos benefícios estabelecidos pelos arts. 28 e 29 da Lei n. 11.196, de 2005, para 31 de dezembro de 2014, dá continuidade à desoneração tributária do Programa de Inclusão Digital, reduzindo o preço ao consumidor de microcomputadores e de suas partes, possibilitando o acesso da população a estes bens. **Ressalte-se que a proposta justifica-se pelo êxito alcançado até o momento no Programa, cujo prazo de vigência encerra-se em 31 de dezembro de 2009**" (grifos nossos).

4   "Art. 30. As disposições dos arts. 28 e 29 desta.
    [...]
    II – aplicam-se às vendas efetuadas até 31 de dezembro de 2014."

5   "Art. 1º O art. 28 da Lei n. 11.196, de 21 de novembro de 2005, passa a vigorar com a seguinte redação:
    'Art. 28. [...]
    VI – máquinas automáticas de processamento de dados, portáteis, sem teclado, que tenham uma unidade central de processamento com entrada e saída de dados por meio de uma tela sensível ao toque de área superior a 140 cm² (cento e quarenta centímetros quadrados) e inferior a 600 cm² (seiscentos centímetros quadrados) e que não possuam função de comando remoto (*tablet* PC) classificadas na subposição 8471.41 da Tipi, **produzidas no País conforme processo produtivo básico estabelecido pelo Poder Executivo**.
    [...]
    § 4º **Nas notas fiscais emitidas** pelo produtor, **pelo atacadista e *pelo varejista***, relativas à venda dos produtos de que trata o inciso VI do *caput*, **deverá constar a expressão 'Produto fabricado conforme processo produtivo básico'**, com a especificação do ato que aprova o processo produtivo básico respectivo'" (grifos nossos).

6   "Art. 62. O art. 28 da Lei n. 11.196, de 21 de novembro de 2005, passa a vigorar com as seguintes alterações:
    'Art. 28. [...]
    I – de unidades de processamento digital classificadas no código 8471.50.10 da Tabela de Incidência do IPI – TIPI, **produzidas no País conforme processo produtivo básico estabelecido pelo Poder Executivo**;
    II – de máquinas automáticas para processamento de dados, digitais, portáteis, de peso inferior a 3,5kg (três quilos e meio), com tela (écran) de área superior a 140cm² (cento e quarenta centímetros quadrados), classificadas nos códigos 8471.30.12, 8471.30.19 ou 8471.30.90 da Tipi, **produzidas no País conforme processo produtivo básico estabelecido pelo Poder Executivo**;
    III – de máquinas automáticas de processamento de dados, apresentadas sob a forma de sistemas, do código 8471.49 da Tipi, contendo exclusivamente 1 (uma) unidade de processamento digital, 1 (uma) unidade de saída por vídeo (monitor), 1 (um) teclado (unidade de entrada), 1 (um) *mouse* (unidade de entrada), classificados, respectivamente, nos códigos 8471.50.10, 8471.60.7, 8471.60.52 e 8471.60.53 da Tipi **produzidas no País conforme processo produtivo básico estabelecido pelo Poder Executivo**;
    [...]
    VII – telefones portáteis de redes celulares que possibilitem o acesso à internet em alta velocidade do tipo *smartphone* classificados na posição 8517.12.31 da Tipi, **produzidos no País conforme processo produtivo básico estabelecido pelo Poder Executivo**;
    VIII – equipamentos terminais de clientes (roteadores digitais) classificados nas posições 8517.62.41 e 8517.62.77 da Tipi, **desenvolvidos no País conforme processo produtivo básico estabelecido pelo Poder Executivo**'" (grifos nossos).

Por sua vez, a MP n. 656/2014, convertida na Lei n. 13.097/2015, novamente estendeu a vigência da redução de alíquota, desta vez para 31 de dezembro de 2018.[7] Para tanto, as condições a serem cumpridas pelos contribuintes eram as seguintes:

i) O bem deveria ser produzido conforme **processo produtivo básico e o Programa de Inclusão Digital**, com a **inserção dessas informações nas respectivas notas fiscais**.[8]

ii) Nos termos do Decreto n. 5.602/2005, foram fixados valores máximos das vendas que estariam sujeitas ao benefício.

Nesse contexto, diversas empresas passaram a explorar mais intensamente o ramo de produtos eletrônicos contemplados pela Lei do Bem, confiando na concessão de benefício com prazo certo, sob condições onerosas, e estruturaram seus negócios para cumprimento das condições.

Ocorre que, com a edição da MP n. 690/2015, convertida na Lei n. 13.241/2015, foi revogada a aplicação de alíquota zero de PIS/Cofins prevista na Lei do Bem a partir de 1º de janeiro de 2016, contrariando o **prazo certo** até então previsto de 31 de dezembro de 2018.[9]

Diante desse contexto, várias empresas e associações representativas das classes impactadas procuraram o Poder Judiciário (por meio de ações competentes) com o intuito de afastar a aplicação do art. 9º da MP n. 690/2015, basicamente alegando que:

i) A revogação do benefício instituído pela Lei do Bem antes do prazo determinado para sua vigência, promovido pela MP n. 690/2015, violou o disposto no art. 178 do Código Tributário Nacional[10] (CTN) e na Súmula 544 do Supremo Tribunal Federal (STF).[11]

ii) A "alíquota zero" equivale ao instituto da isenção.

iii) Esse benefício fiscal foi concedido sob condição onerosa e com prazo certo de vigência.

iv) A forma como se pretendeu a revogação fere o princípio da segurança jurídica.

---

7 "Art. 5º A Lei n. 11.196, de 21 de novembro de 2005, passa a vigorar com a seguinte alteração:
'Art. 30. [...]
II – aplicam-se às vendas efetuadas até 31 de dezembro de 2018.'"

8 Nos termos dos incisos do art. 28 da Lei n. 11.196/1996 e do seu § 4º.

9 "Art. 9º A Lei n. 11.196, de 21 de novembro de 2005, passa a vigorar com as seguintes alterações:
'Art. 28. Para os fatos geradores ocorridos a partir de 1º de janeiro de 2016, serão aplicadas na forma do art. 28-A desta Lei as alíquotas da Contribuição para PIS/Pasep da Cofins incidentes sobre a receita bruta de venda a varejo dos seguintes produtos:
[...].'
Art. 12. Fica revogado o inciso II do art. 30 da Lei n. 11.196, de 21 de novembro de 2005."

10 "Art. 178. A isenção, salvo se concedida por prazo certo e em função de determinadas condições, pode ser revogada ou modificada por lei, a qualquer tempo, observado o disposto no inciso III do art. 104. (Redação dada pela Lei Complementar n. 24, de 1975)"

11 "Súmula 544: Isenções tributárias concedidas, sob condição onerosa, não podem ser livremente suprimidas."

Diante desse cenário, surgem algumas questões a serem enfrentadas:

i) A intenção do legislador ao estabelecer exoneração em relação à contribuição ao PIS e à Cofins sobre receita decorrente da venda de certos produtos eletrônicos, por meio da fixação de alíquota zero, teve o intuito de viabilizar o Programa de Inclusão Digital criado pelo Governo Federal para garantir a disseminação e o uso das tecnologias da informação e comunicação orientadas ao desenvolvimento social, econômico, político, cultural, ambiental e tecnológico, centrados nas pessoas, em especial nas comunidades e segmentos excluídos, o que deveria gerar não só a inclusão digital, mas também a redução das desigualdades regionais.[12]

ii) Considerando as sucessivas prorrogações da exoneração, de 2011 a 2018, é possível concluir que a revogação da exoneração atentou contra o princípio da segurança jurídica, pois certamente tais prorrogações criaram elevadas expectativas nos contribuintes, que por considerável interregno de tempo estruturaram seus negócios contando que a exoneração se estenderia até dezembro de 2018?

iii) A revogação da maneira como posta teria ferido o art. 178 do CTN? Analisando referido dispositivo, seria possível concluir que ele se aplica a qualquer forma de exoneração outorgada mediante condições e por prazo determinado, aqui incluída a figura da alíquota zero?

iv) Haveria alguma base legal para a União sustentar a supressão da exoneração objeto da Lei do Bem antes de dezembro de 2018? E quanto à Súmula 544 do STF, seria aplicável ao presente caso?

v) Com base em toda a discussão posta, qual deveria ser o entendimento dos Tribunais Superiores, bem como as conclusões a que os contribuintes deveriam chegar, em relação a esse tema?

11.2 REVOGAÇÃO ANTECIPADA DO BENEFÍCIO

Com o intuito de justificar a legalidade da referida revogação, a União Federal alegou em apertada síntese que ela se enquadraria como hipótese de exclusão do crédito tributário, devendo, portanto ser observado o art. 111 do CTN, que impõe interpretação literal da norma, e nesse sentido seria afastada a vedação contida no art. 178 desse mesmo Código, por versar especificamente sobre isenção, e não alíquota zero; além disso, mesmo que se alegasse que a isenção era equivalente à alíquota zero, não havia condições impostas aos varejistas (principalmente) para fruição da alíquota zero.

Não obstante os esforços da União em arguir a legalidade da revogação antecipada do benefício, é preciso olhar para o art. 178 do CTN com maior profundidade. Esse dispositivo estabelece expressamente que "A isenção, salvo se concedida por prazo certo e em função de

---

12 Conforme o art. 1º da Lei n. 10.973/2004 e a Exposição de Motivos da Lei n. 11.196/2005.

determinadas condições, pode ser revogada ou modificada por lei [...]". Ora, do dispositivo expresso é possível extrair alguns comandos, quais sejam: (i) **isenção concedida** (ii) **com prazo certo** (iii) **sob condições onerosas**.

Ao avaliar referido dispositivo e seus comandos diante do caso concreto de revogação do benefício da Lei do Bem, é possível notar uma correlação intrínseca com cada um dos comandos, senão vejamos!

Quanto à (i) **isenção concedida**, a redução a zero das alíquotas do PIS e da Cofins se equipararia, para todos os efeitos de direito no caso concreto, à isenção de que trata o art. 178 do CTN, porque ambas apresentam a mesma funcionalidade jurídica: a desoneração tributária.

A esse respeito, há precedentes judiciais equiparando o instituto da alíquota zero ao da isenção, para fins de aplicação do art. 178 do CTN. Nesse sentido o Ministro Celso de Mello já dizia: "qualquer que seja a definição conceitual que se dê à alíquota zero [...], o que se revela inquestionável é que as consequências que derivam da alíquota zero são idênticas, em termos econômicos, aos efeitos peculiares à isenção, o que permite dispensar-lhes o mesmo tratamento" (Recurso Extraordinário (RE) n. 370.682). No mesmo sentido, o Pleno da Suprema Corte brasileira, ao julgar o RE n. 635.688, nos termos do voto condutor do Ministro Gilmar Mendes, dispôs:

> De fato, embora se valham de estrutura jurídica diversa, tanto a isenção total – que elimina o dever de pagamento do tributo, porque lhe ceifa a incidência – quanto a redução de base de cálculo ou de alíquota (isenções parciais) – que apenas restringe o critério quantitativo do consequente da regra matriz de incidência tributária – têm semelhante efeito prático: exoneram, no todo ou em parte, o contribuinte do pagamento do tributo. [...] **Por isso, entendo que os casos de redução de base de cálculo estão compreendidos no conceito de isenção, para fins do disposto no art. 155, § 2º, II, da Constituição Federal, na linha do que já decidiu esta Corte no julgamento do RE 174.478 e da ADI 2.320** (grifos nossos).

Mencione-se também a decisão proferida pela Desembargadora Federal Marli Ferreira, do Tribunal Regional Federal (TRF) da 3ª Região, que deferiu o pedido de antecipação dos efeitos da tutela formulado no Agravo de Instrumento (AI) n. 0028012-77.2015.4.03.0000:

> ... considerando o entendimento da Suprema Corte sobre a semelhança, quanto aos efeitos econômicos, da isenção e da alíquota zero e os dizeres do artigo 178, do CTN, deve ser assegurado o direito do contribuinte de se valer do benefício até o prazo fixado pela Lei n. 13.097/2015, ou seja, até 31.12.2018.

E tudo isso corroborado pela própria Súmula 544 do STF, segundo a qual isenções concedidas de forma onerosa não podem ser livremente suprimidas. Fossem os incentivos dessa espécie passíveis de cassação a qualquer tempo, nenhum contribuinte arcaria com os ônus necessários a sua fruição e, consequentemente, os interesses sociais que eles visam proteger não seriam obtidos. Nesse sentido, vale citar a visão de Hugo de Brito Machado (2005, p. 611-612) sobre o tema:

> A isenção é um direito. Ou, se se pretende dizer assim, é uma situação jurídica subjetiva. Tal situação, porém, em princípio pode ser alterada. O direito à inalterabilidade é algo que se acrescenta em razão de haver sido a isenção concedida por prazo certo ou em razão de determinadas condições para o interessado. [...] certo é que a irrevogabilidade das isenções dessa natureza tem inegável conteúdo ético. E se destina a proteger a confiança do contribuinte.

No quesito (ii) **com prazo certo**, note-se que a determinação desse prazo, após sucessivas prorrogações, é clara pela Lei n. 13.097/2015, que prorrogou o fim do benefício fiscal trazido pelo Programa de Inclusão Digital para o dia 31 de dezembro de 2018.

No que diz respeito ao quesito (iii) **sob condições onerosas**, para alcançar o escopo do Programa de Inclusão Digital e obter a concessão do benefício fiscal, todos os elementos da cadeia de produção e comercialização teriam de ter incorrido nos mais variados ônus e encargos, atendendo a todas as contrapartidas onerosas previstas pela legislação, refletidas nos produtos comercializados. Isso porque a legislação impôs condições onerosas específicas, como as condições de compra (art. 28, §4º, da Lei do Bem) e as condições de precificação (art. 2º do Decreto n. 5.602/2005), na medida em que o rol de produtos que podem ser adquiridos para revenda com o benefício é limitado; consequentemente, a margem de lucro decorrente das vendas de tais produtos ficaria controlada e reduzida, para que o produto atinja o consumidor final na forma e no preço impostos na legislação.

Diante do exposto, as regras postas pela Lei do Bem impuseram ao contribuinte que dela quisesse usufruir certas condições, e, por conseguinte, impuseram ao Fisco a obrigação de outorgar a exoneração durante o período pelo qual se comprometeu.

Por isso mesmo, o prazo final de vigência veio para permitir ao particular ponderar sobre a conveniência de cumprir a condição, assegurando-se uma mínima projeção da contrapartida outorgada pelo Poder Público.

Assim, parece lógico e claro que a exoneração sob análise é verdadeira isenção e que, diante das aludidas condições onerosas, deve ser aplicado o art. 178 do CTN. Portanto, não poderia ter sido revogada da forma como foi.

11.3 SEGURANÇA JURÍDICA E PROTEÇÃO À CONFIANÇA

Ainda no presente caso, é necessário avaliar a revogação antecipada do benefício à luz também dos primados constitucionais. E, dada a incerteza gerada pela revogação prematura, a análise do princípio da segurança jurídica no caso em tela passa a ser primordial.

A segurança jurídica está intrinsecamente relacionada com o direito adquirido, assegurado pelo art. 5º, XXXVI, da CF/88 ("a lei não prejudicará o direito adquirido, o ato jurídico perfeito e a coisa julgada"). Pode-se dizer que o princípio da segurança jurídica tem o objetivo de impedir que o contribuinte seja surpreendido com novas imposições tributárias de maneira intempestiva, protegendo seu direito adquirido. Aplicando esse raciocínio ao caso concreto, considerando que se trata de benefício fiscal condicionado e por prazo certo e que foram cumpridas todas as condições estabelecidas pela legislação, não poderia ocorrer a revogação do benefício antes do encerramento do prazo inicialmente fixado pelo

Cap. 11 – LEI DO BEM | 131

legislador (31.12.2018), uma vez que o benefício já constituiria direito adquirido. Não é outro o entendimento pacífico dos nossos Tribunais Superiores a respeito do tema.[13]

Aludido entendimento também foi exarado pelo Juiz Federal da 11ª Vara da Justiça Federal de São Paulo, ao sentenciar o Processo n. 0021580-75.2015.4.03.6100:

> Embora a redução a zero de alíquota não se confunda com isenção, para aplicação do artigo 178 do CTN, na forma suscitada pela autora, **no caso deve ser observado o princípio da segurança jurídica que se traduz em**: 1. a existência de instituições estatais dotadas de poder e garantias, assim como sujeitas ao princípio da legalidade; 2. a confiança nos atos do Poder Público, que deverão reger-se pela boa-fé e pela razoabilidade; 3. a estabilidade das relações jurídicas, manifestada na durabilidade das normas, na anterioridade das leis em relação aos fatos sobre os quais incidem e na conservação de direitos em face da lei nova; 4. a previsibilidade dos comportamentos, tanto os que devem ser seguidos como os que devem ser suportados; 5. a igualdade na lei e perante a lei, inclusive com soluções isonômicas para situações idênticas ou próximas. [...]
>
> Ou seja, o governo federal adotou um tipo de comportamento que induziu os contribuintes a presumirem que seria possível investir no setor de informática, sem muitos riscos, com o aproveitamento do benefício fiscal oferecido, pois foi manifestado o extremo interesse governamental de expansão do mercado formal e da economia e a importância do projeto para o desenvolvimento social e profissional da população, inclusive com a fixação de prazo final até 31/12/2018.
>
> Diante desse quadro, seria inimaginável que, poucos meses depois da prorrogação do prazo até 31/12/2018, o governo mudaria de ideia em relação ao Programa de Inclusão Digital e consideraria cumprida a finalidade do programa. A revogação do benefício com prazo de término previsto para 31/12/2018 ofende o princípio da segurança jurídica, o princípio da lealdade (segundo o qual a administração deve corresponder às expectativas por ela mesma geradas nos administrados), o princípio da boa-fé objetiva da administração, além do princípio da confiança legítima. [...] (grifos nossos).

No mesmo sentido, Celso Antônio Bandeira de Mello (2009, p. 179) também ensina que: "o princípio da segurança jurídica, tanto como o da lealdade e boa-fé, ou o da proteção à confiança legítima, são da própria essência do Direito, sobretudo no Estado Democrático de Direito sua vigência é irrefragável". Nessa linha, a Administração deve respeitar esse "estado de confiança legítima" e, ao mesmo tempo, controlar seus atos em conformidade com o respeito à confiança dos indivíduos na ação dos órgãos estatais.

Portanto, essa alteração súbita provocou, sim, ofensa aos chamados princípios constitucionais da segurança jurídica e da proteção à confiança, positivados pelo art. 5º, XXXVI, da Constituição.

11.4 POSIÇÃO JURISPRUDENCIAL

Primeiramente, cumpre ressaltar que o tema foi levado à discussão pelo STF, que decidiu tratar-se de matéria infraconstitucional, sujeita à avaliação do Superior Tribunal de Justiça (STJ), conforme entendimento exarado pelo Ministro Ricardo Lewandowski nos autos do Agravo Regimental ao Recurso Extraordinário n. 1.124.753/RS:

---

13 STJ, AgRg no REsp 266.326/SC, Rel. Ministro Francisco Falcão, 1ª Turma, j. 07.10.2004, *DJ* 16 nov. 2004; STF, RE n. 582.926 AgR, Rel. Ministro Ricardo Lewandowski, 1ª Turma, j. 10.05.2011, *DJe* 26 maio 2011.

Ementa: AGRAVO REGIMENTAL NO RECURSO EXTRAORDINÁRIO. TRIBUTÁRIO. PIS. COFINS. "LEI DO BEM". PRELIMINAR DE REPERCUSSÃO GERAL. FUNDAMENTAÇÃO DEFICIENTE. NECESSIDADE DE REEXAME DE NORMAS INFRACONSTITUCIONAIS. AUSÊNCIA DE OFENSA DIRETA À CONSTITUIÇÃO FEDERAL. AGRAVO A QUE SE NEGA PROVIMENTO.

I – A mera alegação, nas razões do recurso extraordinário, de existência de repercussão geral das questões constitucionais discutidas, desprovida de fundamentação adequada que demonstre seu efetivo preenchimento, não satisfaz a exigência prevista no art. 1.035, § 2º, do Código de Processo Civil.

II – É inadmissível o recurso extraordinário quando sua análise implica a revisão da interpretação de normas infraconstitucionais que fundamentam o acórdão recorrido, dado que apenas ofensa direta à Constituição Federal enseja a interposição do apelo extremo.

III – Agravo regimental a que se nega provimento.

Ante tal decisão, passamos a examinar a jurisprudência do STJ, que já decidiu favoravelmente ao contribuinte acerca da matéria tanto na Primeira quanto na Segunda Turma:

TRIBUTÁRIO E PROCESSUAL CIVIL. RECURSO ESPECIAL. CÓDIGO DE PROCESSO CIVIL DE 2015. APLICABILIDADE. DISCIPLINA DO ART. 178 DO CTN À HIPÓTESE DE ALÍQUOTA ZERO. POSSIBILIDADE. NÃO SUJEIÇÃO DOS VAREJISTAS AOS EFEITOS DO ART. 9º DA MP N. 690/2015 (CONVERTIDA NA LEI N. 13.241/2015). PRESENÇA DE ONEROSIDADE (CONTRAPARTIDA) NO CONTEXTO DO INCENTIVO FISCAL DA LEI N. 11.196/2005 ("LEI DO BEM"). PREMATURA CESSAÇÃO DA INCIDÊNCIA DE ALÍQUOTA ZERO. VULNERAÇÃO DA NORMA QUE DÁ CONCRETUDE AO PRINCÍPIO DA SEGURANÇA JURÍDICA (PROTEÇÃO DA CONFIANÇA) NO ÂMBITO DAS ISENÇÕES CONDICIONADAS E POR PRAZO CERTO. INTELIGÊNCIA DA SÚMULA N. 544/STF. I – Consoante o decidido pelo Plenário desta Corte na sessão realizada em 09.03.2016, o regime recursal será determinado pela data da publicação do provimento jurisdicional impugnado. Aplica-se, *in casu*, o Código de Processo Civil de 2015. II – Adequada a aplicação do art. 178 do Código Tributário Nacional à hipótese de fixação, por prazo certo e em função de determinadas condições, de alíquota zero da Contribuição ao PIS e da Cofins, porquanto os contribuintes, tanto no caso de isenção, quanto no de alíquota zero, encontram-se em posição equivalente no que tange ao resultado prático do alívio fiscal. III – À luz de tal norma, não alcança o varejista a revogação prevista no art. 9º da MP n. 690/2015 (convertida na Lei n. 13.241/2015), dispositivo que antecipa, em três exercícios, o derradeiro dia da redução a zero, por prazo certo, das alíquotas da Contribuição ao PIS e da Cofins incidentes sobre a receita bruta das alienações dos produtos especificados na Lei n. 11.196/2005 ("Lei do Bem"). IV – A fruição da apontada desoneração sujeitava o varejista: (i) à limitação do preço de venda; e (ii) à restrição de fornecedores, traduzindo inegável restrição à liberdade empresarial, especialmente, no ambiente da economia de livre mercado. Esse cenário revela a contrapartida da Recorrente diante da ação governamental voltada à democratização do acesso aos meios digitais, pois esteve a contribuinte submetida ao desdobramento próprio daquele ônus – a diminuição do lucro –, impondo-se a imediata readequação da estrutura do negócio, além da manutenção dessa conformação empresarial durante o longo período de vigência do incentivo. V – A proteção da confiança no âmbito tributário, uma das faces do princípio da segurança jurídica, prestigiado pelo CTN, deve ser homenageada, sob pena de olvidar-se a boa-fé do contribuinte, que aderiu à política fiscal de inclusão social, concebida mediante condições onerosas para o gozo da alíquota zero de tributos. Consistindo a previsibilidade das consequências decorrentes das condutas adotadas pela Administração outro desdobramento da segurança jurídica, configura ato censurável a prematura extinção do regime de alíquota zero, após sua prorrogação para novos exercícios, os quais, somados aos períodos anteriores concedidos, ultrapassam uma década de ação indutora do comportamento dos agentes econômicos do setor, inclusive dos varejistas, com vista a beneficiar os consumidores de baixa renda. VI – A açodada cessação da incidência da alíquota zero da Contribuição ao PIS e da Cofins, vulnera o art. 178 do

CTN, o qual dá concretude ao princípio da segurança jurídica no âmbito das isenções condicionadas e por prazo certo (Súmula n. 544/STF). VII – Recurso Especial provido, nos termos expostos (STJ, REsp 1725452/RS 2018/0038785-5, Rel. Ministro Napoleão Nunes Maia Filho, 1ª Turma, j. 08.06.2021, *DJe* 15 jun. 2021).

TRIBUTÁRIO. PIS E COFINS. ALÍQUOTA ZERO. PROGRAMA DE INCLUSÃO DIGITAL. LEI 11.196/2005. "LEI DO BEM". INSTITUIÇÃO DA ALÍQUOTA ZERO POR PRAZO CERTO E SOB CONDIÇÕES ONEROSAS. REVOGAÇÃO ANTES DO PRAZO FINAL. IMPOSSIBILIDADE. VIOLAÇÃO AO ART. 178 DO CTN. HISTÓRICO DA DEMANDA 1. A parte recorrente aponta violação ao artigo 178 do Código Tributário Nacional. Sustenta que a redução da alíquota a zero, no caso em que a exoneração é condicionada e feita por prazo certo, tem os mesmos efeitos jurídicos que a isenção, qual seja: não exigir o tributo. Dessa forma, advoga que é possível, por analogia, aplicar a regra prevista no art. 178 do CTN, que estabeleceu a fruição de benefício, por prazo certo e determinado, de alíquota zero do PIS e da Cofins, referente ao Programa de Inclusão Digital (PID), disposto nos arts. 28 a 30 da Lei n. 11.196/2005. O prazo da alíquota zero foi prorrogado pelo art. 5º da Lei n. 13.097/2015, até 31.12.2018. Contudo, por meio do art. 9º da Medida Provisória 690/15, posteriormente convertida na Lei 13.241/15, o benefício foi extinto de forma prematura em 31.12.2016. Afirma que possui direito ao benefício até 31.12.2018. 2. O Supremo Tribunal Federal, em caso similar, ao julgar o RE 1.124.753, entendeu que a matéria em análise é de cunho infraconstitucional. Em acórdão publicado em 23.3.2022, decidiu-se que "a questão da revogação da alíquota zero do PIS e da Cofins incidente sobre a venda de aparelhos de informática concedida pela chamada 'Lei do Bem' foi analisada apenas sob a ótica do artigo 178 do Código Tributário Nacional. [...] Entendo, portanto, que é de se aplicar o art. 1.033 do CPC a fim de determinar a remessa dos autos ao eg. Superior Tribunal de Justiça, a fim de que o tema seja analisado sob a ótica infraconstitucional." Dessa forma, deve esta Corte Superior apreciar o mérito recursal. DA INSTITUIÇÃO DA ALÍQUOTA ZERO SOB CONDIÇÃO ONEROSA E POR PRAZO CERTO: VIOLAÇÃO AO ART. 178 DO CTN 3. A matéria em questão possui peculiaridades: verifica-se que, além da alíquota zero ter sido instituída por prazo certo, as condições fixadas pela lei para a fruição da exoneração tributária possuem caráter oneroso. Isso porque a Medida Provisória n. 535/2011, convertida na Lei n. 12.507/2011, acrescentou o parágrafo 4º ao art. 28 da Lei 11.196/2005, no qual se requer inserção, nas notas fiscais emitidas pelo produtor, pelo atacadista e pelo varejista, da expressão "Produto fabricado conforme processo produtivo básico", com a especificação do ato que o aprova. 4. A exigência de que a empresa deva se submeter a um processo específico de produção caracteriza a onerosidade para usufruir da redução da alíquota zero. Houve, assim, quebra da previsibilidade e confiança, o que ocasiona violação à segurança jurídica em relação aos contribuintes que tiveram que se adequar às normas do Programa de Inclusão Digital. Portanto, ficou violado o art. 178 do Código Tributário Nacional, ainda que, na matéria em questão, trate-se de revogação de alíquota zero. 5. Constata-se a onerosidade, também, ao haver previsão na lei (art. 28, § 1º, da Lei 11.196/2005, regulamentado pelo art. 2º, do Decreto 5.602/2005) de que para a fruição da alíquota zero o contribuinte se submetia a um limite de preço para a venda de seus produtos. 6. Nesse sentido, o Superior Tribunal de Justiça entende que o gozo da alíquota zero pelos varejistas demandou contrapartidas, condições, e que ela foi onerosa, de modo que, em relação a suas atividades, não se consideram válidas as disposições contidas no art. 9º da MP 690/2015, convertida na Lei 13.241/2015, que revogaram a previsão de alíquota zero da Contribuição ao PIS e da Cofins, estabelecida na Lei 11.196/2005. Houve, portanto, violação do art. 178 do CTN, de modo que deve ser assegurado aos contribuintes envolvidos no Plano de Inclusão Digital a manutenção da desoneração fiscal onerosa até o prazo previsto no diploma legal revogado. A propósito: AgInt no AgInt no REsp 1.854.392/SP, Rel. Min. Gurgel de Faria, Primeira Turma, *DJe* 17/9/2021, REsp 1.725.452/RS, Rel. p/ acórdão Min. Regina Helena Costa, Primeira Turma, *DJe* 15/6/2021 e REsp 1.845.082/SP, Rel. Min. Napoleão Nunes Maia Filho, Rel. p/ Acórdão Min. Regina Helena Costa, Primeira Turma, *DJe* 15/6/2021. CONCLUSÃO. 7. Recurso Especial conhecido para dar-lhe provimento (STJ, REsp 1987675/SP 2022/0053737-1, Rel. Ministro Herman Benjamin, 2ª Turma, j. 21.06.2022, *DJe* 27 jun. 2022).

Da leitura dos julgados do STJ aqui reproduzidos, depreende-se que direcionam à pacificação do tema, visto que ambas as Turmas decidiram favoravelmente ao contribuinte.

O STF, por sua vez, absteve-se de julgar, por entender que se trata de matéria infraconstitucional, cuja análise cabe, portanto, ao STJ.

11.5 CONSIDERAÇÕES FINAIS

Com base nas considerações apresentadas, podemos concluir que:

- A "Lei do Bem" trouxe a previsão de redução a "zero" das alíquotas das contribuições ao PIS e à Cofins incidentes sobre a receita bruta de venda a varejo de determinados produtos eletrônicos, até 31 de dezembro de 2009:
    - A aplicação de referido benefício fora condicionada a certos valores máximos nas vendas de tais produtos.
- A MP n. 472/2009, convertida na Lei n. 12.249/2010, estendeu a vigência da redução à alíquota "zero" de 31 de dezembro de 2009 para 31 de dezembro de 2014.
- A MP n. 534/2011, convertida na Lei n. 12.507/2011, criou uma segunda condicionante para a fruição da aludida exoneração: o produto cuja receita de venda seria desonerada deveria ser produzido no país conforme processo produtivo básico.
- Posteriormente, a MP n. 656/2014, convertida na Lei n. 13.097/2015, estendeu a vigência da redução da alíquota até 31 de dezembro de 2018:
    - Não obstante, tais reduções seriam condicionadas aos casos nos quais constasse a informação em nota fiscal de que o bem fora produzido conforme processo produtivo básico e o **Programa de Inclusão Digital**.
    - Em sua regulamentação foram fixados os valores máximos das vendas que estariam sujeitas ao benefício.
- Finalmente, a MP n. 690/2015, convertida na Lei n. 13.241/2015, revogou a aplicação da alíquota zero de PIS/Cofins prevista na Lei do Bem a partir de 1º de janeiro de 2016, contrariando o prazo certo até então previsto de vigência até 31 de dezembro de 2018:
- A revogação da forma como posta teria ferido o art. 178 do CTN, pois:
    - A redução à alíquota "zero" pode ser equiparada à isenção, no tocante ao art. 178 do CTN, conforme jurisprudência mencionada.
    - A Lei n. 13.097/2015 estabeleceu prazo certo para sua vigência, a saber, 31 de dezembro de 2018.
    - A limitação de valores de venda dos produtos, bem como a limitação de que sejam relacionados com processo produtivo básico e com o Programa de Inclusão Digital, assim como a necessidade de informar em nota fiscal, configuram condições para o gozo dessa alíquota "zero".

- A súbita revogação dessa alíquota zero, especialmente quando cotejada com sucessivas prorrogações, provocou ofensa aos princípios da segurança jurídica e da proteção à confiança, previstos no art. 5º, XXXVI, da CF/88.

- Os tribunais, por meio de sucessivas decisões do STJ, pacificaram o tema, uma vez que ele não deve ser apreciado pelo STF.

O sistema tributário brasileiro é notoriamente complexo e sujeito a diversas críticas. A despeito disso, os avanços trazidos pela Lei do Bem são notórios e foram fundamentais para o acesso da população aos bens digitais, tema no qual o país ainda tem muito a avançar.

Quando há recorrente prorrogação e expansão desse benefício ao longo de anos, há uma lealdade, ou mesmo uma exigência de não surpresa, esperada como parte do princípio da segurança jurídica. Alterações substanciais impactam os contribuintes e os destinatários últimos dessa desoneração, os consumidores finais.

Felizmente os tribunais vêm se mostrando, em muitos casos, sensíveis a esse tema, especialmente em relação à flagrante ofensa ao art. 178 do CTN, mas vale a reflexão. Dadas as crescentes discussões sobre reforma tributária, não seria interessante, antes disso, cultivarmos um ambiente de confiança entre Fisco e contribuinte? Talvez esse seja o tema em que possa ser dado um passo inicial em direção a uma mudança na relação entre autoridades fiscais e pagadores de impostos, para que seja possível, sobre um alicerce comum de confiança entre as partes, discutir melhorias no sistema.

Antes de reescrevermos o ordenamento, talvez devamos refletir sobre quais pontos ainda a serem pacificados exigem resposta dentro do próprio ordenamento ora vigente.

REFERÊNCIAS

BANDEIRA DE MELLO, Celso Antônio. *Curso de direito administrativo*. 26. ed. São Paulo: Malheiros, 2009.

MACHADO, Hugo de Brito. *Comentários ao Código Tributário Nacional*. São Paulo: Atlas, 2005. v. III.

ROSAS, Rafael (*Valor Online*). Uso de internet no Brasil sobe 75,3% entre 2005 e 2008, mostra IBGE. *Extra*, Economia e Finanças, 11 dez. 2009. Disponível em: https://extra.globo.com/economia-e-financas/uso-de-internet-no-brasil-sobe-753-entre-2005-2008-mostra-ibge-210671.html. Acesso em: ago. 2022.

12

DESAFIOS PARA A OTIMIZAÇÃO DOS CRÉDITOS DE ICMS

Ana Bela A. Gomes
Carlos Mário Lopes Coutinho
Laura Malmegrin

12.1 INTRODUÇÃO

ICMS é o conjunto de siglas que representa o Imposto sobre Operações relativas à Circulação de Mercadorias e Prestações de Serviços de Transporte Interestadual e Intermunicipal e de Comunicação, com previsão no art. 155, II, § 2º, I, da Constituição Federal de 1988.

> Art. 155. Compete aos Estados e ao Distrito Federal instituir impostos sobre:
>
> [...]
>
> **II – operações relativas à circulação de mercadorias e sobre prestações de serviços de transporte interestadual e intermunicipal e de comunicação, ainda que as operações e as prestações se iniciem no exterior;**
>
> [...] (grifos nossos).

Ao referido imposto, de competência dos estados e do Distrito Federal, aplica-se o princípio constitucional da "não cumulatividade", de modo que haverá uma compensação sobre o ICMS que for devido em cada operação de saída relativa à circulação de mercadorias ou prestação de serviços, com o montante do ICMS que fora cobrado nas operações ou prestações anteriores por qualquer estado ou pelo Distrito Federal. A única exceção decorre de operações nas quais o ICMS é isento ou não tributado no momento da saída, em que não há previsão expressa de manutenção do referido crédito. Nessa hipótese, o ICMS incidente nas entradas de itens seria um custo da operação por não ser recuperável.

Ocorre que, em razão da estruturação das operações logísticas de distribuição e comercialização, aliada à legislação que determina a tributação, e considerando, ainda, a sistemática da não cumulatividade, as empresas acabam por gerar um crédito de ICMS em montante superior ao dos débitos apurados mensalmente, tendo como consequência um acúmulo de crédito escritural.

A dificuldade e a morosidade de realização desses créditos gerados mensalmente podem ocasionar entraves extremamente negativos às empresas tanto de ordem financeira, com impacto em fluxo de caixa, quanto de ordem contábil, a exemplo de possível análise de *impairment* decorrente de baixas expectativas de realização.

No setor de bens de consumo em geral, temos alguns fatores que agravam o acúmulo de saldos credores de ICMS diretamente relacionados à forma como se estruturam as cadeias de aquisição de insumos e produtos para revenda, distribuição e comercialização em todo o Brasil. De acordo com os balanços publicados pelas grandes indústrias e varejistas de bens de consumo do país, os saldos credores de ICMS ultrapassam a faixa dos bilhões de reais, e os montantes crescem exponencialmente a cada ano. Este capítulo tem como principal objetivo dispor sobre as principais causas de geração e acúmulo de saldos credores, bem como as formas de realização e suas dificuldades práticas.

12.2 DAS PRINCIPAIS CAUSAS DE ACÚMULO DO SALDO CREDOR E SUAS IMPLICAÇÕES

Antes de dispor sobre as principais causas de acúmulo do saldo credor, é necessário trazer para análise alguns conceitos relativos à apuração do ICMS, que por vezes se confundem.

Crédito de ICMS é aquele montante destacado no documento fiscal de aquisição de insumos, mercadorias para revenda ou ativos imobilizados, com previsão expressa na legislação estadual para apropriação e/ou manutenção, observada a sua forma (no caso de ativos imobilizados, por exemplo, em 48 parcelas de forma geral), e que será objeto de compensação com os débitos registrados no mesmo período na escrita fiscal quando da saída da mercadoria.

Já o **saldo credor de ICMS** é aquele decorrente da apuração mensal do referido imposto, nos casos em que os créditos escriturados superam os montantes dos débitos do período e se o acúmulo decorre de recorrentes "apurações credoras", em razão da estrutura da operação.

Por fim, **crédito acumulado** é o *status* em que se encontrará o saldo credor após a aprovação das autoridades fiscais de sua conversão para utilização de maneira mais abrangente, por exemplo, pagamento de fornecedores de matéria-prima e embalagens, despesas com desembaraço aduaneiro, compra de ativo imobilizado, entre outros. Importante salientar que a realização do crédito acumulado dependerá muito de sua origem e que nem todo saldo credor poderá ser convertido de alguma forma, conforme trataremos com maior detalhamento mais adiante.

Propriamente definidos os conceitos acima, passamos a discorrer sobre as principais causas da geração e acúmulo do saldo credor, que podem decorrer de diversos motivos intrínsecos às características das operações de cada empresa, sejam eles industriais, atacadistas ou varejistas. São eles:

i) Aquisição de insumos ou mercadorias, nacionais ou importados, para revenda em operações tributadas por alíquotas superiores às alíquotas das operações de saídas. Por exemplo, no caso de uma indústria que adquire insumos no estado de São Paulo, com aplicação de alíquota de 18%, e vende os produtos industrializados em operações interestaduais com aplicação de alíquotas de 4%, 7% ou 12%.

ii) Saídas de mercadorias com previsão de isenção ou redução da base de cálculo, quando há previsão da manutenção integral do crédito vinculado à aquisição do bem ou de seus insumos. Nesse caso, como temos a manutenção do crédito na entrada e não temos o débito na saída, ficamos diante de uma das hipóteses de geração de saldo credor ao final do período.

iii) Volume considerável de exportação, em relação ao qual não há incidência de ICMS na saída, mas se mantém o crédito apropriado sobre as entradas de insumos ou mercadorias destinados à revenda.

iv) Volume considerável de aquisições de insumos ou mercadorias para incorporação ao estoque em períodos sazonais, ou mesmo em tempos de crise de abastecimento, quando as saídas posteriores ocorrerão de forma gradativa, gerando um descasamento temporal entre os créditos e débitos.

v) Operações com a Zona Franca de Manaus e Área de Livre Comércio onde as saídas são desoneradas.

vi) Em decorrência da retenção antecipada do ICMS.

Conforme mencionado anteriormente, a incapacidade de realização do saldo credor de ICMS mensalmente, ou seja, seu recorrente acúmulo, pode gerar resultados extremamente negativos aos contribuintes, tanto de ordem financeira – uma vez que o saldo credor não sofre atualização monetária e impacta em dinheiro em caixa não realizado e que não pode ser utilizado para outras finalidades que não a compensação com os débitos decorrentes das próprias saídas – quanto de ordem contábil – uma vez que estamos diante de um ativo com baixa expectativa de realização e sujeito a possível análise de *impairment*.

Em que pese este tema não seja o objeto principal do capítulo, não podemos deixar de destacar que algo similar acontece com os produtos que são sujeitos à sistemática da substituição tributária do ICMS (ICMS-ST), bastante comum no setor de varejo de bens de consumo. Nesse cenário, as empresas com atividades industriais recolhem aos cofres públicos, de forma antecipada, o ICMS que seria devido em toda a cadeia (com a suposição de que ela se concretizaria dentro da mesma unidade federativa). Ocorre que, nas hipóteses em que as saídas subsequentes sejam interestaduais, temos a chamada "quebra de cadeia", e o contribuinte (atacadista ou varejista) deverá proceder ao recolhimento do ICMS para a unidade federativa de destino e solicitar a restituição do imposto pago de forma antecipada ao estado de origem.

Seja no caso do acúmulo de saldo credor de ICMS ou no caso do ICMS-ST pago indevidamente, os contribuintes são submetidos a processos complexos e morosos de aprovação para restituição ou monetização com a conversão em crédito acumulado, de que trataremos com maiores detalhes no tópico a seguir.

12.3 DOS INSTRUMENTOS DE RECUPERAÇÃO E MONETIZAÇÃO DE SALDOS CREDORES – ASPECTOS PRÁTICOS

Tendo em vista as já mencionadas implicações decorrentes do acúmulo do saldo credor de ICMS sem previsão de realização, é importante que os contribuintes avaliem de forma conjunta os mecanismos disponíveis para monetização dos montantes já acumulados em períodos anteriores e os procedimentos possíveis previstos para reduzir ou eliminar as hipóteses geradoras de novos acúmulos.

No caso do saldo credor de ICMS, algumas unidades federativas instituíram sistemáticas próprias para a monetização dos saldos credores já existentes, por meio da conversão destes em crédito acumulado, e as particularidades de tais sistemáticas as revestem de alto grau de complexidade e *compliance* – vamos destacar na Seção 12.3.1 as particularidades da sistemática prevista no estado de São Paulo, denominada Sistema Eletrônico de Gerenciamento do Crédito Acumulado (e-CredAc).

Mais adiante, na Seção 12.3.2, trataremos de forma geral dos demais mecanismos e particularidades que visam minimizar o acúmulo mensal de saldo credor na escrita fiscal, tais como regimes especiais que dão aos contribuintes o direito de aplicar diferimentos e suspensões do ICMS, com a concessão prévia do estado e embasado em legislações estaduais já existentes.

12.3.1 Sistema Eletrônico de Gerenciamento do Crédito Acumulado

Como brevemente explicitado, o Sistema Eletrônico de Gerenciamento do Crédito Acumulado (**e-CredAc**) é um mecanismo de recuperação do **crédito acumulado** de ICMS instituído no estado de São Paulo pelo Decreto n. 54.249/2009 e regulamentado pelas Portarias CAT n. 83/2009, 207/2009 e 26/2010.

Para a legislação paulista, o crédito acumulado tem suas hipóteses geradoras decorrentes específicas de constituição definidas no rol taxativo do art. 71 do Decreto n. 45.590/2000 (RICMS/SP), com redação dada pelo art. 1º do Decreto n. 54.249/2009:

> Artigo 71. Para efeito deste capítulo, constitui crédito acumulado do imposto o decorrente de:
>
> I – **aplicação de alíquotas diversificadas** em operações de entrada e de saída de mercadoria ou em serviço tomado ou prestado;
>
> II – **operação ou prestação efetuada com redução de base de cálculo** nas hipóteses em que seja **admitida a manutenção integral do crédito**;
>
> III – **operação ou prestação realizada sem o pagamento do imposto** nas hipóteses em que seja admitida a manutenção do crédito, tais como **isenção ou não incidência**, ou, ainda, abrangida pelo regime jurídico da **substituição tributária com retenção antecipada do imposto ou do diferimento**.
>
> Parágrafo único. Em se tratando de saída interestadual, a constituição do crédito acumulado nos termos do inciso I somente será admitida quando, cumulativamente, a mercadoria:
>
> 1 – for fisicamente remetida para o Estado de destino;
>
> 2 – não regresse a este Estado, ainda que simbolicamente (grifos nossos).

Nesse sentido, observe que não poderá ser constituído crédito acumulado para os saldos credores gerados, por exemplo, em decorrência da aquisição de ativos imobilizados. Para essa hipótese – assim como para todas as outras que gerem saldo credor mas não se enquadrem no art. 71 do RICMS/SP – o imposto não poderá ser objeto de pedido de crédito acumulado via e-CredAc, devendo permanecer na escrita fiscal para as compensações com as próprias operações de saídas do período corrente ou posteriores.

Importante salientar que, em que pese o saldo credor acumulado na escrita fiscal não seja sujeito a prescrição, só poderão ser objeto da sistemática do e-CredAc aqueles créditos que forem decorrentes de operações ou prestações de serviços ocorridas nos últimos cinco anos a contar da data do pedido de homologação à Secretaria da Fazenda do estado de São Paulo.

Presentes algumas das hipóteses de constituição do crédito acumulado, o contribuinte poderá requerer a monetização de seu saldo credor via e-CredAc, devendo optar pela sistemática de apuração que irá utilizar, isto é, (i) Sistemática de Apuração Simplificada (Portaria CAT n. 207/2009) ou (ii) Sistemática de Apuração Custeio (Portaria CAT n. 83/2009).

A metodologia da Sistemática de Apuração Simplificada – e-CredAc simplificado – tem como principal entrave um limitador de recuperação de crédito acumulado de até 10 mil Ufesp (Unidades Fiscais do estado de São Paulo) por mês – o equivalente a R$ 342.600,00[1] por mês para o exercício de 2023 (art. 30 das Disposições Transitórias – DDTT – do RICMS/SP). Por outro lado, oferece uma forma de apuração, como o próprio nome já diz, mais simplificada que a forma de custeio.

Os contribuintes que possuírem créditos acumulados com acréscimo mensal em valor limitado a essa quantia podem valer-se de uma metodologia muito mais simples, sendo a principal tarefa do contribuinte declarar a integralidade das saídas que praticou para a Fazenda Estadual, consoante o tópico 1.1 do Anexo I da Portaria CAT n. 207/2009, em conformidade com as informações prestadas na Escrituração Física Digital (EFD ICMS/IPI) e na Guia de Informação e Apuração (GIA) do ICMS.

Passada essa primeira e primordial etapa, o contribuinte terá de apurar o Índice de Valor Agregado (IVA), utilizando para o cálculo a margem de lucro médio e do custo estimado das suas operações de saída, dentre (i) IVA Mediana e (ii) IVA Estabelecimento, conforme o art. 30, § 2º, 2, das DDTT do RICMS/SP.

Explica-se: o IVA Mediana é um percentual calculado e publicado pelo Fisco, levando em consideração as médias do segmento do contribuinte; já o IVA Estabelecimento é calculado pelo próprio contribuinte, mediante a aplicação da seguinte fórmula: "[(Saídas – Entradas) / Entradas]", como se extrai do art. 30, § 2º, 5, das DDTT do RICMS/SP. Deverá ser utilizado no âmbito do e-CredAc simplificado o maior IVA entre os dois, ou seja, a métrica que apurar a maior margem de lucro e o menor custo estimado.

---

1 Considerando o valor de R$ 34,26 para as Ufesp para o ano de 2023, conforme Comunicado n. 90/2021 da Diretoria de Arrecadação, Cobrança e Recuperação de Dívida (Dicar).

Com o custo estimado definido, o contribuinte aplicará sobre ele o Percentual Médio de Crédito (PMC) – ou seja, a alíquota média das entradas das mercadorias, insumos e serviços recebidos relativos às saídas geradoras de crédito acumulado, a teor da coluna 13, item 2.6.1, do Anexo I da Portaria CAT n. 207/2009. Ato contínuo, deverá subtrair o montante de ICMS devido em razão da operação geradora, conforme o § 4º do art. 30 das DDTT do RICMS/SP, e, enfim, chegará à quantia final do crédito acumulado do qual poderá pleitear recuperação.

Já para os contribuintes cujo acréscimo mensal de crédito acumulado é superior ao limite previsto para a sistemática simplificada, é prevista a possibilidade de pleitear o imposto pela sistemática de apuração "custeio", que não tem limitador financeiro, contudo é uma metodologia muito mais complexa, podendo gerar dificuldades e alto custo de investimento para as empresas que precisarem ou optarem por sua utilização.

Nessa metodologia, o estabelecimento deverá declarar o custo e o imposto correspondente ao Fisco Estadual, de modo a correlacioná-los com cada saída de mercadoria ou produto e prestação de serviços, em escorreita conformidade com as informações declaradas na EFD ICMS/IPI e na GIA do ICMS. As informações solicitadas são as seguintes:

i) Todas as suas operações de entradas, sujeitas ou não às hipóteses de geração de crédito acumulado, sejam de insumos, energia elétrica ou prestações de serviço de transporte e comunicações.

ii) Todas as suas operações de saídas, sendo elas "causadoras" ou não de hipótese de geração de crédito.

iii) Consumo detalhado de todos os insumos ou materiais intermediários, por produto final produzido, em cada ordem de produção – caso se trate de empresas com atividades industriais.

iv) Controle de materiais industrializados por terceiros, bem como diversos registros auxiliares, por exemplo, as conversões de unidades de medida, cuja declaração não é obrigatória na sistemática simplificada.

Conforme mencionado, a apuração do crédito acumulado a que o contribuinte terá direito será determinada pela vinculação – à operação de saída geradora – do custo e imposto relativo à entrada dos insumos ou mercadorias para revenda, como disciplinado pelo art. 72-A do RICMS/SP, ou seja, não há falar na aplicação de IVA ou PMC para essa sistemática, mas sim em um "elo" entre todas as aquisições de insumos ou mercadorias para revenda, consumo detalhado por insumo, quantidade e unidade de medida nas ordens de produção de cada produto final – apenas para as indústrias –, e a posterior saída geradora de crédito acumulado, nas exatas quantidades e unidades de medida produzidas de acordo com as ordens de produção apresentadas.

Observa-se, portanto, que o e-CredAc custeio requer do contribuinte um nível relevante e delicado de informações fiscais, pois vincula os dados prestados nos Blocos C e H da EFD ICMS/IPI às aquisições, produções, vendas e controle de estoque declarados nos arquivos magnéticos, abrindo inclusive essas informações para fiscalização e possíveis questionamentos do Fisco.

Um dos grandes pontos de complexidade enfrentados pelas empresas decorre do fato de que os controles exigidos para atendimento da sistemática imposta pelas autoridades fiscais, especialmente aqueles relacionados a suas ordens de produção, não costumam ser os mesmos utilizados em suas linhas de produção. Ou seja, as empresas deverão "adaptar" ou "criar" novos controles de modo a atender aos moldes bastante "peculiares" das legislações relacionadas ao tema.

Formulado o pedido em qualquer uma das sistemáticas de apuração mencionadas anteriormente, a Administração terá o prazo máximo de 120 dias para análise do pleito, estabelecido pela Lei Estadual n. 10.177/1998, em seu art. 33.[2] Contudo, é comum que o Fisco ultrapasse esse período sem deferir a homologação do pedido – podendo levar essa análise, na prática, de dois a três anos. Nessa hipótese, o Tribunal de Justiça do Estado de São Paulo (TJSP) já se manifestou a favor do direito do contribuinte de realizar a correção monetária de seu crédito acumulado pela Taxa Selic a partir do 120º dia, nos autos da Apelação n. 1003766-87.2019.8.26.0322.[3]

Nesse contexto e dado o grande volume de ações judiciais relativas ao tema, importante mencionar o recente posicionamento do estado de São Paulo por meio do Decreto n. 66.921/2022 e da Portaria n. 54/2022 da Subsecretaria da Receita Estadual (SRE) no sentido de viabilizar a autorização para apropriação do crédito acumulado, antes da verificação pelo Fisco de que trata o art. 18 da Portaria CAT n. 26/2010, para o contribuinte classificado nas categorias "A+", "A" ou "B" do Programa de Estímulo à Conformidade Tributária – "Nos Conformes", instituído pela Lei Complementar n. 1.320/2018, observando-se as condições previstas nos incisos I a III do art. 45-A da Portaria CAT n. 26/2010. Trata-se de um grande avanço no tema aos contribuintes, uma vez que a classificação positiva no Programa "Nos Conformes" poderá garantir maior celeridade na fruição dos benefícios obtidos na conversão do saldo credor em crédito acumulado.

Dado o exposto, caberá ao contribuinte a tomada de decisão e a análise prática sobre qual sistemática de apuração é mais adequada para suas operações e cenário, considerando tanto o limitador da metodologia simplificada quanto a complexidade das informações apresentadas na metodologia custeio. Ainda, atentar ao prazo de análise do pleito, após

---

2   "Artigo 33. O prazo máximo para decisão de requerimentos de qualquer espécie apresentados à Administração será de 120 (cento e vinte) dias, se outro não for legalmente estabelecido.
§ 1º Ultrapassado o prazo sem decisão, o interessado poderá considerar rejeitado o requerimento na esfera administrativa, salvo previsão legal ou regulamentar em contrário.
§ 2º Quando a complexidade da questão envolvida não permitir o atendimento do prazo previsto neste artigo, a autoridade cientificará o interessado das providências até então tomadas, sem prejuízo do disposto no parágrafo anterior.
§ 3º O disposto no § 1º deste artigo não desonera a autoridade do dever de apreciar o requerimento."

3   TJSP, Apelação / Remessa Necessária n. 1003766-87.2019.8.26.0322, Rel. Djalma Lofrano Filho, 13ª Câmara de Direito Público, Foro de Lins – 3ª Vara Cível, j. 01.06.2021; data de registro: 01.06.2021.

a transmissão dos arquivos magnéticos, buscando a correção monetária quando findo o período de 120 dias sem notificação da Fazenda.

Por fim, além de São Paulo (unidade federativa com maior volume de saldo credor no país), diversos outros estados têm sistemáticas específicas para apuração e monetização do crédito acumulado de ICMS, por exemplo, o estado do Paraná e seu Sistema de Controle da Transferência e Utilização de Créditos Acumulados (Siscred), que permite a utilização dos créditos para pagamentos desvinculados da conta gráfica, aquisições em licitações públicas e até mesmo a transferência dos créditos para terceiros previamente credenciados, consoante os arts. 50 a 61 do Decreto n. 7.871/2017 (RICMS/PR), cuja homologação, em geral, ocorre apenas após vasta fiscalização pela Fazenda.

Descritos os principais pontos de complexidade enfrentados pelas empresas em decorrência de legislações específicas e exigências de criação de controles auxiliares que se destinam exclusivamente ao atendimento dos requisitos obrigatórios das autoridades fiscais para monetização e consequente "recuperação" do saldo credor já acumulado nas escritas fiscais das empresas, passaremos a discorrer sobre um dos principais mecanismos disponíveis e que visam reduzir as hipóteses de geração do saldo credor mensalmente: os pedidos de regimes especiais de tributação do ICMS.

12.3.2 Dos procedimentos para redução das hipóteses de geração do saldo credor

Ainda que as empresas busquem monetizar seu saldo credor por meio da conversão em crédito acumulado, valendo-se dos procedimentos previstos pelos estados, ainda há ausência de um plano de ação que vise reduzir as hipóteses de geração futuras. Isto é, sem uma reflexão sobre seu modo de operar (seja sobre a ótica logística ou de arrecadação), que busque mitigar as causas futuras de acúmulo de saldo credor, decerto haverá, novamente, montantes significativos de saldos credores nas contas gráficas. Essa situação originará a necessidade de um novo pleito de recuperação de crédito acumulado perante a Fazenda Estadual em até cinco anos, para que a quantia não prescreva.

Um dos mecanismos disponíveis às empresas é a concessão de regimes especiais de tributação, a ser concedido pelas Secretarias das Fazendas Estaduais.

Os regimes especiais podem ser definidos como tratamentos diferenciados com relação à regra geral de exigência do imposto e ao cumprimento das obrigações acessórias, como bem definido pelo parágrafo único do art. 131 do Decreto n. 21.400/2002 do estado de Sergipe – Regulamento do ICMS (RICMS/SE),[4] podendo ser concedidos na forma de diferimentos, suspensões ou até mesmo outorga de créditos presumidos.

---

4   "Art. 131. Em casos peculiares e objetivando facilitar o cumprimento das obrigações principal e acessórias pelos contribuintes do ICMS, poder-se-á adotar Regime Especial de Tributação.
Parágrafo único. Entende-se por Regime Especial de Tributação, todo e qualquer tratamento diferenciado em relação às regras gerais de exigência do imposto e de cumprimento das obrigações acessórias, sem que deste resulte desoneração da carga tributária."

Para que a cessão de regimes especiais seja respaldada de validade, seus termos devem ser fundamentados em convênios ICMS celebrados e ratificados pelos estados e o Distrito Federal, nos termos do art. 1º da Lei Complementar n. 24/1975, sendo necessária decisão unânime das unidades federativas, a teor do § 2º do art. 2º do referido diploma legal.

Por fim, em até 15 dias contados a partir da publicação do convênio no *Diário Oficial da União*, o estado deverá publicar decreto para ratificar e internalizar a legislação e, somente aí, conceder regimes que tenham validade legal. Reside nesse ponto o primeiro empecilho à concessão de regimes especiais, pois não ficam apenas a critério da unidade federada que sofrerá o ônus tributário: requerem aval da unanimidade dos estados e Distrito Federal.

Considerando superada a etapa da publicação de legislação para se obter um regime especial, tem-se ainda todo o trâmite de elaboração da solicitação ao Fisco, bem como, o processo moroso e averiguação da saúde fiscal da empresa na obtenção do deferimento do regime especial para que então possa ser aplicado.

A aplicação do regime especial que tenha única e exclusivamente a dependência da empresa necessita apenas de parâmetros sistêmicos que permitam sua prática, em geral no mês seguinte a sua concessão. Por outro lado, aquele que tem relação com terceiros irá requerer uma força-tarefa não apenas do time de *expertise* tributária, mas em algumas situações de negociação envolvendo inclusive outras áreas.

Embora os regimes especiais enfrentem a dependência da autorização do Fisco e da manutenção da lisura fiscal das empresas aderentes a eles, têm o condão de tratar a causa raiz e de corrigir o descompasso das alíquotas de entrada *versus* as de saída, possibilitando o controle do crédito e projetando sua efetiva realização ao longo dos meses futuros, além de se concatenar com outras ações aceleradoras da realização dos créditos.

Conforme citado anteriormente, o e-CredAc é um instrumento de recuperação do crédito acumulado que necessita também do envolvimento de outras áreas da empresa para sua efetiva construção, especificamente quando se tratar do sistema de custeio. Para implementá-lo, é fundamental o árduo trabalho de mergulhar e entender o sistema de custeio da empresa aliado ao convencimento e envolvimento de áreas específicas como a de custos e a de tecnologia.

O levantamento dessas informações é geralmente de alto volume e de extrema complexidade, o que requer ainda o cruzamento do cálculo do crédito a cuja recuperação se tem direito com os demais dados das obrigações acessórias em busca de se preparar para possíveis explicações ao Fisco, que certamente fará auditoria no pleito requerido.

Outro fator prático que aumenta a complexidade do tema refere-se à submissão dos arquivos ao sistema da Secretaria da Fazenda para seu pré-acolhimento, uma vez que os arquivos são submetidos a um processo lógico de validação do sistema que considera a ordem cronológica de transporte de saldo. Eis a importância dos cruzamentos internos dos dados, conforme dito anteriormente.

Há que ressaltar que a análise do Fisco pode ter diversos objetivos, como o de averiguar se o crédito pleiteado não é superior ao efetivamente de direito ou o de analisar a totalidade de créditos que compõem o saldo credor independentemente daquele que está sendo solicitado. Não há de fato uma regra única para o processo de auditoria fiscal; depende da particularidade de cada auditor. No entanto, caso, sistemicamente, sejam cumpridos todos os requisitos de validação, cruzamento de dados e esclarecimentos adicionais, o delegado regional tributário poderá deferir o direito ao crédito. Tal decisão seguirá o processo de submissão à Coordenadoria de Fiscalização, Cobrança, Arrecadação, Inteligência de Dados e Atendimento (CFIS) (antiga Diretoria Executiva da Administração Tributária – DEAT) para lançar e cadastrar de ofício, no sistema e-CredAc, a decisão exarada pelas autoridades superiores quanto à utilização do crédito.

Importante salientar que o montante pleiteado fica limitado ao valor do saldo credor constante na EFD ICMS/IPI.

Nesse sentido, vale destacar que, recentemente, o Governo paulista editou a Portaria n. 54/2022, que incluiu a redação do art. 45-A na Portaria CAT n. 26/2010 e, que passou a autorizar a apropriação do crédito acumulado antes da verificação do Fisco[5] para contribuintes de acordo com a classificação no programa "Nos Conformes", instituído pela Lei Complementar n. 1.320/2018, a partir de 1º de setembro de 2022:

> I – para o contribuinte classificado na categoria "A+" será liberado 100% do crédito acumulado antes da verificação fiscal, dispensada a apresentação de garantia;
>
> II – para o contribuinte classificado na categoria "A" será liberado 80% do crédito acumulado antes da verificação fiscal, podendo solicitar o restante mediante apresentação de garantia correspondente a 20% desse valor;
>
> III – para o contribuinte classificado na categoria "B" será liberado 50% do crédito acumulado antes da verificação fiscal, podendo solicitar o restante mediante apresentação de garantia correspondente a 50% desse valor.
>
> § 1º O valor do crédito acumulado previsto nos incisos I a III será o menor entre:
>
> 1 – o valor do pedido;
>
> 2 – o menor valor de saldo credor apurado no Livro de Registro de Apuração do ICMS e transcrito na correspondente Guia de Informação e Apuração do ICMS – GIA no período compreendido desde o mês da geração até o da apropriação.

Por fim, cabe salientar que é possível associar uma série de outras ações às citadas anteriormente visando contribuir para estancar a geração do saldo credor e que envolvam diversas áreas da empresa para que, em conjunto, possam efetuar análises coadjuvantes como a revisão da malha logística e da cadeia de suprimentos.

A governança de saldo credor tem o objetivo de amortizar o impacto no fluxo de caixa, já que esse crédito não está sujeito a atualização monetária desde sua origem de forma sistemática.

---

5   "Artigo 45-A. [...]
      § 2º Para a aplicação dos procedimentos simplificados de que trata o 'caput', serão admitidos, apenas, os pedidos relativos às 25 (vinte e cinco) referências mensais imediatamente anteriores ao mês do registro do pedido no sistema eCredAc.
      § 3º Para fins de enquadramento na classificação prevista nos incisos I a III do 'caput', serão considerados os 12 (doze) meses imediatamente anteriores ao do registro do pedido no sistema eCredAc."

12.4 CONSIDERAÇÕES FINAIS

Pelo exposto, depreende-se que a formação do saldo credor de ICMS pode advir de diversas origens, todavia é fundamental que se tenha profundo conhecimento das operações da companhia para que se possa evitá-lo e, em sua inevitável formação, buscar soluções alternativas, por exemplo, a revisitação da cadeia logística e de suprimentos, e também os instrumentos legais que os governos dos estados permitem, tais como os regimes especiais e a sistemática de recuperação do crédito junto ao Fisco.

Em resumo, o impacto do saldo credor no fluxo de caixa é muito importante para as companhias, uma vez que, além de ficar gravado nas demonstrações financeiras, não tem atualização sistêmica que possa ser transparente para as partes, o que, em geral, causa um grande prejuízo no aspecto financeiro e um grande trabalho investido em busca de sua recuperação pelas empresas.

REFERÊNCIAS

BRASIL. *Lei Complementar n. 24, de 7 de janeiro de 1975*. Dispõe sobre os convênios para a concessão de isenções do imposto sobre operações relativas à circulação de mercadorias, e dá outras providências. *DOU*, 9 jan. 1975.

PARANÁ. *Decreto n. 7.871, de 29 de setembro de 2017*. Regulamento do Imposto sobre Operações Relativas à Circulação de Mercadorias e sobre Prestações de Serviços de Transporte Interestadual e Intermunicipal e de Comunicação do Estado do Paraná – RICMS/PR. *DOE*, n. 10040, de 2 out. 2017.

SÃO PAULO. *Decreto n. 45.490, de 30 de novembro de 2000*. Aprova o Regulamento do Imposto Sobre Operações Relativas à Circulação de Mercadorias e Sobre Prestações de Serviços de Transporte Interestadual e Intermunicipal e de Comunicação – RICMS. *DOE*, 1 dez. 2000.

SÃO PAULO. *Lei n. 10.177, de 30 de dezembro de 1998*. Regula o processo administrativo no âmbito da Administração Pública Estadual. São Paulo, 1998. Disponível em: https://www.al.sp.gov.br/repositorio/legislacao/lei/1998/lei-10177-30.12.1998.html. Acesso em: 18 jul. 2022.

SÃO PAULO. *Lei Complementar n. 1.320, de 6 de abril de 2018*. Institui o Programa de Estímulo à Conformidade Tributária – "Nos Conformes", define princípios para o relacionamento entre os contribuintes e o Estado de São Paulo e estabelece regras de conformidade tributária. São Paulo, 2018.

SÃO PAULO. Tribunal de Justiça do Estado de São Paulo. *Apelação / Remessa Necessária n. 1003766-87.2019.8.26.0322*. Rel.: Djalma Lofrano Filho – 13ª Câmara de Direito Público, Foro de Lins – 3ª Vara Cível, 1º de junho de 2021. Data de registro: 1º de junho de 2021.

SERGIPE. *Decreto n. 21.400, de 10 de dezembro de 2002*. Aprova o novo Regulamento do Imposto sobre Operações Relativas à Circulação de Mercadorias e sobre Prestações de Serviços de Transporte Interestadual e Intermunicipal e de Comunicação – ICMS.

13

ESTORNO DE CRÉDITOS DE ICMS DECORRENTES DE BENEFÍCIOS CLASSIFICADOS COMO SUBVENÇÃO PARA INVESTIMENTO – INDEDUTIBILIDADE PARA FINS DE IRPJ E CSLL

Paulo Lima
Paula Virgínia Romano
Flávia Paes Mendonça

13.1 INTRODUÇÃO

Com a introdução dos §§ 4º e 5º no art. 30 da Lei n. 12.973/2014 (BRASIL, 2014) por intermédio da Lei Complementar n. 160/2017 (BRASIL, 2017a), doravante denominada LC n. 160/2017, muitos contribuintes passaram a considerar determinados benefícios de ICMS (Imposto sobre Operações relativas à Circulação de Mercadorias e Prestações de Serviços de Transporte Interestadual e Intermunicipal e de Comunicação), por exemplo, créditos presumidos, créditos outorgados, entre outros, como subvenções para investimento, desde que houvesse destinação para implantação ou expansão de empreendimentos econômicos.

Ocorre que, por vezes, os poderes concedentes estabelecem como condição para fruição dos benefícios de ICMS outorgados o estorno dos créditos correspondentes às entradas/aquisições de mercadorias.

Este capítulo trata da discussão acerca da possibilidade ou não de deduzir como custo a parcela dos créditos de ICMS estornados, assumindo a classificação dos benefícios de ICMS como subvenção para investimento para fins de determinação do lucro real e da base de cálculo da CSLL.

13.2 SUBVENÇÕES PARA INVESTIMENTO NAS BASES DE IRPJ E CSLL, PÓS-LEI COMPLEMENTAR N. 160/2017 – SISTEMÁTICA

Com o advento da LC n. 160/2017, alterando o art. 30 da Lei n. 12.973/2014, um novo tratamento tributário foi atribuído aos benefícios fiscais estaduais. Com efeito, passaram a ser considerados como subvenção para investimento todos os incentivos fiscais de ICMS concedidos pelos estados e pelo Distrito Federal. Vejamos:

Art. 30. [...]

§ 4º Os incentivos e os benefícios fiscais ou financeiro-fiscais relativos ao imposto previsto no inciso II do *caput* do art. 155 da Constituição Federal, concedidos pelos Estados e pelo Distrito Federal, são considerados subvenções para investimento, **vedada a exigência de outros requisitos ou condições não previstos neste artigo** (grifos nossos).

A inovação jurídica introduzida pela LC n. 160/2017 conferiu um novo tratamento tributário aos incentivos fiscais estaduais e representou uma ruptura, ou mudança de paradigma, na jurisprudência formada no Conselho Administrativo de Recursos Fiscais (Carf), que até esse momento julgava os benefícios concedidos pelos estados de acordo com suas características e com critérios estabelecidos na legislação fiscal, no intuito de classificá-los como subvenção para investimento ou como subvenção para custeio.

O art. 10 da LC n. 160/2017 estabeleceu, ainda, que o tratamento dado como subvenção para investimento aplica-se inclusive aos incentivos fiscais de ICMS instituídos sem aprovação unânime do Conselho Nacional de Política Fazendária (Confaz) por legislação estadual, desde que atendidas as respectivas exigências de registro e depósito, condições implementadas no art. 3º dessa mesma lei.

A intenção da promulgação dessa lei foi inaugurar um novo capítulo, com maior segurança jurídica, uma clara tentativa de encerrar a discussão que existiu por décadas a respeito da classificação desses benefícios fiscais ou financeiro-fiscais, concedidos pelos estados e pelo Distrito Federal.

Com essa discussão superada, ficou evidente que referidos benefícios passaram a ser tratados como subvenções para investimento e não como subvenções para custeio, e não mais seriam objeto de tributação pelo Imposto sobre a Renda das Pessoas Jurídicas (IRPJ) e pela Contribuição Social sobre o Lucro Líquido (CSLL).[1]

De acordo com a Instrução Normativa n. 1.700/2017 (BRASIL, 2017c) da Receita Federal do Brasil (RFB), a exclusão no lucro real e na base de cálculo da CSLL dos valores relativos aos benefícios fiscais estaduais concedidos está condicionada à manutenção dos respectivos montantes em reserva de lucros, podendo ser utilizados apenas para absorção de prejuízos ou aumento do capital social.

Vale indicar que, em 2017, foi celebrado o Convênio ICMS n. 190 (BRASIL, 2017b), publicado pelo Confaz, que esclarece quais espécies de benefícios fiscais concedidos estão incluídos na norma. Vejamos:

Cláusula primeira, § 4º Para os fins do disposto neste convênio, os benefícios fiscais concedidos para fruição total ou parcial, compreendem as seguintes espécies:

I – isenção;

II – redução da base de cálculo;

III – manutenção de crédito;

---

1   Neste capítulo, não exploraremos aspectos relacionados a outros tributos e contribuições federais (notadamente o PIS e a Cofins), tendo em vista que a discussão principal está direcionada ao IRPJ e à CSLL.

IV – devolução do imposto;

V – crédito outorgado ou crédito presumido;

VI – dedução de imposto apurado;

VII – dispensa do pagamento;

VIII – dilação do prazo para pagamento do imposto, inclusive o devido por substituição tributária, em prazo superior ao estabelecido no Convênio ICM 38/88, de 11 de outubro de 1988, e em outros acordos celebrados no âmbito do Confaz;

IX – antecipação do prazo para apropriação do crédito do ICMS correspondente à entrada de mercadoria ou bem e ao uso de serviço previstos nos arts. 20 e 33 da Lei Complementar n. 87, de 13 de setembro de 1996;

X – financiamento do imposto;

XI – crédito para investimento;

XII – remissão;

XIII – anistia;

XIV – moratória;

XV – transação;

XVI – parcelamento em prazo superior ao estabelecido no Convênio ICM 24/75, de 5 de novembro de 1975, e em outros acordos celebrados no âmbito do Confaz;

XVII – outro benefício ou incentivo, sob qualquer forma, condição ou denominação, do qual resulte, direta ou indiretamente, a exoneração, dispensa, redução, eliminação, total ou parcial, do ônus do imposto devido na respectiva operação ou prestação, mesmo que o cumprimento da obrigação vincule-se à realização de operação ou prestação posterior ou, ainda, a qualquer outro evento futuro.

Note-se que o rol é amplo, com o intuito de enquadrar qualquer espécie de benefício fiscal estadual como subvenção para investimento e, por consequência, de considerá-lo não tributável para fins de IRPJ e CSLL.

Superada a discussão no contexto mais amplo, passamos ao tema principal deste capítulo, que compreende uma situação peculiar vivenciada pelos contribuintes estaduais. Trata-se da dedutibilidade, para fins de cálculo do imposto de renda e da contribuição social, da despesa ou do custo decorrente da baixa do crédito de ICMS estornado em razão da fruição de benefício fiscal.

13.3 DAS SOLUÇÕES DE CONSULTA DA RECEITA FEDERAL DO BRASIL

Uma situação fática ocorrida no estado de São Paulo iniciou toda a discussão objeto principal deste capítulo. Determinado contribuinte, em gozo de crédito outorgado pela legislação paulista, com a respectiva obrigação fiscal de proceder ao estorno dos créditos de ICMS tomados na aquisição dos insumos utilizados na produção das mercadorias abrangidas pelo regime de crédito outorgado, procedeu a consulta formal à RFB questionando qual o montante a ser registrado como subvenção para investimento, para fins de apuração dos tributos federais.

Nesse sentido, questionava se o montante a ser considerado como subvenção para investimento, e por consequência excluído da apuração da base de cálculo do IRPJ e da

CSLL, seria o valor do crédito de ICMS outorgado pelo estado incidente nas operações internas de venda de mercadoria ou a diferença apurada entre o valor do crédito outorgado e o valor do estorno realizado.

Em resposta a esse questionamento, a RFB apresentou o entendimento exarado na Solução de Consulta Cosit n. 15, de 18 de março de 2020 (BRASIL, 2020), doravante denominada SC 15/2020, de que o valor do crédito de ICMS apropriado na entrada e posteriormente estornado para obtenção do benefício fiscal não poderia ser deduzido como custo ou despesa para fins de apuração da base de cálculo do IRPJ e da CSLL. Vejamos:

> Assunto: Imposto sobre a Renda de Pessoa Jurídica – IRPJ SUBVENÇÃO PARA INVESTIMENTO. CRÉDITO DE ICMS. ESTORNO.
>
> O valor correspondente ao crédito outorgado de ICMS pelo Estado de São Paulo, com base no art. 41 do Anexo III do Regulamento do ICMS, aprovado pelo Decreto n. 45.490, de 30 de novembro de 2000 c/c a Portaria CAT n. 35, de 26 de maio de 2017, é uma receita que pode ser excluída da base de cálculo do IRPJ, por ser legalmente considerado uma subvenção para investimento, desde que observados os requisitos estabelecidos na legislação de regência.
>
> **O valor do crédito de ICMS tomado na entrada no insumo e estornado para obtenção da benesse fiscal não pode ser considerado como custo ou despesa para fins de apuração da base de cálculo do IRPJ. Assim, se este valor for deduzido na apuração do lucro líquido, deverá ser adicionado na determinação do lucro real do período correspondente** (mesmos termos para CSLL – grifos nossos).

O argumento utilizado pelo Fisco Federal para respaldar seu entendimento foi no sentido de que, para que um imposto seja considerado como não recuperável e integre o custo do produto produzido, a pessoa jurídica não deve ter meios de recuperar o valor dos créditos. O fundamento utilizado pelas autoridades fiscais foi no sentido de que o crédito de ICMS registrado em face da compra de insumos, apesar de ser um imposto recuperável, perdeu suas características por mera liberalidade do contribuinte, que, visando à manutenção do incentivo fiscal estadual, procedeu a seu estorno. Logo, não poderia tal estorno ser considerado como custo, devendo o respectivo valor ser adicionado na determinação do lucro real.

Esse tema teve bastante repercussão e tornou-se matéria preocupante para as empresas beneficiadas pelos incentivos estaduais. Até este momento, após o advento da LC n. 160/2017, tais incentivos estavam sendo tratados como subvenção para investimento e as exigências legais do estorno do crédito de ICMS relativo às entradas eram tratadas como custos do insumo adquirido (ou como créditos não recuperáveis), sem nenhum impacto quanto a sua dedutibilidade para fins de IRPJ e CSLL.

A consulta foi negativa para muitos contribuintes, pois trata-se de situação comum a concessão de incentivos fiscais estaduais mediante crédito outorgado, crédito presumido ou redução de base de cálculo, com exigência de contrapartida dos estornos dos créditos de ICMS relativos às aquisições de mercadorias e insumos pela pessoa jurídica.

Adicionalmente, o tema foi novamente abordado pela RFB por meio da recente Solução de Consulta Cosit n. 12, de 25 de março de 2022 (BRASIL, 2022), doravante denominada

SC 12/2022, cujo entendimento, em que pese alguns dizeres reformados quando comparada à SC 15/2020, manteve conclusão similar em relação à indedutibilidade do estorno do crédito de ICMS.

Vejamos:

> Assunto: Imposto sobre a Renda de Pessoa Jurídica – IRPJ
>
> [...]
>
> INCENTIVOS FISCAIS. ESTADO DE SÃO PAULO. BENEFÍCIO PREVISTO NO ART. 41 DO ANEXO III DO REGULAMENTO DO ICMS/SP C/C PORTARIA CAT 35/2017. INCENTIVOS E BENEFÍCIOS FISCAIS OU FINANCEIROS-FISCAIS RELATIVOS AO ICMS. CRÉDITO DE ICMS. ESTORNO.
>
> Na hipótese em que a consulente demonstre o cumprimento dos requisitos exigidos pelo art. 30 da Lei n. 12.973, de 2014, o montante a ser excluído para fins de apuração do lucro real equivale à diferença entre o "crédito outorgado" e o crédito "estornado", a que se referem os dispositivos da legislação estadual apontada.
>
> A operacionalização conjunta e simultânea do benefício previsto no art. 41 do anexo III do RICMS/SP transforma o estorno e o crédito outorgado em crédito presumido. Por tal razão, o valor do crédito de ICMS tomado na entrada no insumo e operacionalmente estornado para obtenção da benesse fiscal não pode ser considerado como custo ou despesa para fins de apuração da base de cálculo do IRPJ. Assim, se este valor for deduzido na apuração do lucro líquido, deverá ser adicionado na determinação do lucro real do período correspondente.
>
> Na hipótese em que a administração tributária profira entendimento no sentido de que não há recebimento de crédito adicional, mas sim irrecuperabilidade do crédito estornado, este será dedutível para fins de apuração do lucro real, desde que reconhecida receita de subvenção no montante equivalente ao crédito outorgado.
>
> Reforma a Solução de Consulta Cosit n. 15, de 18 de março de 2020 (mesmos termos para CSLL).

De acordo com essas diretrizes, no caso de o benefício fiscal ser traduzido em crédito presumido, pode ser registrado apenas pela diferença entre o crédito presumido e o crédito estornado para sua obtenção. Com efeito, dessa forma, o valor da reserva de incentivo fiscal a ser destacado no patrimônio líquido da empresa (e sujeito a não distribuição sob nenhuma forma) passou a ser consideravelmente menor, o que por um lado é positivo.

No teor integral da SC 12/2022, a Cosit (Coordenação-Geral de Tributação) reconhece que o crédito presumido de ICMS pode ser registrado contabilmente de duas formas, que levariam a valores diferentes a serem registrados a título de receitas de subvenção. Poderia (1) a subvenção para investimento ser registrada líquida do valor do crédito que foi estornado, ou poderia ser registrada (2) de forma integral, com o estorno dos créditos de ICMS compondo o custo do insumo adquirido.

Porém, em continuidade, determinam os dizeres da solução de consulta que, independentemente do formato contábil, um mesmo crédito presumido só pode representar um mesmo benefício final, que é a diferença entre o valor que seria recolhido sem o benefício e aquele efetivamente recolhido com o benefício. Conclui, assim, que o valor da subvenção é sempre o mesmo: a quantia que deixa de ser recolhida ao ente estatal, não importando sua forma de contabilização.

Por conseguinte, o estorno do crédito de ICMS na aquisição dos insumos, em virtude do gozo do benefício fiscal estadual, seria indedutível para fins de IRPJ e CSLL.

Esse entendimento, todavia, merece maiores análises. Tal como muitos outros temas fiscais, podemos observá-lo (e justificá-lo) como decisão norteada por aspectos eminentemente econômicos. Em outra vertente, é possível realizar uma narrativa contrária ao entendimento do Fisco Federal, assumindo aspectos jurídicos balizados por princípios legais que norteiam o direito tributário.

13.4 DISCUSSÕES ACERCA DA INDEDUTIBILIDADE DE CUSTOS PARA IRPJ/CSLL NA JURISPRUDÊNCIA E NA RECEITA FEDERAL DO BRASIL

Em uma situação ordinária, os contribuintes estaduais, quando da aquisição de mercadorias, reconhecem o crédito fiscal de ICMS como tributo recuperável, em razão da característica da não cumulatividade tributária desse imposto. Assim, regra geral, o lançamento desse montante é realizado em conta do ativo circulante ("ICMS a recuperar"), de forma segregada ao custo da mercadoria adquirida, registrada em conta de estoque (custo, em rubrica de resultado, por ocasião da baixa da mercadoria, inclusive por venda).

O formato dessa contabilização está de acordo com o Pronunciamento Técnico CPC 16 (R1) – Estoques (CPC, 2009), o qual determina no item 11 que:

> 11. O custo de aquisição dos estoques compreende o preço de compra, os impostos de importação e outros tributos (exceto os recuperáveis junto ao fisco), bem como os custos de transporte, seguro, manuseio e outros diretamente atribuíveis à aquisição de produtos acabados, materiais e serviços. Descontos comerciais, abatimentos e outros itens semelhantes devem ser deduzidos na determinação do custo de aquisição. (Alterado pela Revisão CPC 01).

O art. 301 do Regulamento do Imposto de Renda do ano de 2018 (BRASIL, 2018), no mesmo sentido, estabelece que o custo de aquisição de mercadorias destinadas à revenda compreenderá os de transporte e seguro até o estabelecimento do contribuinte e os tributos devidos na aquisição ou na importação, incluídos os gastos com desembaraço aduaneiro. Os impostos recuperáveis por meio de créditos na escrita fiscal não integram o custo de aquisição.

Assim, temos como regra que os tributos na aquisição de insumos/mercadorias pelo adquirente devem ser lançados na contabilidade como custo, salvo quando verificada sua recuperabilidade. As próprias autoridades fiscais já manifestaram entendimento reconhecendo que o tributo, mesmo aquele ordinariamente recuperável, quando excluída essa possibilidade, poderá ser incorporado ao custo.

> ICMS NÃO RECUPERÁVEL. INCLUSÃO NO CUSTO. LICITUDE. A regra geral é que o ICMS recuperável na escrita fiscal não compõe o custo da mercadoria adquirida. No entanto, quando o produto adquirido for para consumo ou se tratar de vendas sem a incidência do ICMS, a aquisição da mercadoria com ICMS destacado deixará de ser recuperável uma vez que, ou não haverá saída de produtos ou esses produtos sairão do estabelecimento sem o destaque do imposto.

Assim, é lícita a apropriação como custo dos créditos do imposto estornados pelo fisco estadual em razão da concessão de crédito presumido pelos Estados de origem das matérias-primas [...] (Carf, Processo n. 15563.000136/200968, Acórdão n. 1202000.944, 2ª Câmara / 2ª Turma Ordinária, Sessão de 06.03.2013).

TRIBUTÁRIO E PROCESSUAL CIVIL. RECURSO ESPECIAL. CRÉDITO DE ICMS NÃO APROVEITADO. RECONHECIMENTO DO DIREITO À INCLUSÃO EM CUSTOS. SITUAÇÃO PARTICULAR DA EMPRESA EXPORTADORA RECORRIDA. INEXISTÊNCIA DE OFENSA AO ART. 535 DO CPC. FUNDAMENTAÇÃO DO ACÓRDÃO DIVORCIADA DOS ELEMENTOS CONSTANTES NOS DISPOSITIVOS APONTADOS VIOLADOS.

Trata-se de recurso especial fundado na alínea "a" do permissivo constitucional, interposto pela Fazenda Nacional em autos de mandado de segurança preventivo impetrado contra o Delegado da Receita Federal em Blumenau, contra acórdão que, reformando a sentença, reconheceu à empresa contribuinte o direito de considerar como custo o saldo credor do ICMS ainda não aproveitado no ano, excluindo os valores afetos a essa receita do conceito de lucro, a não ensejar a incidência de IRPJ e CSLL. O principal argumento apresentado pela Fazenda, em recurso especial, refere-se à apontada infração do artigo 535 do CPC, porquanto o acórdão teria deixado de examinar teor inscrito nos artigos 187, § 1º da Lei 6.404/76, 248, 289, § 3º e 299, §§ 1º e 2º do Decreto 3.000/99, os quais, segundo se afirma, vedam o procedimento fiscal autorizado pelo julgado atacado.

Com efeito, o núcleo da fundamentação do acórdão explicita que a denegação do pedido formulado em recurso de apelação pela empresa contribuinte, no caso concreto, resultaria em tributação indevida, como se demonstra: A impossibilidade da consideração como custo do ICMS suportado na aquisição de mercadorias, para fins de apuração do lucro, pode não afrontar a capacidade contributiva quando haja, efetivamente, a utilização de tais créditos no pagamento de ICMS e/ou funcione adequadamente a sistemática de ressarcimentos. Porém, em se tratando de empresa exportadora imune ao pagamento de ICMS, que se vê acumulando créditos mês a mês sem que consiga transferir a terceiros tampouco obter junto ao Estado o ressarcimento de tal custo tributário, a norma do regulamento que proíbe que se considere o ICMS suportado como custo (art. 289, § 3º, do Dec. 3.000/99) acaba por implicar a tributação de lucro inexistente, tanto a título de IRPJ como de CSLL. Esse argumento não mereceu impugnação específica. Recurso especial não conhecido (REsp 1011531/SC, Rel. Ministro José Delgado, 1ª Turma, j. 20.05.2008, *DJe* 23.06.2008).

ASSUNTO: IMPOSTO SOBRE A RENDA DE PESSOA JURÍDICA – IRPJ. EMENTA: LUCRO REAL. CUSTOS DE MERCADORIAS VENDIDAS. ESTOQUES. CUSTO DE AQUISIÇÃO. ICMS. LANÇAMENTO DE OFÍCIO. JUROS DE MORA. NÃO RECUPERÁVEL. INCLUSÃO. Para fins de apuração do lucro real, o valor do ICMS objeto de lançamento de ofício, quando não recuperável como crédito na escrita fiscal do contribuinte, compõe o custo de aquisição da respectiva mercadoria destinada à venda, e os juros de mora a ele acrescidos constituem despesa dedutível. DISPOSITIVOS LEGAIS: Decreto n. 3.000, de 1999 (RIR/1999), arts. 247, 289, 290, inc. I; Lei n. 6.404, de 1976, art. 187; PN CST n. 174, de 1974. LUCRO REAL. DESPESAS. ICMS. MULTA DE OFÍCIO. JUROS DE MORA. DEDUTIBILIDADE. São indedutíveis, na apuração do lucro real, a multa de ofício por falta de pagamento do ICMS e os juros de mora a ela acrescidos. DISPOSITIVOS LEGAIS: Lei n. 5.172, de 1966, art. 3º; Decreto n. 3.000, de 1999 (RIR/1999), arts. 247, 289, 290, inc. I, e 344, § 5º; PN CST n. 61, de 1979 (SCRFB, Solução de Consulta n. 208, Rel: não informado; órgão julgador: Cosit; data da decisão: 05.08.2015; data de publicação: 04.12.2015).

Colacionamos precedentes administrativos e judiciais reconhecendo que o contribuinte tem direito ao registro como custo do crédito de ICMS não recuperável e, por consequência, à dedutibilidade desses valores.

Assim, precisa ser discutida a motivação singular presente na SC 15/2020 e na SC 12/2022 que justificou a decisão do ente administrativo sobre a não dedutibilidade do estorno do crédito de ICMS para gozo da subvenção para investimento, pois, ao que nos parece, trata-se de um caso semelhante de irrecuperabilidade de crédito tributário dos julgados citados.

13.5 VISÃO JURÍDICA *VERSUS* VISÃO ECONÔMICA DO TEMA

É interessante destacar que, nas decisões contidas nas soluções de consulta mencionadas, a autoridade fiscal norteia sua conclusão pelo fato de o estorno de créditos de ICMS reconhecidos na entrada das mercadorias ter sido efetuado por liberalidade do contribuinte.

Parece-nos, porém, que essa é uma premissa equivocada. O fato de determinado benefício fiscal estabelecer como condição o estorno dos créditos de ICMS registrados nas entradas das mercadorias é uma previsão normativa cuja aplicação não é opcional, mas sim obrigatório-condicional, para o contribuinte que a aplica. Isto é, existe uma obrigação legal específica, reproduzida pelos ditames da norma legal que norteia o benefício fiscal, para condicionar o contribuinte a estornar os créditos de ICMS das entradas, sob pena de não gozar plenamente do benefício que lhe está sendo alcançado.

Adicionalmente, possível argumento de que os custos com ICMS não são decorrentes da realização de transações exigidas pela atividade da empresa não procede.

Ora, no caso concreto da concessão desses benefícios, nota-se que todo o crédito estornado transforma-se em tributo não recuperável, custo para a sociedade, e, como se sabe, o custo advém do exercício da atividade produtiva da empresa.

Sabe-se que as empresas não buscam a aplicação de regimes de tributação distintos dos que adotam por mera liberalidade, mas sim pela necessidade de obter a maior eficiência tributária possível em suas cadeias produtivas, sendo alavancadas por questões relativas à manutenção da competitividade perante seus concorrentes.

Nesse sentido, aplicar uma regra de indedutibilidade geral do Regulamento do Imposto sobre a Renda com base em uma liberalidade não existente nos parece ofender o princípio da estrita legalidade em matéria tributária, senão vejamos.

13.5.1 Do princípio da legalidade e da exclusão da hipótese de incidência

Conforme descrito no artigo *Três Observações da Legalidade Tributária*, publicado na *Revista de Direito Tributário Atual em 2021*, do Instituto Brasileiro de Direito Tributário (IBDT), de autoria de Eduardo Kowarick Halperin (2021), não se pode analisar o princípio da legalidade tributária sem avaliar o julgado proferido pelo Supremo Tribunal Federal no Recurso Extraordinário (RE) n. 1.043.313. Transcrevemos a seguir trechos da decisão.

Cap. 13 – ESTORNO DE CRÉDITOS DE ICMS DECORRENTES DE BENEFÍCIOS CLASSIFICADOS COMO SUBVENÇÃO PARA... | 157

> 1. A observância do princípio da legalidade tributária é verificada de acordo com cada espécie tributária e à luz de cada caso concreto, sendo certo que não existe ampla e irrestrita liberdade para o legislador realizar diálogo com o regulamento no tocante aos aspectos da regra matriz de incidência tributária.
>
> 2. Para que a lei autorize o Poder Executivo a reduzir e restabelecer as alíquotas da contribuição ao PIS/Pasep e da Cofins, é imprescindível que o valor máximo dessas exações e as condições a serem observadas sejam prescritos em lei em sentido estrito, bem como exista em tais tributos função extrafiscal a ser desenvolvida pelo regulamento autorizado.

Com base em tal jurisprudência, pode-se depreender (i) que a regra da legalidade tributária não impede a redução ou o restabelecimento da tributação de um fato imponível se a lei ordinária expressamente assim o determinar; (ii) que **o princípio da legalidade tributária não permite o emprego** de conceitos indeterminados e **de cláusulas gerais nas hipóteses de incidência tributária**; e (iii) que a "tipicidade fechada", que significa que todos os aspectos de incidência de um tributo devem ter determinação legal, é pertinente e atual.

Em relação ao tema principal deste capítulo, não se observa na legislação vigente norma específica prescrevendo que o estorno de créditos de ICMS deve ser considerado indedutível, mas apenas a aplicação hermenêutica genérica por parte da RFB do artigo do Regulamento do Imposto de Renda que trata da qualificação de uma despesa ou custo como necessário.

Dessa forma, aplicar o conceito de indedutibilidade aos referidos custos é uma ofensa ao princípio da legalidade em matéria tributária, haja vista a imposição de tributo sobre um fato (custo decorrente de estorno de créditos) sem o devido amparo legal.

13.5.2 Da visão "econômica" da Receita Federal do Brasil

No que tange à lógica dita "econômica" utilizada pela RFB para expor sua recente decisão, argumenta-se que o legislador não tem a intenção de beneficiar o contribuinte com a exclusão da receita referente ao crédito outorgado, adicionado à possibilidade de dedução do custo integral de forma concomitante. Assim, sob a ótica quantitativa, excluir toda a receita do benefício de ICMS a título de subvenção para investimento e deduzir como despesa todo o valor de ICMS das entradas implicaria, na visão das autoridades competentes, duplo benefício fiscal para fins de cálculo do IRPJ e da CSLL.

Não se pode negar que os efeitos econômicos da dedutibilidade integral dos custos somado à exclusão dos saldos do benefício fiscal (caracterizados como subvenção para investimento) irão reproduzir uma benesse fiscal ao contribuinte, para fins de cálculo do imposto de renda e da contribuição social. É fato que esse benefício fiscal "federal" não foi vislumbrado pelas autoridades quando da concessão do benefício fiscal "estadual".

Note-se que os dizeres pró-fisco da RFB sobre esse tema são baseados em um racional econômico, cuja razoabilidade tem alguma pertinência. Por outro lado, em uma leitura interpretativa, a Receita Federal está aplicando o conceito jurídico de "despesa não necessária" ao afirmar que tais créditos se tornaram não recuperáveis por uma liberalidade do contribuinte, a montantes que são reconhecidos por este como custo.

Todavia, o cerne dessa discussão orbita o questionar se poderiam as autoridades fiscais, em face do princípio constitucional da legalidade, promover a indedutibilidade do estorno dos créditos de ICMS, uma vez que não há norma vigente na legislação de IRPJ e CSLL que determine tal procedimento, em virtude da irrecuperabilidade de tais créditos, considerando inclusive a vasta jurisprudência que exploramos em tópico anterior.

13.6 CONSIDERAÇÕES FINAIS

O tema explorado neste capítulo faz parte de um rol complexo e repleto de discussões em pauta no sistema jurídico brasileiro.

Ressaltamos que não temos a intenção, e nem poderíamos, de exaurir a discussão sobre o tema objeto deste estudo. Seja por sua complexidade, seja por entendermos que é um assunto recente, que ainda poderá ser amplamente debatido e justificado por sua pertinência econômica ou destituído por ofensa a princípios constitucionais.

Ao nosso entendimento, conforme já dito, o argumento de que o crédito do ICMS não é recuperável em virtude de mera liberalidade do contribuinte parece simplório e, no mínimo, passível de questionamento. Todavia, outras ponderações podem vir à tona na discussão desse tema que possam fazer sentido, principalmente em uma análise da matéria sob a perspectiva econômica.

No entanto, somos da opinião de que essa discussão jurídica deve estar respaldada nos princípios constitucionais que regem o Direito Tributário. Assim, as manifestações publicadas pela RFB por meio das soluções de consulta aqui mencionadas podem ser questionáveis sob a ótica dos limites constitucionais do princípio da legalidade.

Por fim, apesar de a jurisprudência favorável em situações análogas, mencionada no capítulo, já apontar para uma direção quanto à consideração do estorno de créditos de ICMS como custo (portanto, dedutíveis para efeito de apuração do IRPJ e da CSLL), acreditamos que o tema ainda será objeto de discussão administrativa e judicial, abordando não somente a questão do atendimento dos princípios constitucionais tributários quanto a dos argumentos econômicos apresentados pelo Fisco. Somente após esse processo teremos, de fato, maior segurança jurídica quanto ao tratamento de tais estornos de créditos de ICMS para fins de auferimento quantitativo de resultados positivos decorrentes da exclusão das subvenções para investimento nas bases de IRPJ e CSLL.

REFERÊNCIAS

BRASIL. *Decreto n. 9.580, de 22 de novembro de 2018*. Regulamenta a tributação, a fiscalização, a arrecadação e a administração do Imposto sobre a Renda e Proventos de Qualquer Natureza. Brasília, DF: 2018. Disponível em: http://www.planalto.gov.br/ccivil_03/_ato2015-2018/2018/decreto/D9580.htm. Acesso em: 9 ago. 2022.

BRASIL. *Lei n. 12.973, de 13 de maio de 2014.* Altera a legislação tributária federal relativa ao Imposto sobre a Renda das Pessoas Jurídicas – IRPJ, à Contribuição Social sobre o Lucro Líquido – CSLL, [...]. Brasília, DF: 2014. Disponível em: http://www.planalto.gov.br/ccivil_03/_ato2011-2014/2014/lei/l12973.htm. Acesso em: 9 ago. 2022.

BRASIL. *Lei Complementar n. 160, de 7 de agosto de 2017.* Dispõe sobre convênio que permite aos Estados e ao Distrito Federal deliberar sobre a remissão dos créditos tributários, constituídos ou não, decorrentes das isenções, [...]. Brasília, DF: 2017a. Disponível em: http://www.planalto.gov.br/ccivil_03/leis/lcp/lcp160.htm. Acesso em: 9 ago. 2022.

BRASIL. Ministério da Economia. Conselho Nacional de Política Fazendária (Confaz). *Convênio ICMS n. 190/17, de 15 de dezembro de 2017.* Dispõe, nos termos autorizados na Lei Complementar n. 160, de 7 de agosto de 2017, sobre a remissão de créditos tributários, constituídos ou não, [...]. Brasília, DF: 2017b. Disponível em: https://www.confaz.fazenda.gov.br/legislacao/convenios/2017/CV190_17. Acesso em: 9 ago. 2022.

BRASIL. Receita Federal. *Instrução Normativa n. 1.700, de 14 de março de 2017.* Dispõe sobre a determinação e o pagamento do imposto sobre a renda e da contribuição social sobre o lucro líquido das pessoas jurídicas e disciplina o tratamento tributário da Contribuição para o PIS/Pasep e da Cofins [...]. Brasília, DF: 2017c. Disponível em: http://normas.receita.fazenda.gov.br/sijut2consulta/link.action?idAto=81268. Acesso em: 9 ago. 2022.

BRASIL. Receita Federal. Solução de Consulta Cosit n. 12, de 25 de março de 2022. *DOU,* 1 abr. 2022. Disponível em: http://normas.receita.fazenda.gov.br/sijut2consulta/link.action?idAto=123489. Acesso em: 9 ago. 2022.

BRASIL. Receita Federal. Solução de Consulta Cosit n. 15, de 18 de março de 2020. *DOU,* 25 mar. 2020. Disponível em: http://normas.receita.fazenda.gov.br/sijut2consulta/link.action?visao=anotado&idAto=108042. Acesso em: 9 ago. 2022.

COMITÊ DE PRONUCIAMENTOS CONTÁBEIS (CPC). *CPC 16 (R1) – Estoques.* Data de aprovação: 08.05.2009. Data de divulgação: 08.09.2009. Disponível em: http://www.cpc.org.br/CPC/Documentos-Emitidos/Pronunciamentos/Pronunciamento?Id=47. Acesso em: 9 ago. 2022.

HALPERIN, Eduardo Kowarick. Três Observações da legalidade tributária. *Revista de Direito Tributário Atual,* São Paulo: IBDT, n. 47, p. 525-553, 2021. Disponível em: https://ibdt.org.br/RDTA/wp-content/uploads/2021/04/Eduardo-Kowarick-Halperin.pdf. Acesso em: 9 ago. 2022.

14

O IMPOSTO SOBRE PRODUTOS INDUSTRIALIZADOS E O CONCEITO DE PRAÇA

Daniella Bedotti Gomide
Alvaro Pereira
Eliana Faro
Jurema Aline Rios Coutinho da Silva

14.1 INTRODUÇÃO

O intuito deste capítulo é discorrer sobre os aspectos mais importantes a respeito da figura do valor tributável mínimo (VTM), previsto no art. 195 do Decreto n. 7.212, de 15 de junho de 2010 (Regulamento do IPI), nas operações entre empresas interdependentes.

Dada a relevância do assunto, o objetivo é nos debruçarmos sobre a legislação, jurisprudência e doutrina para uma análise detida, a fim de esclarecer o conceito do instituto, suas características e obrigatoriedade de observação, bem como destacar os riscos a que as empresas enquadradas como interdependentes estão sujeitas caso realizem as operações em desconformidade com a lei.

Como diversas outras normas antielisivas criadas em nosso país, o estabelecimento de um valor tributável mínimo de operações de venda entre empresas interdependentes nasceu em resposta a um tipo bem-sucedido de planejamento tributário, em que empresas industriais criavam empresas comerciais atacadistas exclusivas para seus produtos, praticando um preço de saída abaixo do mercado (base de cálculo do IPI) e ajustando os valores de seus produtos apenas na saída da empresa comercial. Causavam assim um desajustamento da tributação no que tange ao imposto sobre a industrialização.

14.2 VALOR TRIBUTÁVEL MÍNIMO DO IPI EM OPERAÇÕES ENTRE EMPRESAS DO MESMO GRUPO ECONÔMICO NO SEGMENTO DE BENS DE CONSUMO

Ao longo dos anos o planejamento tributário se tornou uma prática comum e até mesmo indispensável em muitos casos, apresentando uma série de benefícios e riscos.

As organizações empresariais por vezes segregam as atividades de seus negócios em estabelecimentos industriais e comerciais com o objetivo de quebra de cadeia e de diminuição da carga tributária.

Em muitos casos essa prática não é vista com bons olhos pelo Fisco, uma vez que, em diversas fiscalizações, o planejamento tributário é interpretado de forma irregular, considerando que a segregação das atividades empresariais tem por objetivo a redução da carga tributária e a ausência de substância econômica e de propósito negocial. Em suma, por vezes se trata de planejamentos tributários de papel.

Sob a ótica do Imposto sobre Produtos Industrializados (IPI), temos como ponto de atenção o valor tributável mínimo (VTM), uma vez que os grupos econômicos empresariais são classificados em muitos casos como empresas interdependentes.

Nesse sentido, o VTM tem como um de seus objetivos regular o valor mínimo de venda entre estabelecimentos interdependentes ou do mesmo titular como uma das formas de resguardar o recolhimento adequado do IPI.

A seguir apresentamos os arts. 192, 195 e 196 do Decreto n. 7.212, de 15 de junho de 2010, que regulam o valor tributável mínimo. Vejamos:

> Art. 192. Considera-se valor tributável o preço corrente do produto ou seu similar, no mercado atacadista da praça do remetente, na forma do disposto nos arts. 195 e 196, na saída do produto do estabelecimento industrial ou equiparado a industrial, quando a saída se der a título de locação ou arrendamento mercantil ou decorrer de operação a título gratuito, assim considerada também aquela que, em virtude de não transferir a propriedade do produto, não importe em fixar-lhe o preço.
>
> [...]
>
> Art. 195. O valor tributável não poderá ser inferior:
>
> I – **ao preço corrente no mercado atacadista da praça do remetente** quando o produto for destinado a outro estabelecimento do próprio remetente ou a estabelecimento de firma com a qual mantenha relação de interdependência; (grifos nossos).
>
> [...]
>
> Art. 196. Para efeito de aplicação do disposto nos incisos I e II do art. 195, será considerada a média ponderada dos preços de cada produto, em vigor no mês precedente ao da saída do estabelecimento remetente, ou, na sua falta, a correspondente ao mês imediatamente anterior àquele.
>
> Parágrafo único. Inexistindo o preço corrente no mercado atacadista, para aplicação do disposto neste artigo, tomar-se-á por base de cálculo:
>
> I – no caso de produto importado, o valor que serviu de base ao Imposto de Importação, acrescido desse tributo e demais elementos componentes do custo do produto, inclusive a margem de lucro normal; e
>
> II – no caso de produto nacional, o custo de fabricação, acrescido dos custos financeiros e dos de venda, administração e publicidade, **bem como do seu lucro normal e das demais parcelas que devam ser adicionadas ao preço da operação**, ainda que os produtos hajam sido recebidos de outro estabelecimento da mesma firma que os tenha industrializado (grifos nossos).

Diante desses conceitos, passamos à análise dos principais pontos que devem ser objeto de avaliação na elaboração e até mesmo na manutenção do planejamento tributário.

14.3 O IMPOSTO SOBRE PRODUTOS INDUSTRIALIZADOS E O CONCEITO DE PRAÇA

Antes de adentramos nos conceitos de valor tributável mínimo e praça, ambos institutos obrigatórios nas vendas de empresas interdependentes, é necessário tecer alguns comentários sobre o IPI. O Código Tributário Nacional (CTN) definiu como fato gerador do aludido tributo, nos termos do seu art. 46:[1]

i)   O desembaraço aduaneiro da importação de produto estrangeiro.

ii) A saída do estabelecimento industrial.

iii) A arrematação em leilão de produtos industrializados.

Já a base de cálculo foi prevista pelo art. 47[2] do CTN, que determina que para a importação de produtos estrangeiros a base de cálculo será a dos tributos aduaneiros (Imposto de Importação), acrescida do Imposto de Importação e dos encargos cambiais efetivamente pagos pelo importador ou dele exigíveis. Já para a saída de produto industrializado ou equiparado a industrial, a base de cálculo será o valor total da operação de que decorrer a saída do estabelecimento; na falta deste, será o preço corrente no mercado atacadista da praça do remetente.

Imperioso dizer que a definição de "praça" por muito tempo gerou insegurança jurídica nos contribuintes. Isso porque até julho de 2022 não havia no ordenamento jurídico tributário brasileiro a definição expressa do que deveria ou não ser considerado "praça".

Uma das primeiras menções ao termo "praça" considerando a localidade em que o comércio é realizado ocorreu no Código Comercial de 1850, que definiu:

> Art. 32. Praça do comércio é não só o local, mas também a reunião dos comerciantes, capitães e mestres de navios, corretores e mais pessoas empregadas no comércio. Este local e reunião estão sujeitos à polícia e inspeção das autoridades competentes. O regulamento das praças do comércio marcará tudo quanto respeita à polícia interna das mesmas praças, e mais objetos a elas concernentes.

---

1   "Art. 46. O imposto, de competência da União, sobre produtos industrializados tem como fato gerador:
I – o seu desembaraço aduaneiro, quando de procedência estrangeira;
II – a sua saída dos estabelecimentos a que se refere o parágrafo único do artigo 51;
III – a sua arrematação, quando apreendido ou abandonado e levado a leilão.
Parágrafo único. Para os efeitos deste imposto, considera-se industrializado o produto que tenha sido submetido a qualquer operação que lhe modifique a natureza ou a finalidade, ou o aperfeiçoe para o consumo."

2   "Art. 47. A base de cálculo do imposto é:
I – no caso do inciso I do artigo anterior, o preço normal, como definido no inciso II do artigo 20, acrescido do montante:
a) do imposto sobre a importação;
b) das taxas exigidas para entrada do produto no País;
c) dos encargos cambiais efetivamente pagos pelo importador ou dele exigíveis;
II – no caso do inciso II do artigo anterior:
a) o valor da operação de que decorrer a saída da mercadoria;
b) na falta do valor a que se refere a alínea anterior, o preço corrente da mercadoria, ou sua similar, no mercado atacadista da praça do remetente;
III – no caso do inciso III do artigo anterior, o preço da arrematação."

Art. 33. O resultado das negociações que se operarem na praça determinará o curso do câmbio e o preço corrente das mercadorias, seguros, fretes, transportes de terra e água, fundos públicos, nacionais ou estrangeiros, e de outros quaisquer papéis de crédito, cujo curso possa ser anotado.

Art. 34. Os comerciantes de qualquer praça poderão eleger dentre si uma comissão que represente o corpo do comércio da mesma praça.

Posteriormente, em 1964 a Lei n. 4.502, que versava sobre o extinto Imposto sobre Consumo (IC) incidente sobre produtos industrializados ou importados, estipulou em seu art. 15-A que praça é o município onde está situado o estabelecimento do remetente para fins de determinação de base de cálculo desse imposto.

Esse mesmo conceito de município como definição de praça foi reconhecido pelo Coordenador do Sistema Tributário conforme se extrai da leitura do Parecer Normativo CST n. 44/1981, *verbis*:

> Quando a determinação do valor tributável para efeito de cálculo do IPI for efetuada através dos preços praticados no mercado atacadista da praça do remetente, será considerado o universo das vendas realizadas naquela localidade.
>
> [...]
>
> 6.1 – Isto significando, por certo, que numa mesma cidade, ou praça comercial, o mercado atacadista de determinado produto, como um todo, deve ser considerado relativamente ao universo das vendas que se realizam naquela mesma localidade, e não somente em relação àquelas vendas efetuadas por um só estabelecimento, de forma isolada.

Importante mencionar que diversos precedentes administrativos sobre o tema também confirmam que o conceito de "praça" deve ser entendido como a cidade em que se localiza o estabelecimento do remetente, conforme atestam trechos de julgados:

> Verifica-se que deve ser considerado, no cálculo do valor mínimo tributável, as compras e vendas de determinado produto (para o qual se está determinando o valor mínimo tributável) numa mesma localidade, aqui entendido como sendo uma mesma cidade ou praça comercial, e não apenas as vendas realizadas por um só estabelecimento, isoladamente (Acórdão n. 204-02.706, de 15.08.2007).
>
> Como muito bem observado nestes autos, a resposta a este quesito é de extrema valia, uma vez que o Ato Declaratório Normativo CST n. 5/82, o Parecer Normativo CST n. 44/81 e os artigos 68 do RIPI/82 e 123, I, do RIPI/98 determinam que o valor tributável do IPI — base de cálculo do IPI nas operações entre empresas interdependentes — sendo preço corrente no mercado atacadista na praça do remetente, ou seja, na praça da cidade onde está localizada a autuada, *in casu*, cidade de São Paulo (Acórdão n. 3401-00.768, de 25.05.2010).
>
> IPI. VALOR TRIBUTÁVEL MÍNIMO. CONCEITO DE "PRAÇA DO REMETENTE" E DE "MERCADO ATACADISTA". O fato da lei não promover a delimitação semântica de determinado signo na esfera jurídico-tributária não redunda em negar a existência, para tal signo, de um conteúdo jurídico próprio, sob pena do princípio da legalidade em matéria tributária ser esvaziado de conteúdo. Assim, o preenchimento semântico de um signo jurídico em matéria tributária deve socorrer da própria lei. Nesse sentido, os inúmeros dispositivos legais que empregam o termo "praça" o fazem no sentido de domicílio, i.e., limitando-se ao recorte geográfico de um Município, nos termos do art. 70 do Código Civil. Logo, a regra antielisiva a ser aqui convocada é aquela prescrita no art. 196, parágrafo único, inciso II do RIPI/2010. Precedentes administrativos e judiciais neste sentido. Ademais, estender o conceito de praça ao de região metropolitana, além de não ter sustentação legal nem econômica, implicaria ainda em tornar a regra do art. 195, inciso I do RIPI/2010 um sem sentido jurídico, já que a tornaria redundante (Acórdão n. 3402-004.341, de 29.08.2017).

Apesar de o Parecer Normativo CST n. 44/1981 ainda estar vigente, e apesar do posicionamento majoritário da doutrina e da jurisprudência, observamos que a partir de 2013 houve uma tentativa de alargamento do conceito de "praça" por parte das autoridades fazendárias, que chegaram a considerar que praça deveria ser o "local de comércio" e/ou região metropolitana.

Isso ocorreu ante a publicação da Solução de Consulta n. 8/2012, que entendeu que nos casos em que houver um único centro de distribuição interdependente o preço corresponderá aos próprios preços praticados por esse distribuidor único nas vendas por atacado do citado produto.

Importante mencionar que alguns julgados do Conselho Administrativo de Recursos Fiscais corroboraram o entendimento da Solução de Consulta n. 8/2012 ao estabelecer a utilização apenas do preço da distribuidora interdependente para fins de determinação do VTM.

> COMPOSIÇÃO DO MERCADO ATACADISTA. VALOR TRIBUTÁVEL MÍNIMO. APURAÇÃO. VENDAS PARA INTERDEPENDENTES. O valor tributável mínimo aplicável às saídas de determinado produto do estabelecimento industrial, e que tenha na sua praça um único estabelecimento distribuidor, dele interdependente, corresponderá aos próprios preços praticados por esse distribuidor único nas vendas por atacado do citado produto (Acórdão 3301004.126, 25.10.2017).

> CONCEITO DE PRAÇA. NECESSÁRIA IDENTIDADE COM O DE MUNICÍPIO, DESCABIMENTO, CONFORME JURISPRUDÊNCIA PREDOMINANTE EM RECENTES DECISÕES DO CARF.

> O conceito de praça, utilizado no art. 195, I, do RIPI/2010, não tendo sido o legislador específico quanto à abrangência territorial, comporta interpretação, melhor se identificando, conforme vem sendo entendido pela recente jurisprudência do Carf, com o mercado, que não tem necessária identidade com configurações geopolíticas, em especial a de um Município, restrição esta que implicaria em dar azo a que grandes empresas com características operacionais que a esta possibilidade levam (como as do ramo de cosméticos), adotem livremente a prática de instalar um único distribuidor, interdependente, em outro Município, para forçosamente caracterizar que não existe mercado atacadista na "praça" do remetente e, assim, permitir, ao industrial, contribuinte do IPI, que pratique preços artificialmente muito inferiores ao de mercado, ou seja, admitir que a norma que visa justamente coibir esta prática venha a viabilizá-la (Acórdão 9303-010.104, de 11.02.2020).

Ante a importância do tema, em 2019 houve a publicação do Projeto de Lei (PL) n. 2.110/2019, que objetiva conceituar praça como município para efeito de tributação do IPI.

No entanto, em outubro de 2021, a aludida proposta foi vetada pelo presidente sob a argumentação de que

> [...] a proposição legislativa contraria o interesse público por gerar insegurança jurídica, haja vista que a definição do termo "praça" como sendo o Município onde estivesse situado o estabelecimento do remetente, para fins de determinação do valor mínimo tributável do Imposto sobre Produtos Industrializados – IPI, estaria em descompasso com o entendimento aplicado pela 3ª Turma da Câmara Superior do Conselho Administrativo de Recursos Fiscais – Carf na análise de recursos administrativos, que definiu, em decisão proferida no ano de 2019, que o conceito de "praça" não se limita, necessariamente, ao de um Município, com a possibilidade de abranger também regiões metropolitanas.

Imperioso salientar que o supracitado veto foi derrubado no dia 8 de julho de 2022 com a promulgação da Lei n. 14.395, que conceituou o termo "praça", utilizado na regra de VTM de IPI, incluindo o art. 15-A na Lei n. 4.502/1964 e estabelecendo: "considera-se praça o município onde está situado o estabelecimento do remetente".

14.4 PLANEJAMENTO TRIBUTÁRIO – CENÁRIO MACROECONÔMICO

De acordo com estudo da Organização para a Cooperação e Desenvolvimento Econômico (OCDE) de 2021, o Brasil é um dos países com a maior carga tributária em toda a América Latina e Caribe, indicando que os brasileiros pagam o equivalente a 33,40% do tamanho da economia em taxas e impostos.

Considerando a carga tributária elevada, as empresas brasileiras buscam alternativas menos onerosas que possibilitem organizar e reorganizar seus negócios e atividades.

A rigor, destaca-se o planejamento tributário. Segundo o Professor Hugo de Brito Machado (2008, p. 360), é "a economia lícita de tributos obtida através da organização das atividades do contribuinte, de sorte que sobre elas recai o menor ônus possível".

Nesse contexto, é imprescindível distinguir o planejamento tributário elisivo do planejamento tributário evasivo. A inobservância dessa distinção pode expor as companhias a riscos severos. Vejamos:

Planejamento Tributário Elisivo: Corresponde à prática de atos lícitos, anteriores à incidência tributária, que podem ser decorrentes da própria aplicação da legislação, em que o dispositivo legal permite a economia de tributos ou até mesmo de sua omissão;

Planejamento Tributário Evasivo: Constitui prática, simultânea ou posterior, à incidência da norma tributária, na qual se utilizam formas ilícitas (fraude, sonegação e simulação) para diminuir o pagamento dos tributos.

A legislação brasileira não define o conceito de planejamento tributário em um único diploma, da mesma forma que não veda sua prática, desde que, quando realizado, tenha em seus pilares, dentre outros, o propósito negocial e a substância econômica.

Em suma, o planejamento tributário está disposto em inúmeros diplomas legais, e desde que realizado de forma adequada representa uma ferramenta indispensável à atividade empresarial. Assim, vamos discorrer sobre os principais pontos a serem observados no momento do planejamento, tendo como base as legislações aplicáveis, principais conceitos, jurisprudência e posicionamento do Fisco sobre o tema.

14.4.1 Planejamento tributário – segregação de atividades e o propósito negocial

Uma das alternativas de planejamento tributário realizado pelas empresas é a segregação e constituição de novas entidades jurídicas pertencentes ao mesmo grupo econômico, que tenham atividades semelhantes, complementares ou até mesmo distintas.

Nessas circunstâncias, podemos destacar a segregação de atividade comercial e industrial como o principal modelo de negócio para fins de planejamento tributário adotado pelas grandes empesas nos últimos anos. Na Figura 14.1, apresentamos de maneira resumida o fluxo das segregações e constituições de novas entidades jurídicas.

Figura 14.1 Fluxo das segregações e constituições de novas entidades jurídicas.

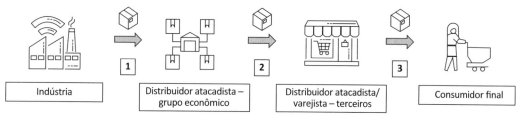

Legenda das operações:

1. Industrialização e venda da totalidade das mercadorias para distribuidor do mesmo grupo econômico.
2. Venda para distribuidor atacadista e/ou varejista – terceiros.
3. Venda para consumidor final.

Fonte: elaborada pelos autores.

É importante salientar que o planejamento tributário deve ser feito de forma lícita, sob a perspectiva da teoria do propósito negocial e da substância econômica, observado o conceito de elisão, bem como com o objetivo de afastar o entendimento de que se trata de mera simulação fiscal, também conhecida como planejamento de papel.

O propósito negocial diz respeito, portanto, à condução dos negócios da sociedade empresária segundo posturas previsíveis ou admissíveis se considerados seu objeto social e sua atividade econômica tendente ao auferimento de lucros. Isso significa que as ações não podem ter como objetivo somente a economia de tributos.

Cabe destacar que a legislação tributária nacional não prevê o propósito negocial como exigência para o planejamento tributário ser considerado lícito. Contudo, o que de fato existe é a norma antielisiva, prevista no parágrafo único do art. 116 do CTN:

> Art. 116. Salvo disposição de lei em contrário, considera-se ocorrido o fato gerador e existentes os seus efeitos:
>
> [...]
>
> Parágrafo único. A autoridade administrativa poderá desconsiderar atos ou negócios jurídicos praticados com a finalidade de dissimular a ocorrência do fato gerador do tributo ou a natureza dos elementos constitutivos da obrigação tributária, observados os procedimentos a serem estabelecidos em lei ordinária.

Da leitura do art. 116 do CTN se pode extrair que a finalidade do negócio jurídico não pode ser a de dissimular o fato gerador dos tributos. Porém, não é mencionado que a operação deve dispor de um propósito extrafiscal.

Anteriormente, a norma que previa a necessidade de um propósito negocial era o art. 14 da Medida Provisória n. 66/2002:

> Art. 14. São passíveis de desconsideração os atos ou negócios jurídicos que visem a reduzir o valor de tributo, a evitar ou a postergar o seu pagamento ou a ocultar os verdadeiros aspectos do fato gerador ou a real natureza dos elementos constitutivos da obrigação tributária.
>
> § 1º Para a desconsideração de ato ou negócio jurídico dever-se-á levar em conta, entre outras, a ocorrência de:
>
> **I – falta de propósito negocial**; ou
>
> II – abuso de forma.
>
> § 2º Considera-se indicativo de falta de propósito negocial a opção pela forma mais complexa ou mais onerosa, para os envolvidos, entre duas ou mais formas para a prática de determinado ato.
>
> § 3º Para o efeito do disposto no inciso II do § 1º, considera-se abuso de forma jurídica a prática de ato ou negócio jurídico indireto que produza o mesmo resultado econômico do ato ou negócio jurídico dissimulado (grifos nossos).

Note que o referido dispositivo legal complementaria o art. 116 do CTN na medida em que igualaria a inexistência de propósito negocial à simulação. Ocorre que esse dispositivo não foi admitido pelo Congresso Nacional ao ser convertida a Medida Provisória n. 66/2002 na Lei Federal n. 10.637/2002.

Isto posto, a teoria do propósito negocial nunca foi incluída diretamente na legislação tributária, tampouco sua adoção pela jurisprudência foi decidida uniforme e definitivamente.

Apesar de a segregação entre as atividades industrial e comercial ser um procedimento habitual entre alguns segmentos, dentre eles perfumaria, cosméticos e higiene pessoal, as autoridades fiscalizadoras, nos últimos anos, vêm questionando a adoção dessa estrutura, assumindo que, na maioria dos casos, tem como propósito primário o planejamento tributário que visa reduzir os custos tributários envolvidos nessas operações.

O fator complicador nessa estrutura é a existência de uma linha tênue entre o conceito de elisão e o de evasão fiscal, além de muitos termos descritos na legislação estarem suscetíveis às mais diversas interpretações. Se por um lado o contribuinte não tem a obrigação de optar pelo regime tributário mais oneroso, por outro, cabe às autoridades fiscais acompanhar e fiscalizar os contribuintes, mantendo-os dentro dos limites que a lei permitir.

Pois bem, não é algo tão simples. Deparamo-nos com incansáveis discussões, fruto de autuações de diversos grupos econômicos, que possuem também marcas bastante difundidas no mercado, que foram e continuam sendo autuadas pelo Fisco como forma de penalizar aqueles contribuintes que, por meio da utilização da segregação de sua atividade em mais de uma pessoa jurídica, conseguiram reduzir drasticamente os gastos com tributos.

Nota-se que o segmento de perfumaria, cosméticos e higiene pessoal tem sido alvo de um vasto volume de judicialização. Após diversas autuações, os contribuintes se defendem desses questionamentos, que muitas vezes estão amparados em conceitos sujeitos à interpretação do leitor, como a imprecisão dos termos utilizados para a definição da formação do preço, base de cálculo, aplicação de praça, que permite a criação de diversos entendimentos relacionados ao assunto.

Diante da norma antielisiva e da adoção da teoria do propósito negocial, abordaremos a licitude do planejamento tributário, mais especificamente da prática da segregação de atividades dentro do mesmo grupo econômico, além de discutir como tal situação é compreendida pelos contribuintes, pelo Conselho Administrativo de Recursos Fiscais (Carf) e na jurisprudência dos Tribunais Superiores.

14.5 DO POSICIONAMENTO DO CONSELHO ADMINISTRATIVO DE RECURSOS FISCAIS

Primeiramente, destaca-se que o Carf, para considerar inválido um planejamento tributário, tende a avaliar vários fatores, observações e interpretações, de modo a enquadrar em ato de simulação e dissimulação as ações do contribuinte, ou seja, é considerado ilícito o planejamento tributário quando não há um propósito negocial.

A jurisprudência favorável ao contribuinte é baseada no entendimento da licitude dos atos adotados pela empresa em conjunto com a necessidade de separação da indústria e da comercialização, o que culmina na não ocorrência do suposto planejamento tributário abusivo, não sendo cabível a descaracterização de pessoa jurídica distinta integrante do mesmo grupo econômico, com base no princípio da legalidade, uma vez que a lei do IPI é utilizada como parâmetro de entendimento pelo Fisco, para o preenchimento dessa lacuna de forma ilegal, bem como pela falta de comprovação de conduta dolosa de fraude ou simulação por parte do grupo econômico. Como resultado, a maioria dos recursos voluntários apresentados pelos contribuintes foi conhecida e provida.

14.5.1 Argumentos favoráveis à segregação das atividades

- A criação de empresa para reduzir a carga tributária não caracteriza infração fiscal.

- A segregação de atividades em industrialização e distribuição não configura conduta abusiva, tampouco a simulação prevista no art. 116 do CTN autoriza o tratamento conjunto das duas empresas como se fossem uma só, a pretexto de configuração de unidade econômica.

- Não há disciplina própria de valoração para faturamento entre empresas interdependentes no que se refere ao PIS/Cofins (Programa de Integração Social / Contribuição para o Financiamento da Seguridade Social). Só seria cabível o arbitramento na forma do art. 148 do CTN em caso de documentos do contribuinte omissos ou que não mereçam fé, o que deve ser provado pela fiscalização.

É importante destacar, também, a declaração do voto do Conselheiro Paulo Roberto Duarte nos autos do processo da Unilever n. 10830.726910/201419. No voto vencido, ele cita toda a reorganização societária do grupo, descrevendo-a como um forte indício de simulação e mencionando a formação dos preços e a metodologia de "interdependência" entre estabelecimentos. Depois de descrever os atos, o conselheiro pugna pela ilicitude do planejamento tributário adotado.

Essa linha divergente foi muito bem estruturada e destrinchada no voto e serve de alerta para uma possível tendência de julgamento de outros conselheiros pró-Fisco.

14.5.2 Argumentos desfavoráveis ao contribuinte

- Análise da lucratividade das empresas como indícios de subfaturamento e plane-jamento tributário abusivo.

- Criação de empresas segregadas como maneira de simular operações e de reduzir o pagamento de impostos.

- Falta de autonomia empresarial e confusão de funcionários e dirigentes.

- Quando há a transposição da linha divisória que separa a elisão da evasão, o lançamento ou revisão de ofício ocorre com base art. 149, VII, e não no art. 116, parágrafo único, do CTN, haja vista a nulidade do negócio jurídico.

Note que os argumentos proferidos em ambas as decisões são similares e favoráveis aos contribuintes. Dessa forma, pode-se dizer que, sob o aspecto do IPI, os planejamentos tributários realizados se mostraram sólidos e ainda pautaram práticas que devem ser uti-lizadas e evitadas em casos similares.

14.6 DO POSICIONAMENTO DA RECEITA FEDERAL DO BRASIL E DA PROCURADORIA-GERAL DA REPÚBLICA

As autoridades fazendárias, quando fiscalizam a operação envolvendo empresas inter-dependentes, tendem a questionar a aplicabilidade do valor tributável mínimo (VTM) nesse tipo de operação. Dessa forma, as autoridades, ao fiscalizarem contribuintes que possuem esse tipo de organização, verificam se os preços praticados nas operações envolvendo as empresas interdependentes seguem as regras para determinação do VTM.

Nos casos que analisamos, a fiscalização alegou que os valores indicados nas notas fiscais de saída da empresa industrial eram menores do que os indicados nas notas de saída da empresa comercial.

Em outros casos, a fiscalização alega que esse tipo de planejamento tributário nada mais é que uma simulação da existência de estabelecimentos comerciais atacadistas, bem como uma simulação de operações de compra e venda entre estes e as unidades industriais do grupo.

Nesses casos, sob a argumentação de simulação, as autoridades costumam desconside-rar a natureza jurídica dos centros comerciais, enquadrando-os meramente como depósito fechado da mesma unidade econômica que a empresa industrial, não havendo que se falar

Cap. 14 – O IMPOSTO SOBRE PRODUTOS INDUSTRIALIZADOS E O CONCEITO DE PRAÇA | **171**

nesses casos de operação de compra e venda, pois os depósitos fechados são proibidos de realizar vendas, nos termos do inciso VII do art. 609 do RIPI (Decreto n. 7.212/2010).[3]

Ante a descaracterização citada, as autoridades fazendárias sustentam que houve recolhimento a menor de IPI.

Frise-se, por oportuno, que as autoridades fazendárias costumam embasar a alegação de simulação utilizando como base legal o art. 167 do Código Civil[4] c/c o parágrafo único do art. 116[5] do CTN, os quais preveem a possibilidade de a fiscalização desconsiderar atos ou negócios praticados com a finalidade de "dissimular a ocorrência do fato gerador" quando na operação: (i) ocorrer a conferência ou transmissão de direitos a pessoas diversas daquelas às quais realmente se conferem, ou transmitem; (ii) houver declaração, confissão, condição ou cláusula não verdadeira; e (iii) os instrumentos particulares forem antedatados, ou pós-datados.

Além das supracitadas infrações, a Receita Federal alega que inexiste propósito negocial nas vendas realizadas entre empresas interdependentes, uma vez que a empresa industrial não aufere risco nas operações de venda realizadas com a empresa comercial interdependente. Muitas vezes as autoridades fazendárias consideram que a empresa industrial não tem autonomia financeira, eis que opera com os lucros obtidos das vendas efetuadas pela empresa comercial.

Dessa forma, as autoridades fazendárias, ao se depararem com operação desse tipo, avaliam a independência econômico-financeira da empresa industrial, bem como a estrutura, tanto da empresa industrial como da comercial, incluindo coexistência de funcionários, dirigentes, existência de propósito negocial e operação independente entre as partes.

---

3   "Art. 609. Na interpretação e aplicação deste Regulamento, são adotados os seguintes conceitos e definições:
    [...]
    VII – depósito fechado é aquele em que não se realizam vendas, mas apenas entregas por ordem do depositante dos produtos; e [...]."

4   "Art. 167. É nulo o negócio jurídico simulado, mas subsistirá o que se dissimulou, se válido for na substância e na forma.
    § 1º Haverá simulação nos negócios jurídicos quando:
    I – aparentarem conferir ou transmitir direitos a pessoas diversas daquelas às quais realmente se conferem, ou transmitem;
    II – contiverem declaração, confissão, condição ou cláusula não verdadeira;
    III – os instrumentos particulares forem antedatados, ou pós-datados.
    § 2º Ressalvam-se os direitos de terceiros de boa-fé em face dos contraentes do negócio jurídico simulado."

5   "Art. 116. Salvo disposição de lei em contrário, considera-se ocorrido o fato gerador e existentes os seus efeitos:
    I – tratando-se de situação de fato, desde o momento em que o se verifiquem as circunstâncias materiais necessárias a que produza os efeitos que normalmente lhe são próprios;
    II – tratando-se de situação jurídica, desde o momento em que esteja definitivamente constituída, nos termos de direito aplicável.
    Parágrafo único. A autoridade administrativa poderá desconsiderar atos ou negócios jurídicos praticados com a finalidade de dissimular a ocorrência do fato gerador do tributo ou a natureza dos elementos constitutivos da obrigação tributária, observados os procedimentos a serem estabelecidos em lei ordinária. (Incluído pela Lcp n. 104, de 2001)"

As autoridades fiscalizadoras analisam, ainda, se a transação efetuada entre a empresa industrial e a comercial observou as regras do valor tributável mínimo conforme previsão nos arts. 195 e 196 do RIPI, que determina que a base de cálculo do IPI deve ser calculada com base na média ponderada dos preços praticados em caso de existência de preço corrente no mercado atacadista na praça do remente.

Caso não exista preço corrente no mercado atacadista da praça do remetente, a base de cálculo do IPI deverá ser calculada com base nos custos incorridos, acrescidos de uma margem de lucro normal.

14.7 CONSIDERAÇÕES FINAIS

Da leitura deste capítulo conclui-se que muito se discutiu sobre o conceito e a abrangência do que deveria ser considerado praça para fins de determinação do valor tributável mínimo. Apesar do alargamento do conceito por parte dos julgadores administrativos, em julho de 2022 foi promulgada a Lei n. 14.395, que definiu que o município deve ser considerado praça para definição de base de cálculo do IPI.

Assim, e considerando que o valor tributável mínimo nada mais é que uma regra específica com o objetivo de coibir práticas antielisivas, bem como a definição de praça pelo legislador, em que pese não haja previsão expressa sobre a aplicação do propósito negocial nas relações comerciais *intercompany*, acreditamos que as discussões futuras envolvendo o valor tributável mínimo compreenderão cada vez mais a existência do propósito negocial na organização societária do contribuinte.

REFERÊNCIA

MACHADO, Hugo de Brito. *Crimes contra a ordem tributária*. São Paulo: Atlas, 2008.

15

DA TRIBUTAÇÃO DO IMPOSTO SOBRE PRODUTOS INDUSTRIALIZADOS NA REVENDA DE PRODUTOS IMPORTADOS

Estela Maria Fassina
Dante Stopiglia
Kleber Choba Romano

15.1 INTRODUÇÃO

Como conhecido por todos, o sistema tributário brasileiro é complexo e burocrático, sendo destaque mundial por isso. O relatório *Doing Business Brasil 2021*, por exemplo, aponta ser este o país líder de complexidade tributária no mundo.

Nesse contexto, temas tributários têm sido objeto de discussões judiciais relevantes economicamente, trazendo reflexos aos cofres públicos e aos contribuintes de forma significativa. Ao longo dos últimos anos, questões sobre valores expressivos foram julgadas, como a manutenção integral de créditos de Imposto sobre Circulação de Mercadorias e Serviços de Transporte Interestadual e Intermunicipal e de Comunicação (ICMS) para mercadorias denominadas "cesta básica", com decisão desfavorável aos contribuintes, ou, ainda, o tão esperado julgamento sobre a não incidência do Programa de Integração Social (PIS) e da Contribuição para o Financiamento da Seguridade Social (Cofins) sobre o ICMS destacado no documento fiscal – julgado favoravelmente aos contribuintes e trazendo à economia os reflexos correlatos.

Em meio às discussões, um dos temas de destaque refere-se ao Imposto sobre Produtos Industrializados (IPI), tendo havido, por meio do Supremo Tribunal Federal (STF), uma definição acerca da tributação do referido imposto quando da importação de produtos do exterior e revenda no mercado nacional, ainda que esses produtos não sofram qualquer processo de industrialização estabelecido na regulamentação do IPI.

Apesar de o tema não ser recente, ao longo do tempo os tribunais se manifestaram de forma distinta acerca da tributação do IPI nas revendas de produtos importados do exterior e sem processo de industrialização nacional, posicionando-se tanto de forma favorável como contrária aos contribuintes. Em decorrência da demanda e da relevância da questão para os contribuintes importadores e revendedores de produtos importados, o assunto foi submetido à avaliação do STF, que, em 2020, posicionou-se.

O objeto deste capítulo é explorar os principais elementos técnicos do IPI, especialmente a norma que trouxe a imposição legal de recolhimento do tributo para contribuintes específicos, quando da importação e revenda de produtos advindos do exterior.

15.2 DAS CONSIDERAÇÕES GERAIS SOBRE O IPI E DA REGRA MATRIZ DE INCIDÊNCIA DO IMPOSTO

O IPI é um tributo federal previsto no art. 153 da Constituição Federal de 1988, tendo a União competência para instituir imposto sobre produtos industrializados. Ademais, o IPI deverá observar regras específicas, também definidas pela Constituição. Vejamos:

> Art. 153. Compete à União instituir impostos sobre:
>
> [...]
>
> IV – produtos industrializados;
>
> [...]
>
> § 3º O imposto previsto no inciso IV:
>
> I – será seletivo, em função da essencialidade do produto;
>
> II – será não cumulativo, compensando-se o que for devido em cada operação com o montante cobrado nas anteriores;
>
> III – não incidirá sobre produtos industrializados destinados ao exterior.
>
> IV – terá reduzido seu impacto sobre a aquisição de bens de capital pelo contribuinte do imposto, na forma da lei.

Outro elemento importante para a avaliação do IPI é a regra para definição do fato gerador, da base de cálculo e do contribuinte, definida pelo art. 146 da Constituição Federal, que determina que caberá à lei complementar estabelecer as regras gerais acerca da legislação tributária que traz os respectivos fatos geradores, bases de cálculo e também a definição dos contribuintes no cenário tributário. Nesse sentido, somente a lei complementar poderá trazer a definição dos principais elementos da regra de tributação do IPI.

Com base na definição constitucional do IPI, as questões relacionadas aos elementos da regra matriz serão identificadas na Lei n. 5.172, de outubro de 1966 (Código Tributário Nacional – CTN), que define, a partir do art. 46 e seguintes, as principais características de tributação para o IPI. Importante destacar que o CTN, apesar de anterior à atual Constituição Federal, foi por ela recepcionado, com base no art. 34, § 5º, do Ato das Disposições Constitucionais Transitórias.

Nesse sentido, identificamos a partir dos arts. 46 a 51 do CTN as diretrizes trazidas para fins de tributação do IPI. Vejamos:

> Art. 46. O imposto, de competência da União, sobre produtos industrializados tem como fato gerador:
>
> I – o seu desembaraço aduaneiro, quando de procedência estrangeira;

Cap. 15 – DA TRIBUTAÇÃO DO IMPOSTO SOBRE PRODUTOS INDUSTRIALIZADOS NA REVENDA DE PRODUTOS IMPORTADOS | **175**

II – a sua saída dos estabelecimentos a que se refere o parágrafo único do artigo 51;

III – a sua arrematação, quando apreendido ou abandonado e levado a leilão.

Parágrafo único. Para os efeitos deste imposto, considera-se industrializado o produto que tenha sido submetido a qualquer operação que lhe modifique a natureza ou a finalidade, ou o aperfeiçoe para o consumo.

Art. 47. A base de cálculo do imposto é:

I – no caso do inciso I do artigo anterior, o preço normal, como definido no inciso II do artigo 20, acrescido do montante:

a) do imposto sobre a importação;

b) das taxas exigidas para entrada do produto no País;

c) dos encargos cambiais efetivamente pagos pelo importador ou dele exigíveis;

II – no caso do inciso II do artigo anterior:

a) o valor da operação de que decorrer a saída da mercadoria;

b) na falta do valor a que se refere a alínea anterior, o preço corrente da mercadoria, ou sua similar, no mercado atacadista da praça do remetente;

III – no caso do inciso III do artigo anterior, o preço da arrematação.

[...]

Art. 51. Contribuinte do imposto é:

I – o importador ou quem a lei a ele equiparar;

II – o industrial ou quem a lei a ele equiparar;

III – o comerciante de produtos sujeitos ao imposto, que os forneça aos contribuintes definidos no inciso anterior;

IV – o arrematante de produtos apreendidos ou abandonados, levados a leilão.

Parágrafo único. Para os efeitos deste imposto, considera-se contribuinte autônomo qualquer estabelecimento de importador, industrial, comerciante ou arrematante.

Com base nas definições da Constituição Federal (art. 146), combinado com a definição do CTN (arts. 46 a 51), depreende-se que a regra tributária para fins do IPI deve ser observada a partir da Constituição, lei complementar, lei ordinária e decretos. Entretanto, quando a discussão ou definição envolver a definição ou características essenciais do imposto, isso somente pode ocorrer mediante lei complementar, sob pena de descumprimento da regra matriz do sistema tributário constitucional, podendo ser considerado qualquer elemento dessa natureza como inconstitucional.

15.3 TRIBUTAÇÃO DO IPI SOBRE OS PRODUTOS ADVINDOS DO EXTERIOR, QUANDO DA REVENDA NO MERCADO NACIONAL

Assim como abordado anteriormente, o IPI é um tributo federal previsto na Constituição Federal e no CTN, com regulamentação geral estabelecida pelo Decreto n. 7.212/2010, denominado Regulamento do IPI (RIPI/2010).

A definição da incidência do imposto para os produtos industrializados trazida pelo CTN (arts. 46 – fato gerador – e 51 – contribuinte) foi regulamentada a partir dos arts. 24 e 35 do RIPI/2010. Vejamos:

Contribuintes

Art. 24. São obrigados ao pagamento do imposto como contribuinte:

I – o importador, em relação ao fato gerador decorrente do desembaraço aduaneiro de produto de procedência estrangeira;

II – o industrial, em relação ao fato gerador decorrente da saída de produto que industrializar em seu estabelecimento, bem como quanto aos demais fatos geradores decorrentes de atos que praticar;

III – o estabelecimento equiparado a industrial, quanto ao fato gerador relativo aos produtos que dele saírem, bem como quanto aos demais fatos geradores decorrentes de atos que praticar; e

IV – os que consumirem ou utilizarem em outra finalidade, ou remeterem a pessoas que não sejam empresas jornalísticas ou editoras, o papel destinado à impressão de livros, jornais e periódicos, quando alcançado pela imunidade prevista no inciso I do art. 18.

Parágrafo único. Considera-se contribuinte autônomo qualquer estabelecimento de importador, industrial ou comerciante, em relação a cada fato gerador que decorra de ato que praticar.

Do fato gerador – Hipótese de Ocorrência

Art. 35. São fatos geradores do imposto

I – o desembaraço aduaneiro de produto de procedência estrangeira; e

II – a saída de produto do estabelecimento industrial, ou equiparado a industrial.

Com a regulamentação do IPI é possível concluir que será responsável pelo pagamento do imposto o contribuinte industrializador, que é aquele responsável pela transformação das aquisições (por exemplo, insumos) no produto final, objeto de comercialização.

Além do contribuinte industrializador, a legislação definiu também como contribuinte do IPI a empresa que realiza a importação de produtos industrializados do exterior. Nesse bloco de contribuintes encontramos a grande discussão acerca da tributação do IPI, pois a legislação equipara a contribuintes do IPI as empresas que realizam importação de produtos de procedência estrangeira, além de atribuir a obrigatoriedade de pagamento do referido imposto não somente no momento do desembaraço aduaneiro, mas também na primeira saída do produto em território nacional. Isso porque o contribuinte importador é, pela legislação vigente, equiparado a industrial e, por esse enquadramento, requer a tributação do produto importado tanto no desembaraço aduaneiro como na primeira saída do produto importado, nos termos dos arts. 46 e 51 do CTN, combinados com os arts. 24 e 35 do RIPI/2010.

Considerando a definição das regras de tributação dos produtos nacionais e importados, juntamente com o reflexo financeiro e concorrencial existente no mercado nacional, o tema em questão foi submetido ao Judiciário para que pudesse avaliar os elementos de discussão apontados pelos contribuintes importadores, como forma de eliminar distorções na legislação tributária e de permitir maior equilíbrio na comercialização de produtos nacionais e importados.

Nesse contexto, passamos a explorar os principais aspectos discutidos pelos contribuintes importadores e submetidos a avaliação tanto do Superior Tribunal de Justiça (STJ) como do STF, até as conclusões atuais.

15.3.1 Revenda de produtos sem processo de industrialização

Este foi um dos primeiros elementos discutidos pelos contribuintes importadores, pois a concepção do IPI tem por base, dentre outros aspectos, a ocorrência de uma das hipóteses de industrialização previstas na norma, ou seja, é um imposto que, por sua definição, é devido em função de um produto industrializado.

Essa definição é importante, pois o produto industrializado no mercado nacional terá sua tributação quando da saída, nesse caso uma única tributação. Já para o produto importado, a etapa de industrialização ocorreu no exterior, e, como forma de trazer a tributação ao mesmo patamar do produto nacional (uma única tributação), o imposto é devido somente no momento do desembaraço aduaneiro, sem novas etapas de tributação, exceto se esse item vier a sofrer qualquer hipótese de industrialização prevista em lei.

A partir do momento em que um produto importado não passa por nenhuma etapa de (1) transformação, (2) beneficiamento, (3) montagem, (4) acondicionamento ou reacondicionamento, (5) renovação ou recondicionamento, não é possível estabelecer a obrigatoriedade ao contribuinte equiparado a industrial de uma nova incidência do imposto, quando da saída de um produto sem quaisquer procedimentos de industrialização, sendo, portanto, mantida somente a incidência do IPI devida no momento do desembaraço aduaneiro.

15.3.2 Princípio da isonomia e/ou igualdade – produto nacional × produto importado

O princípio da isonomia está previsto no art. 5º da Constituição Federal e preceitua que todos são iguais perante a lei, sem distinção de qualquer natureza.

No universo tributário, o princípio da isonomia estabelece que o legislador e o aplicador da lei devem atentar às diferenças entre os sujeitos envolvidos na relação jurídica, procedendo às necessárias discriminações das exigências fiscais.

Esse princípio foi bastante discutido no contexto dos produtos importados em face dos nacionais, pois, com a imposição do recolhimento do IPI para os produtos importados, tanto no desembaraço aduaneiro como na primeira saída desses produtos, nitidamente diferencia e atribui valores diferentes aos produtos nacionais aos estrangeiros importados.

15.3.3 Capacidade contributiva e equidade concorrencial

Este instituto é previsto na Constituição Federal (art. 145, § 1º) e tem por essência o quanto segue: sempre que possível, os impostos terão caráter pessoal e serão graduados segundo a capacidade econômica do contribuinte (facultado à administração tributária, especialmente para conferir efetividade a esses objetivos) de identificar, respeitados os direitos individuais e nos termos da lei, o patrimônio, os rendimentos e as atividades econômicas do contribuinte.

Sob esse aspecto, a distinção de um contribuinte industrializador de produtos no mercado nacional daquele contribuinte responsável pela importação e revenda de um produto estrangeiro é afetada pela capacidade contributiva, pois atribui a um contribuinte (importador) uma responsabilidade e a definição da capacidade de contribuição (via tributo) ao erário público do importador em percentuais maiores do que os contribuintes industriais nacionais.

Sob essa perspectiva, o contribuinte importador, na medida em que é obrigado ao recolhimento do IPI devido pela importação, assim como na saída desse produto importado que não tenha sofrido nenhum processo de industrialização, estabelece critérios concorrenciais distintos e prejudiciais quando comparado com o contribuinte nacional que não sofre com o processo em duas etapas, como ocorre com o importador.

15.3.4 Princípio do não confisco nas relações comerciais

Nos termos do art. 150, *caput* e inciso IV, da Constituição Federal, sem prejuízo de outras garantias asseguradas aos contribuintes, é vedado à União, aos estados, ao Distrito Federal e aos municípios utilizar tributo com efeito de confisco.

Esse princípio é recorrentemente avaliado de forma conjunta com o princípio da capacidade contributiva de cada ente jurídico, pois, nesse contexto, o objetivo maior é proteger e equalizar a capacidade econômica do contribuinte.

Dessa forma, na medida em que a norma estabelece uma regra que impõe a necessidade de recolhimento do IPI tanto no desembaraço aduaneiro como no momento da venda desse item em território nacional, depreende-se que a capacidade econômica do contribuinte importador é afetada, e com isso resta questionar a imposição em destaque sob pena de confisco, além dos demais reflexos ao contribuinte importador.

15.3.5 Bitributação na revenda de produtos importados

Sobre esse tópico, a alegação dos contribuintes se concentra na argumentação de que a incidência do IPI tanto no momento do desembaraço aduaneiro como na saída desses produtos importados do exterior, sem qualquer processo industrial, representaria a incidência dobrada ou a denominada bitributação.

Os elementos que levaram ao entendimento acerca da bitributação também se ativeram ao fato de a legislação atribuir tanto ao importador, quando do desembaraço aduaneiro, a responsabilidade de pagamento do IPI, como ao contribuinte equiparado a industrial, quando da venda de produtos importados.

Tendo em vista as alegações apresentadas pelos contribuintes importadores de produtos de procedência estrangeira para revenda no mercado nacional, o tema seguiu para avaliação do Judiciário, obtendo-se decisões pró e contra os contribuintes. A questão foi avaliada tanto no âmbito do STJ como no do STF, dando por encerrada uma discussão

Cap. 15 – DA TRIBUTAÇÃO DO IMPOSTO SOBRE PRODUTOS INDUSTRIALIZADOS NA REVENDA DE PRODUTOS IMPORTADOS | 179

(sob determinados aspectos) que por muitos anos trouxe inúmeras preocupações aos contribuintes, em que pese a decisão proferida não tenha sido a posição que trouxe um bom desfecho na perspectiva dos contribuintes importadores.

15.4 DAS DECISÕES ACERCA DA TRIBUTAÇÃO DO IPI NA REVENDA DE IMPORTADOS

Diante da relevância e complexidade das discussões envolvendo a tributação do IPI na revenda de produtos advindos do exterior, inúmeras ações foram propostas no intuito de dirimir as dúvidas existentes e com isso garantir aos importadores maior proteção tributária, considerando os reflexos que a tributação em duas etapas trazia às transações no mercado nacional de produtos importados. Nesse sentido, podemos explorar os posicionamentos do STJ e do STF, que tiveram por objetivo encerrar as discussões acerca do tema.

15.4.1 Posicionamento do STJ – principais decisões

O assunto em questão, como explorado anteriormente, levou aos tribunais discussões importantes, a ponto de existirem posicionamentos distintos entre a 1ª e a 2ª Turma do STJ acerca da tributação ou não do IPI em duas etapas (importação e saída no mercado nacional).

Entretanto, em junho de 2014 a 1ª Seção do STJ julgou os Embargos de Divergência do Recurso Especial n. 1.398.721/SC e concluiu que não deveria haver incidência do IPI quando envolvesse a revenda de produtos advindos do exterior, sem que houvesse, no mercado nacional, quaisquer das hipóteses de industrialização previstas pela legislação do IPI.

> EMBARGOS DE DIVERGÊNCIA – RESP N. 1.398.721-SC (2013/0380352-6)
>
> EMENTA: TRIBUTÁRIO. IMPOSTO SOBRE PRODUTOS INDUSTRIALIZADOS. SAÍDA DO ESTABELECIMENTO IMPORTADOR.
>
> A norma do parágrafo único constitui a essência do fato gerador do imposto sobre produtos industrializados. A teor dela, o tributo não incide sobre o acréscimo embutido em cada um dos estágios da circulação de produtos industrializados. Recai apenas sobre o montante que, na operação tributada, tenha resultado da industrialização, assim considerada qualquer operação que importe na alteração da natureza, funcionamento, utilização, acabamento ou apresentação do produto, ressalvadas as exceções legais. De outro modo, coincidiriam os fatos geradores do imposto sobre produtos industrializados e do imposto sobre circulação de mercadorias. Consequentemente, os incisos I e II do *caput* são **excludentes**, salvo se, entre o desembaraço aduaneiro e a saída do estabelecimento do importador, o produto tiver sido objeto de uma das formas de industrialização [...] (grifos nossos).

Em que pese o teor da decisão nos embargos de divergência citados, proferida em junho de 2014, o STJ passou a adotar um entendimento divergente.

Em outubro de 2015, pouco mais de um ano depois da decisão que confirmou a impossibilidade de tributação do IPI na revenda de produtos importados que não tivessem passado por nenhuma etapa de industrialização local, o STJ, por meio dos Embargos de

Divergência no Recurso Especial (REsp) n. 1.403.532/SC em rito de recurso repetitivo, concluiu de forma diversa ao posicionamento de 2014, passando a entender ser devido o IPI na revenda de produtos importados, ainda que não sofram qualquer processo de industrialização.

> EMBARGOS DE DIVERGÊNCIA EM RECURSO ESPECIAL. DIREITO TRIBUTÁRIO. RECURSO REPRESENTATIVO DA CONTROVÉRSIA. ART. 543-C, DO CPC. IMPOSTO SOBRE PRODUTOS INDUSTRIALIZADOS – IPI. FATO GERADOR. INCIDÊNCIA SOBRE OS IMPORTADORES NA REVENDA DE PRODUTOS DE PROCEDÊNCIA ESTRANGEIRA. FATO GERADOR AUTORIZADO PELO ART. 46, II, C/C 51, PARÁGRAFO ÚNICO DO CTN. SUJEIÇÃO PASSIVA AUTORIZADA PELO ART. 51, II, DO CTN, C/C ART. 4º, I, DA LEI N. 4.502/64. PREVISÃO NOS ARTS. 9º, I E 35, II, DO RIPI/2010 (DECRETO N. 7.212/2010).
>
> 1. Seja pela combinação dos artigos 46, II e 51, parágrafo único do CTN – que compõem o fato gerador, seja pela combinação do art. 51, II, do CTN, art. 4º, I, da Lei n. 4.502/64, art. 79, da Medida Provisória n. 2.158-35/2001 e art. 13, da Lei n. 11.281/2006 – que definem a sujeição passiva, nenhum deles até então afastados por inconstitucionalidade, **os produtos importados estão sujeitos a uma nova incidência do IPI quando de sua saída do estabelecimento importador na operação de revenda, mesmo que não tenham sofrido industrialização no Brasil.**
>
> 2. **Não há qualquer ilegalidade na incidência do IPI na saída dos produtos de procedência estrangeira do estabelecimento do importador,** já que equiparado a industrial pelo art. 4º, I, da Lei n. 4.502/64, com a permissão dada pelo art. 51, II, do CTN.
>
> 3. **Interpretação que não ocasiona a ocorrência de** *bis in idem,* **dupla tributação ou bitributação, porque a lei elenca dois fatos geradores distintos,** o desembaraço aduaneiro proveniente da operação de compra de produto industrializado do exterior e a saída do produto industrializado do estabelecimento importador equiparado a estabelecimento produtor [...] (grifos nossos).

Como se observa da decisão do STJ de 2015, o tema teve desfecho desfavorável aos contribuintes pelo rito repetitivo, o que significa que as ações que tiverem o mesmo objeto de discussão seguirão a definição preferida nos Embargos de Divergência no REsp n. 1.403.532/SC, que se posicionou pela incidência do IPI tanto no momento do desembaraço aduaneiro como no da saída dos produtos importados em mercado nacional, ainda que o produto não tenha sofrido nenhuma etapa de industrialização.

15.4.2 Posicionamento do STF (Tema 906) e decisões do TRF das 1ª, 3ª e 4ª Regiões

Apesar de pautada em questões infraconstitucionais, a matéria ganhou elementos para que fosse avaliada pelo STF devido aos reflexos potenciais de elementos constitucionais (princípio da isonomia). O assunto foi abordado e concluído em 2020, com desfecho desfavorável aos contribuintes. Essa conclusão colocou fim às incertezas acerca da tributação do IPI sobre produtos importados e revendidos no mercado nacional.

> SUPREMO TRIBUNAL FEDERAL – RE N. 946.648/SC (TEMA 906)
>
> Ementa: EMENTA. CONSTITUCIONAL E TRIBUTÁRIO. IMPOSTO SOBRE PRODUTOS INDUSTRIALIZADOS. BENS IMPORTADOS. INCIDÊNCIA NO DESEMBARAÇO ADUANEIRO E NA SAÍDA DO ESTABELECIMENTO IMPORTADOR PARA COMERCIALIZAÇÃO NO MERCADO INTERNO. CONSTITUCIONALIDADE.

1. A sistemática legal de tributação dos bens importados pelo imposto sobre produtos industrializado – IPI é compatível com a Constituição.

2. Recurso Extraordinário a que se nega provimento, com a **fixação da seguinte tese de julgamento para o Tema 906 da repercussão geral: "É constitucional a incidência do Imposto sobre Produtos Industrializados – IPI no desembaraço aduaneiro de bem industrializado e na saída do estabelecimento importador para comercialização no mercado interno"** (grifos nossos).

A decisão do STF foi concluída com quatro votos favoráveis aos contribuintes (Ministros Marco Aurélio, Edson Fachin, Luís Roberto Barroso e Rosa Weber) e seis votos contrários (Ministros Alexandre de Moraes, Cármen Lúcia, Dias Toffoli, Gilmar Mendes, Luiz Fux e Ricardo Lewandowski). Nesse contexto, importante destacar os argumentos mais relevantes da decisão que prevaleceu, reproduzindo os principais aspectos do voto do Ministro Alexandre de Moraes:

> RE N. 946.648/SC (TEMA 906) – Voto do Ministro Alexandre de Moraes
>
> [...] **A controvérsia tem como objeto analisar se a cobrança do Imposto sobre Produtos Industrializados (IPI) em dois momentos** – no desembaraço aduaneiro de bem industrializado E na primeira saída do estabelecimento importador para comercialização no mercado interno, **fere o princípio da isonomia tributária**, ante a equiparação do importador ao industrial, considerando-se que o importador não beneficia o produto antes da revendê-lo.
>
> Com efeito, o IPI não incide sobre a industrialização em si, mas sobre o produto industrializado. Por isso mesmo, a arrematação de bem industrializado, hipótese prevista no art. 46, III, do CTN, como veremos mais adiante, é considerada também fato gerador do referido imposto.
>
> Dessas disposições normativas, depreende-se que as hipóteses ali previstas não são excludentes. Em outras palavras, o mesmo contribuinte, realizando fatos geradores distintos, pode ser sujeito passivo do tributo, desde que observada a não cumulatividade prescrita no art. 153, 3º, II, da Constituição Federal. **Ou seja, quando importa o produto, no desembaraço aduaneiro, recolhe o IPI, na condição de importador (arts. 46, I, c/c 51, I); e, ao revendê-lo, figurará, por equiparação, ao industrial (arts. 46, II, c/c 51, II e § único).**
>
> Assim, embora as duas operações sejam realizadas pelo mesmo contribuinte, configuram-se dois fatos geradores distintos. **Por esse motivo, deve-se, desde logo, adiantar que bitributação, *bis in idem*, ou dupla tributação não há.**
>
> Diferentemente, anotou que, no caso de produto de procedência estrangeira, **a equiparação do importador ao industrial para a incidência do IPI**, tanto no desembaraço aduaneiro, como na saída do estabelecimento importador para a revenda, **está plenamente amparada pelo CTN.**
>
> No entanto, a isonomia que se pretende não pode ser alcançada tão somente com a incidência do IPI no desembaraço aduaneiro.
>
> Logo se vê, que **a base de cálculo do IPI no desembaraço aduaneiro não captura a margem de lucro obtida pelo importador** quando esse revende o produto importado no mercado interno. Muito menos a tributação pelo IPI, quando da revenda no mercado interno do produto importado que não sofreu beneficiamento industrial, se confunde com o ICMS. Veja-se que, nessa fase, **o encargo tributário ocorre na primeira saída da mercadoria do estabelecimento do importador, porque é nesse exato momento que o importador se encontra em condições de igualdade com o industrial brasileiro**, e não no momento do despacho aduaneiro, no qual a tributação teve por objetivo somente neutralizar os incentivos fiscais concedidos pelo país exportador. [...] (grifos nossos).

Da reprodução parcial do voto contrário aos contribuintes é possível extrair os fundamentos que contra-argumentam as alegações dos contribuintes, principalmente sobre os aspectos de isonomia tributária, seja ela de contribuinte ou origem do produto (nacional ou importado), assim como a equidade concorrencial, que somente existirá se a tributação dos produtos importados se der nos mesmos termos dos produtos nacionais (por exemplo, tributação sobre os custos e margem de lucro).

Ademais, os elementos de ausência de industrialização do produto no mercado nacional são outro aspecto reforçado nas decisões e asseguram que o produto não requer processo industrial local para que efetivamente sofra a incidência do IPI. Por fim, os votos apresentam argumentos relativos aos aspectos da bitributação, *bis in idem* ou dupla tributação, destacando que a tributação do IPI ocorre em momentos distintos e não representa nenhuma das figuras que levariam o importador a pagar imposto em patamares diferentes do que a norma estabelece.

Assim, e diante dessas decisões, tanto no âmbito do STJ como, posteriormente, no do STF, o tema teve seu direcionamento nos tribunais, tendo as decisões dos Tribunais Regionais Federais concluído processos com o mesmo objeto (IPI na revenda de importado) utilizando-se das conclusões do STJ e do STF.

15.5 DOS REFLEXOS DA DECISÃO DO STJ E DO STF SOBRE A TRIBUTAÇÃO NA REVENDA DE IMPORTADOS

Considerando que as decisões do STJ e do STF concluíram pela constitucionalidade do IPI na revenda de produtos importados do exterior, é necessário retomar alguns aspectos relacionados à base de cálculo da tributação dos produtos importados quando da primeira saída no mercado nacional por parte dos importadores.

Importante destacar que as disposições legais contidas no RIPI se aplicam em essência às empresas industriais, pois é a industrialização a sua base de incidência, sendo a comercialização de produtos industrializados importados uma exceção, trazida na legislação por equiparação. Portanto, restarão, ainda, incertezas quanto aos elementos "base de cálculo" e "primeira saída no mercado nacional por parte dos importadores", o que muito provavelmente será objeto de novas disputas entre ente público e contribuintes, pois a normatização acerca da base de cálculo do IPI, assim como a definição de primeira saída do produto importado, para fins de tributação do IPI, não é clara o suficiente para sua aplicação imediata sem riscos, conforme veremos adiante.

O CTN e o RIPI/2010 estabelecem as diretrizes de base de cálculo e forma de mensuração desse valor para os produtos importados. A referência legal para essa aplicação está contida nos artigos reproduzidos a seguir.

Código Tributário Nacional – CTN

Art. 47. A base de cálculo do imposto é:

Cap. 15 – DA TRIBUTAÇÃO DO IMPOSTO SOBRE PRODUTOS INDUSTRIALIZADOS NA REVENDA DE PRODUTOS IMPORTADOS | **183**

[...]

II – no caso do inciso II do artigo anterior:

a) o valor da operação de que decorrer a saída da mercadoria;

b) na falta do valor a que se refere a alínea anterior, o preço corrente da mercadoria, ou sua similar, no mercado atacadista da praça do remetente;

RIPI/2010

Art. 190. Salvo disposição em contrário deste Regulamento, constitui valor tributável:

I – dos produtos de procedência estrangeira:

a) o valor que servir ou que serviria de base para o cálculo dos tributos aduaneiros, por ocasião do despacho de importação, acrescido do montante desses tributos e dos encargos cambiais efetivamente pagos pelo importador ou dele exigíveis; e

b) o valor total da operação de que decorrer a saída do estabelecimento equiparado a industrial.

[...]

Art. 195. O valor tributável não poderá ser inferior:

I – ao preço corrente no mercado atacadista da praça do remetente quando o produto for destinado a outro estabelecimento do próprio remetente ou a estabelecimento de firma com a qual mantenha relação de interdependência;

II – a noventa por cento do preço de venda aos consumidores, não inferior ao previsto no inciso I, quando o produto for remetido a outro estabelecimento da mesma empresa, desde que o destinatário opere exclusivamente na venda a varejo; [...]

Art. 196. Para efeito de aplicação do disposto nos incisos I e II do art. 195, será considerada a média ponderada dos preços de cada produto, em vigor no mês precedente ao da saída do estabelecimento remetente, ou, na sua falta, a correspondente ao mês imediatamente anterior àquele.

Parágrafo único. Inexistindo o preço corrente no mercado atacadista, para aplicação do disposto neste artigo, tomar-se-á por base de cálculo:

I – no caso de produto importado, o valor que serviu de base ao Imposto de Importação, acrescido desse tributo e demais elementos componentes do custo do produto, inclusive a margem de lucro normal;

[...]

A partir da leitura dos dispositivos do RIPI/2010 indicados anteriormente, a análise requer uma avaliação cuidadosa acerca do valor mínimo tributável para fins do IPI, que, regra geral, estabelece critérios específicos sobre como deve ser formada a base de cálculo do IPI, quando da saída de produtos importados para empresas com relação de interdependência (por exemplo, quadro societário, administrativo ou representatividade de operações) ou da remessa para outro estabelecimento da mesma empresa (por exemplo, transferência).

A discussão acerca da definição de base de cálculo está pautada na conceituação de "praça" para fins de definição do valor tributável mínimo do IPI. Essa discussão conquistou espaço no universo tributário, pois os modelos de negócio dos últimos anos ganharam formatações diferenciadas. Com o comércio eletrônico em alta, a definição de estabelecimento físico foi redimensionada para patamares de alta complexidade e o cenário tributário precisou buscar adequações na regulamentação dos tributos como forma de reduzir os reflexos tributários.

O Judiciário já foi provocado por diversas vezes acerca do tema, assim como os agentes fiscais têm atuado de forma a buscar estruturas ou operações que possam não refletir de forma adequada a tributação do IPI, nos termos da definição legal envolvendo o valor mínimo tributável. A jurisprudência já se posicionou no sentido de que a abrangência do termo "praça" seria município, região metropolitana e até mesmo o território nacional.

Com a finalidade de dirimir a divergência quanto à definição de "praça", foi publicada, em julho de 2022, a Lei n. 14.395, que introduziu o art. 15-A na Lei n. 4.502/1964 para dispor que, para efeitos de apuração do valor tributável mínimo do IPI, considera-se praça o município onde está situado o estabelecimento do remetente.

> **Lei n. 4.502/1964**
>
> Art. 15-A. Para os efeitos de apuração do valor tributável de que tratam os incisos I e II do *caput* do art. 15 desta Lei, considera-se praça o Município onde está situado o estabelecimento do remetente.
>
> [...]

A Lei n. 14.395/2022, como mencionado, buscou encerrar as discussões acerca da definição de base de cálculo do IPI, contudo o cenário atual não é mais o mesmo, considerando, principalmente, o crescimento do mercado *on-line* e dos modelos estruturados de operação.

Portanto, apesar de a Lei n. 14.395/2022 ter estabelecido como "município" o critério para aplicação das regras de base de cálculo do art. 47 do CTN, combinado com os arts. 195 e 196 do RIPI, o Judiciário será muito brevemente provocado a se manifestar acerca desse tema, estabelecendo, dessa forma, uma nova disputa judicial por parte dos contribuintes importadores e revendedores.

Ademais, não se pode esquecer dos reflexos acerca da definição de "primeira saída" do produto importado, estabelecida no art. 46, II, do CTN para fins de tributação do IPI. Essa definição é complexa e pode gerar discussões tributárias, pois a primeira saída de um produto importado, em território nacional, pode tanto envolver uma venda efetiva como a transferência entre estabelecimentos da mesma pessoa jurídica, com consequente variação no valor de operação, estabelecido no art. 47, II, "a", do CTN. Dessa forma, não é possível assegurar que a legislação tenha total clareza acerca da definição de "primeira saída" do produto importado, permitindo, assim, que novamente o tema seja provocado por parte dos contribuintes importadores e revendedores de produtos advindos do exterior.

Diante do exposto, apesar da evolução legislativa e jurisprudencial, restam dúvidas acerca dos aspectos relacionados à base de cálculo e à conceituação de "primeira saída" de um produto importado e revendido no mercado nacional, ocasionando, provavelmente, novas discussões judiciais.

15.6 CONSIDERAÇÕES FINAIS

A complexidade tributária no Brasil é extremamente conhecida no mundo todo, e a rotina da área fiscal e jurídica tributária se torna cada dia mais desafiadora, principalmente com o volume de normas tributárias publicadas, carregando em parte aspectos positivos e em parte aspectos extremamente conflitantes sobre as regras gerais básicas do ordenamento jurídico.

Nesse contexto, temos a grande discussão a respeito da tributação do IPI sobre a comercialização de produtos advindos do exterior, sem que haja qualquer processo de industrialização local. O tema gerou discussões importantes nos tribunais, tendo sido levado tanto ao STJ como ao STF, que concluiu, em 2020, pela constitucionalidade da aplicação do IPI tanto no desembaraço aduaneiro como na saída do produto importado, firmando a seguinte tese:

> É constitucional a incidência do Imposto sobre Produtos Industrializados – IPI no desembaraço aduaneiro de bem industrializado e na saída do estabelecimento importador para comercialização no mercado interno.

A discussão no âmbito do STF buscou elucidar questionamentos importantes apontados pelos contribuintes para a não tributação das duas etapas (importação e revenda), como forma de estabelecer a tese formalizada no Tema 906 do STF, e direcionadores das decisões futuras envolvendo a questão.

Com a decisão do STF acerca do IPI sobre a revenda de importados, surge a necessidade de revisitar o tema relacionado à definição de base de cálculo do imposto, quando da saída do produto. Essa questão é relevante, pois é nela que se discutem os critérios de preço. A norma estabelece que a base de cálculo do imposto será **o preço corrente no mercado atacadista da praça do remetente quando o produto for destinado a outro estabelecimento do próprio remetente ou a estabelecimento de firma com a qual mantenha relação de interdependência**.

A definição de praça, por muitos anos e com base em diferentes decisões, estabeleceu critérios distintos, passando a indicar "praça" como município, assim como região metropolitana e em casos mais extremos como território nacional. Em julho de 2022 foi publicada a Lei n. 14.395, que, acrescentando o art. 15-A à Lei n. 4.502/1964, estabeleceu que "praça" será representada pelo município no qual o remetente esteja estabelecido, colocando, dessa forma, um ponto-final na discussão.

Entretanto, temos ainda discussões acerca do entendimento do que é "valor da operação", ou, ainda, do que é "primeira saída", para fins de tributação do IPI, uma vez que a operação pode ocorrer de forma distinta (p. ex., venda, transferência etc.), apresentando características tributárias também diferentes. Assim, não é possível afastar novas discussões judiciais envolvendo a tributação do IPI dos produtos importados.

É possível concluir que a questão sofreu uma evolução relevante ao longo do tempo e foi objeto de decisões importantes, mas é fato que não será tratada pelos contribuintes como "tema encerrado". Teremos, provavelmente, desdobramentos judiciais acerca da tributação do IPI sobre produtos importados.

REFERÊNCIAS

BORGES, Humberto Bonavides. *Gerência de impostos*. 5. ed. São Paulo: Atlas, 2004.

BRASIL. *Constituição da República Federativa do Brasil de 5 de outubro de 1988*. Disponível em: https://www.planalto.gov.br/ccivil_03/constituicao/constituicaocompilado.htm. Acesso em: 20 jun. 2022.

BRASIL. *Decreto n. 7.212, de 15 de junho de 2010*. Regulamenta a cobrança, fiscalização, arrecadação e administração do Imposto sobre Produtos Industrializados – IPI. Disponível em: http://www.planalto.gov.br/ccivil_03/_ato2007-2010/2010/decreto/d7212.htm. Acesso em: 20 jun. 2022.

BRASIL. *Lei n. 5.172, de 25 de outubro de 1966*. Dispõe sobre o Sistema Tributário Nacional e institui normas gerais de direito tributário aplicáveis à União, Estados e Municípios. Disponível em: https://www.planalto.gov.br/ccivil_03/leis/L5172.htm. Acesso em: 20 jun. 2022.

CONTI, José Mauricio. *Sistema constitucional tributário*: interpretado pelos tribunais. 2. ed. São Paulo: Oliveira Mendes, 1998.

GONÇALVES, Carlos Roberto. *Direito civil brasileiro 1*. 11. ed. São Paulo: Saraiva, 2013.

SABBAG, Eduardo. *Elementos do direito tributário*. 12. ed. São Paulo: Saraiva, 2015.

VALLE, Raymundo Clovis; MASCARENHAS, Cabral. *Tudo sobre IPI*. 5. ed. São Paulo: Aduaneiras, 2003.

WORLD BANK GROUP. *Doing Business Subnacional Brasil 2021*. 2021. Disponível em: https://subnational.doingbusiness.org/pt/reports/subnational-reports/brazil. Acesso em: 20 jun. 2022.